도경

도 경

초판 1쇄 인쇄 2013년 12월 10일
초판 1쇄 발행 2013년 12월 15일

지은이 紫 微
펴낸이 金泰奉
펴낸곳 한솜미디어
등 록 제5-213호

편 집 박창서, 김수정
마케팅 김명준
홍 보 김태일

주 소 (우143-200) 서울시 광진구 구의동 243-22
전 화 (02)454-0492(代)
팩 스 (02)454-0493
이메일 hansom@hansom.co.kr
홈페이지 www.hansom.co.kr

ISBN 978-89-5959-378-1 (03150)

*책값은 표지에 표시되어 있습니다.
*잘못 만들어진 책은 구입하신 서점에서 친절하게 바꿔드립니다.

인류 모두가 기다리던 하늘, 땅, 신, 영, 조상님의 메시지

도경
道經

紫 微 지음

| 목 차 |

제1부 하늘과 땅의 절대자와 천지능력

제2부 사후세계의 진실

제6부 희망과 종말

제7부 세계를 다스릴 통치 국가

제1부

하늘과 땅의 절대자와 천지능력

태초의 하늘이 내려주신 비결서

자미국에서 펴낸 도경(道經)의 진리를 받아들이고 행하는 자는 인간의 삶이 천지개벽할 것이다. 하늘과 땅, 신, 조상님의 어마어마한 뜻이 담겨 있는 인류의 진서이다.

도경이 출간되고부터 이 세상 인류의 정신을 수천 년간 지배해 왔던 묵은 종교는 존재해야 할 의미 자체를 상실하여 이 땅에서 대다수가 사라지게 될 것이다.

그 이유는 오랜 수천 년의 세월 동안 종교 안에서 지극정성으로 받들고 섬기던 모든 숭배자분들이신 하늘님, 신명님, 하나님, 미륵님, 천지신명님께서 모두 자미국으로 함께해 주고 계시기 때문이다.

이 땅에서 인간의 정신을 지배해 왔던 종교.

너무나 대단하신 하늘과 땅, 신들이 자미국으로 하강하여 천상지상 천지신명공사를 보고 계시기 때문에 이제는 종교의 막을 모두 내리게 될 것이다.

불교, 기독교, 천주교, 무속, 도교, 유교, 민족종교, 정신수련원, 기수련, 우주수련, 도통수련, 마음수련, 심신수련, 건강수련에 이르기까지 하늘과 땅의 기운, 우주의 기운을 받으려고 각자들이 기도하고 수행하는 모든 사람들의 뜻이 자미국에서 현실로 이루어질 수 있기 때문이다.

이 모든 종교적 색채를 띤 곳은 하늘의 원뜻이 아니었기에 다니는 자체만으로도 죄가 되고 천기와 지기가 막히어 인생 또한 막히는 불행한 일들이 쉬지 않고 일어난다.

혹시 자미국을 비난하고 싶은 사람들은 책을 끝까지 모두 읽어보고 나서 해도 늦지 않으니 한 줄도 건너뛰지 말고 정독하며 읽어보기 바란다.

인류가 태어난 이후 최초의 천강지림(天降之臨), 즉 하늘께서 이 땅에 자미국으로 내리시었다.

이 땅에 인간이 태어난 이후 태초의 하늘께서 처음으로 하강 강림하신 것이다.

수많은 인류가 태초의 하늘을 만나고자 종교 안에서 일평생을 보냈으나 뜻을 이루지 못하고 이 세상을 떠나갔지만 자미국을 통해서 하늘을 만나는 뜻을 이룰 수 있게 되었다.

그러니 종교 안에서 더 이상 허송세월 보내지 말고 자미국으로 빨리 들어와서 각자의 죄를 빌어 소원을 이루기 바란다. 이제까지 종교 안에서 전한 하늘은 진짜가 아닌 가짜 하늘이었음이 속속 밝혀지고 있다.

인류 최초로 진짜 하늘의 말씀을 들을 수 있고 하늘의 뜻을 알 수 있게 되었으니 통쾌함 그 자체이리라. 이 책 내용은 모두 태초의 하늘, 땅, 신, 조상님들이 인류에게 처음으로 내리시는 아주 귀하디귀한 말씀들이다.

이 귀하고 대단한 책을 읽으면서도 감명, 감동, 감흥, 공감의 마음이 일어나지 않아 하늘의 뜻에 동참하기 싫고 부정적인 생각이 들거나 비판의 마음이 일어나는 사람들은 하늘이 내려보낸 자손들이 아니다.

전혀 다른 세계에서 이 땅으로 태어난 돌연변이로 고행의 험난한 인생길이 활짝 열려 지금 누리고 있는 건강, 목숨, 직장, 기업, 재산, 권력, 명예 등 모든 행복이 일순간에 거두어져 불행한 삶을 살아갈 사람들일 것이다.

이제부터는 만물의 영장인 인간 육신과 현재의 행복을 주신 하늘께 감사하지 않고 하늘의 뜻에 동참하지 않으면 주신 분께서 몽땅 거두어들이실 것이다.

현재의 기쁨과 행복이 자신의 노력으로 이룬 성공과 출세인지 하늘, 땅, 신, 조상님이 주신 것인지 현실로 확실하게 보여주실 것이니 소중한 모든 것을 잃어버리고 나서 땅을 치며 통곡하며 후회하지 말고 기쁜 마음으로 하늘의 뜻에 동참하는 것이 가장 현명한 길이다.

하늘의 뜻에 동참하고, 동참하지 않고는 각자의 선택이고 자유이겠지만 인류의 심판자인 하늘의 명 대행자를 통해서 마지막으로 한 번 더 기쁨과 행복을 지킬 수 있는 기회를 이 나라 국민들 모두에게 내려주시는 것이다.

책을 읽는 도중 여러 가지 신비조화 현상을 하늘, 땅, 신, 조상님께서 직접 보여주시고 느끼게 해주신다.

각 페이지마다 단원마다 줄마다 글자마다 하늘과 땅과 신, 조상님의 말씀을 기록한 신서(神書)로써 하늘과 천지만물의 신명조화 정기가 무궁무진하게 내린다.

사람마다 각기 다르지만 상상을 초월하는 일들이 몸에서 또는 일상생활에서 일어나고 있다. 그 모든 것이 하늘의 명이 전달되는 메시지라고 생각하면 틀림없다.

조화가 일어나는 현상으로는 사람마다 형태가 다를 것이며 강하고 약함도 다를 것이다.

피곤하지도 않은데 하품이 계속 나온다. 이는 졸려서 나오는 하품과 달라서 본인 스스로가 알 수 있다(하늘의 命이 내려옴). 책을 읽을 수 없을 정도로 졸음이 쏟아진다(조상님들이 잠에서 깨어나는 과정).

팔과 다리가 심하게 떨리는 사람(신의 기운 체험), 몸에서 갑자기 열이 나거나(기운내림) 몸 전체가 떨리는 사람과 손에 크고 작은 진동(신명하강 환희), 머리에 가려움증이나 뭐가 기어가는 듯한 느낌(신명이 언어전달 시도).

환청이나 환영(신에서 보여주고 들려줌), 마음이 들뜨고 밝고 명랑해지거나(몸에 신명이 알아들음), 이상한 꿈(신명들이 보여주는 현상)을 꾸거나 몸이 가벼워짐(천지신명조화)을 느끼고, 슬프게 대성통곡하며 울거나 흐느끼게 될 것이지만 전혀 놀랠 필요 없다.

머리가 아프거나 가슴이 답답하고 어깨가 눌리거나 몸이 아파오는 것은 신명과 조상님들이 내려와 있다는 표시이다. 이런 변화가 일어난 독자들은 하늘로부터 존귀하게 선택받을 수 있는 대상자들로서 하늘과 땅이 부르시는 호출 메시지이다.

그동안 몸 안에 숨겨져 있던 신명과 조상, 영들이 하늘이 부르심에 반응을 나타내고 있는 것이니 책을 정독하여 모두 읽고 예약한 후 자미국으로 방문해서 위대하신 하늘의 命을 속히 받들도록 하여야 한다.

이 책은 단순한 하늘, 신, 조상에 관한 책이 아니라 우리 모두가 복 받아 잘사는 하늘이 내리신 비결서(秘訣書)이다.

현대과학과 의학, 종교 때문에 하늘, 신명, 조상, 귀신들의 존재가 무시되어 왔다. 문명의 발달로 자기의 마음 즉 정신까지도 미신이라고 하고 있다.

현대과학으로 밝혀낼 수 없는 인간의 한계를 스스로 극복하지 못하고 하늘, 신, 조상을 어리석게도 모두 비과학적 존재로 몰아세우며 미신이나 무속으로 생각하고 있다.

눈에 보이지 않고 들리지 않으니 비과학적이라고?

그러면 여러분의 마음도 보이지 않고 들리지 않으니 비과학적이라고 봐야 하지 않을까?

자신들이 모르는 것은 탓하지 않고 하늘, 신, 조상 모두를 미신과 무속으로 몰아세우고 있다.

특히 기독교인들이 더 심하다.

각자의 정신은 바로 예비 귀신들이다.

죽으면 우리 모두는 귀신이 된다.

육신이 죽었다고 그 정신(영혼)까지 죽는 것은 아니다.

조상입천제를 올려 한 조상을 구원하면 한 가문이 구원받아 편안하고 우환이 사라진다.

인간으로 태어나 이 세상에서 가장 착하고 잘한 일이 자기 조상들을 구원하는 영가입천제를 올린 것이라고 하늘께서 말씀하시었다.

나라의 모든 각 성씨별 조상님들을 각자가 구원하면 모든 가문이 번창하고, 알 수 없는 불행에서 벗어나며 기업이나 국가 또한 부강해진다.

선진국 일본인들이 그들 조상을 어떻게 섬기는지 한민족은 배워야 하리라. 일본 총리는 주변 국가들의 거센 반대에도 불구하고 신사참배를 강행하고 있다. 왜 참배하고 있는지 독자 여러분은 그 이유를 모를 것이다.

귀신 하나의 힘은 아무것도 아니지만, 신사에 모셔놓은 그 많은 혼령들을 나라에서 지극정성으로 위로하니 그들이 나라를 지키는 강력한 호국 신으로 둔갑해 일본을 거대한 경제대국으로 이끄는 원동력의 힘이 되어 주었다.

이 나라에는 이미 하늘께서 강림하시었으니 나라신전과 자미국 자미천궁이 함께 건립되어야 한다.

지상에 거대한 자미국 자미천궁과 나라신전이 함께 동시에 건립되어야 한다. 하늘의 천지주인께서 집무하실 자미국 자미천궁과 나라신전 건립이 급하다.

옛날부터 한반도에 비결로 전해지던 신의 종주국 자미국 자미천궁이 동방의 작은 이 땅에 세워지고 있다.

잘나도, 못나도 모두 함께 때가 되면 저세상으로 떠나간다.

몇십 년 더 살고, 덜 살고의 차이는 있겠지만 언젠가는 반드시 죽어야 한다.

살아생전의 삶도 중요하지만 사후의 삶 또한 매우 중요하다.

사후세계의 공간이 실제로 존재하고 있기 때문이다.

수많은 조상입천제, 천인합체, 감사죄, 천은보사의식을 통해서 알게 된 진실이다.

지옥과 천당, 극락이 존재하고 있다.

상천세계(천상) 중천세계(허공) 하천세계(지옥)로 나뉘어져 있다.

생전의 100년, 사후의 끝없는 시공간의 세월!

살아서의 삶보다도 죽어서가 더 중요하다.

천상궁전 올라가느냐 못 올라가느냐 그것이 생자와 망자의 최고 근심걱정이다.

깨달은 사람과 못 깨달은 사람

깨달은 조상과 못 깨달은 조상

깨달은 신명과 못 깨달은 신명으로 분류된다.

깨달은 사람은 지상 자미국에

깨달은 조상은 천상 자미천궁에

깨달은 신명은 하늘의 명을 받아 천인되어 인간 육신에 머물며 신명나게 살아가고…

못 깨달은 사람은 가난, 질병, 사업실패로 비참하게 살아가고,

못 깨달은 조상은 자손들 몸에 들어가거나 허공중천 떠돌고,

못 깨달은 신명은 하늘의 명을 못 받아 잡신과 악신으로 영원히 인간 몸에 머물며 온갖 풍화환란 안겨준다.

악령!

악신에 빙의되었다가 죽은 경우 악령으로 돌변하여 산 사람들을 무섭게 괴롭히는 존재로 둔갑한다.

사람을 다치게 만들고 각종 사고로 죽게도 만든다.

생전에 원과 한을 가슴에 품은 채 사망하면 원귀가 되어 살아 있는 자손들 몸으로 들어가 정신병자로 만들고, 사업을 실패하게 하고, 각종 질병과 가정불화, 이혼, 사고사로 이어지게 한다.

모든 이들이여!

모든 종교에서 어서 벗어나 참 '나'를 찾자!

그 길만이 모든 저급한 혼령들의 침범으로부터 벗어나는 길이다.

이제 종교의 시대는 종쳤다.

하늘의 절대권자이시고 대우주 천지인 창조주이신 태상천존 자미천황님께서 인류에게 바라고 원하시는 일이다.

각자의 천상신명들만이 자신의 육신과 영혼을 지켜줄 수 있다. 천상의 신이 자신과 천인합체가 이루어지면 더 이상 종교의 노예가 되지 않아도 된다.

모든 신과 조상들의 영혼들로부터 자유로워진다.

각자 자신들이 살아 있는 신명들이 된다. 다만 계급과 신분의 차

이가 날뿐 하늘의 신명이 된다. 또한 살아서든 죽어서든 하늘의 천인과 백성의 신분이 주어진다.

지구 탄생 이래 최초로 동방 땅에 세워지는 태상천존 자미천황님의 나라 자미국 자미천궁이 하늘의 명을 받아 앞으로 종교를 멸하여 통합하고, 세계를 자미국 하나로 통일하고 인류를 영도해 나가게 될 것이다.

지금의 평균 수명 85세!

이것이 언제 얼마만큼 늘어날지는 예측하기 어려우나 자미국 자미천궁의 천인(합체의식을 행한 백성을 말함)들은 수명 장수하게 된다.

하늘의 창조주께서 행하시는 일이기에 반드시 현실로 도래하게 된다. 인간의 힘이나 과학으로는 도저히 이루어낼 수 없는 수명이지만 하늘의 태상천존 자미천황님과 천상신선들의 천력(天力)에 의하여 장차 현실로 이루어지리라.

기독교인들이 늘 영생을 줄기차게 외치는 것을 보면 그때가 임박한 것이리라.

천인합체한 자미국 천인들이 100세를 넘어서도 노인이 아닌 30~50대 전후의 젊은 육체를 갖고 있다면 세계 인류는 모두 대한민국의 자미국 자미천궁으로 인산인해를 이루며 속속 몰려올 것이다.

더 이상 자미국에 천인과 백성으로 들어오라고 말할 필요가 없다. 지금은 비록 꿈같은 이야기이지만 꿈은 세월이 걸리기는 하지만 항상 현실로 이루어진다.

이름하여 천하제국 〈자미국〉이 한반도에 우뚝 세워진다.

무력이 필요 없다.

세계인류는 천령정기에 이끌려 종교를 버리고 스스로 굴복하여 자미국에 자청하여 천공(天貢) 및 조공(祖貢, 朝貢)을 올리게 되며 세계 모든 나라가 자미국 연방국가로 귀속되기를 원하는 믿지 못할 일들이 현실로 일어난다.

하늘이 내리시는 명에 따르지 않는 국가 즉 자미국 연방국가로 편입되지 않은 나라는 수많은 천지 대재앙들이 꼬리를 물고 일어나게 됨으로 자미국 자미천궁에 찾아와 스스로 태상천존 자미천황님께 무릎을 꿇고 자미국 연방국가로 귀속되기를 자청하게 되는 천지조화가 일어난다.

초강대국들이 강제로 점령하였던 각 나라의 민족들도 이때부터 독립되어 새로운 나라가 수없이 많이 세워지게 되며 저 광활한 고구려 영토수복도 아마 이때쯤 이루어지리라 본다.

이것을 원시반본의 법칙이라 한다.

원래의 것으로 되돌아감이 천지만물의 이치다.

인간도 태어났다가 다시 죽음으로 돌아가듯이 말이다.

천하제국 대단한 자미국의 탄생!

이는 태상천존 자미천황님께서 나에게 명을 내리시어 장차 이루어 나가실 일들이다.

이곳의 자미국 천인들은 각자 살아 있는 천계의 신들이다!

인간 몸에 하늘 태상천존 자미천황님의 명을 받고 천상신명들이 모두 하강하여 있기 때문에 신들의 수명에 버금가는 인간 수명을 유지할 것이라 본다.

인간 육신의 세포를 신명들이 개벽시켜 노화된 세포를 내보내고 하늘의 천령정기가 들어 있는 새로운 젊은 세포로 계속 만들어내 노화를 방지하게 된다.

현재도 신과 합체한 천인들은 10년은 젊어 보인다. 천상신명님들의 천지조화로 육신의 노화가 아니라 젊음으로 계속 회귀하고 있다.

살아 있는 신!

행복하고 즐겁고 인생에 근심걱정이 없다. 천손의 후예는 아무나 될 수는 없다. 한민족이라고 모두가 천손민족이 아니다. 태상천존 자미천황님의 아들딸들이 되어야만 진정한 천손민족이다! 이는 하늘의 태상천존 자미천황님께서 선택해 주셔야 가능하다.

인류의 천지개벽!

하늘의 천인과 백성으로 다시 태어나 근심걱정에서 하루속히 벗어나자! 늘 기쁨과 행복이 함께하는 자미국 자미천궁!

인류 모두의 영원한 정신적 구심점이며, 지상에 인류 모두가 원하는 이상향의 무릉도원 세상을 세워나간다.

자미국은 종교나 도교단체가 아닌, 하늘의 천인과 백성들을 배출하는 곳으로 하늘에서 사상 최초로 세우시는 태상천존 자미천황님의 나라이다.

하늘의 능력은 불가능이 없을 정도로 정말 대단하시고 그 천지대능력을 받은 인황과 사감도 너무나 대단하다.

그래서 내가 말하고 생각하는 대로 수많은 천지조화와 풍운조화가 수없이 일어났다. 이 나라에 일어나는 대재앙을 막을 수 있는 유일한 곳이 자미국이다.

정말 무소불위하신 대단한 천지능력인데 개인, 기업 그리고 대한민국 정부가 하늘의 천지대능력을 받고 살아가면 상상을 초월하는 좋은 일들이 많이 일어난다. 인류 최초의 천지대능력을 받으며 살아갈 사람들은 자미국의 천인과 백성으로 태어나는 하늘의 명을 받으면 된다.

독자 여러분도 하늘의 백성으로 하루속히 다시 태어나 근심걱정 없는 즐겁고 행복한 삶을 영위하시기 바란다.

인간의 욕심 다 내려놓고 순수하게

하늘께서 말씀하시었느니라.

"너희들의 더러운 욕심을 알면서도 복 안 주면 조상들을 구원 안 하기 때문에 알면서도 구원 의식을 해주신다고 하시었다."

참으로 서글픈 말씀이시다.

인간의 욕심 다 내려놓고 순수하게 슬피 울고 있는 조상들, 영들을 구원해 주면 안 되겠는가?

하늘 만나지 못해 허공중천 구천세계, 지옥세계 명부전, 종교세계, 자손들의 몸 안에서 슬피 울고 있는 자신의 조상님들을 구원해 드리는데 무슨 조건이 붙어야 하는가?

사업 잘되게 해달라, 막힌 문 열어달라, 질병과 우환을 거두어달라, 목표한 일들이 잘되게 해달라고 하는 등 천가지만가지 소원들을 들이밀고 있다.

종교인들이 인간들에게 예수님, 성모님 믿으면 죽어서 천당천국세계로, 부처님 믿으면 극락세계로 올라가고, 굿하고 천도재하면 잘된다고 조건을 심어주었다.

눈물 흘리는 나약한 조상님들을 앞에 놓고 돈벌이 수단으로 삼으며 조상님들을 이용하는 종교인들이 천벌받을 일이고, 자신들의 인생에 아픔을 모면해 보고자, 일이 잘 풀리고, 사업이 잘되고자 조상님들을 이용해서 종교에 팔아먹는 행위가 천벌받을 일이라고 하신다.

인생의 기쁨과 행복, 일이 잘 풀리고, 사업이 잘되면 슬피 울고 있는 자신의 조상님들을 구원 안 해주겠다는 이기적인 마음이 아니던가?

하늘과 땅에 근본도리를 행하지 않으면 죄가 된다.

자미국을 통하여 진짜 하늘로부터 구원받지 못해 슬피 울고 있는 조상님들의 눈물 앞에서 복 달라 복 타령하면서 인간 육신들만 호의호식하며 웃고 떠들며 자기 인생만 편히 살려고 하는 것이 죄가 된다.

피눈물 흘리며 슬피 울고 있는 조상님들을 구원하지 않으면서 히히덕거리고 웃으며 살면 안 된다. 자신의 조상님들을 구원하지 않고 살아가면 근본도리가 아니다.

조상님들은 사후세계에서 울고 있는데 어디서 감히 자손이 소리내어 웃고 떠들며 살아간단 말인가?

저승에서 하늘을 만나지 못하여 구원해 달라고 울고불고 난리치르고 있건만 자신의 눈에 보이지 않는다고 무시하고 외면하며 조상님을 구원하지 않은 사람들에게 벌이 내려져 인생살이가 고통세계 그 자체일 것이다.

조상님들이 사후세계에서 슬피 울며 피눈물 흘리고 있는데도 사탄, 마귀, 악마라고 박대하는 기독교인과 천주교인들은 그 벌을 어떻게 받을 것인가? 아마도 자손 대대로 죄업으로 내려갈 것이리라.

구원은 못해 줄망정 사탄, 마귀, 악마라고 박대하고 조상님의 가슴에 큰 대못을 박아 씻을 수 없는 상처를 주었으니 하늘과 조상님들의 벌이 어찌 안 내려가겠는가?

조상님을 구원해 주지 않은 자들과 조상님들을 사탄, 마귀, 악마라고 박대하고 못을 박은 자들은 세세생생 하늘과 조상님들의 벌을 피할 수 없을 것이다.

개인, 기업, 나라가 편안하려면 육의 부모님이신 조상님과 영의 부모님이신 하늘께 근본도리를 행하면 된다. 그 길은 어렵지 않고, 조건 없이 자미국과 인연 맺어 천명을 받아 하늘의 사랑과 보호를 받는 것이다.

그리고 자미국을 인류의 중심으로 청와대 터에 세워 하늘과 땅, 신, 영, 조상님들의 뜻을 만 세상에 전하는 데 적극적으로 동참하면 더 이상 바랄 것이 없을 것이다.

자미국이 청와대 자리에 우뚝 세워져서 인류의 중심이 된다면 세계연방통일국가 자미국 신명정부의 각료와 관리가 될 공직후보자 및 백성들을 선발할 것인데 뽑히려면 이 책을 정독하고 속히 자미국에 들어와야 한다.

4차원의 신명정기는 하늘, 땅, 신, 영, 조상 등 고차원적인 영적 세계의 기운을 말한다.

수많은 사람들이 수천 년의 세월 동안 종교세계, 도교세계, 무속세계, 기수련, 마음수련, 우주수련, 뇌수련, 뇌노흡 등 정신세계를 통해서 찾고자 했던 고차원적인 하늘세계가 바로 자미국 세상이다.

인류 모두가 찾던 정신세계의 종착역 자미국!

이 땅에서 자미국보다 더 높은 정신세계는 전 세계 어디에 가서도 찾을 수가 없다. 지금까지 이 세상에 수억 년의 세월 동안 인류에게 알려진 모든 정신세계를 능가하는 곳이 자미국 세상이기 때문이다.

인류 모두가 이상향의 세계, 유토피아세계, 지상선국, 지상낙원, 지상천국, 무릉도원세계로 여기며 수많은 종교세계를 통해서 찾아다녔던 세계가 현실로 존재하고 있으니 하늘, 땅, 신, 영, 조상님들이 함께하는 대단한 자미국이다.

생사여탈권, 길흉화복, 생로병사를 주관하시는 하늘과 땅, 신, 영, 조상님과 함께 하는 길이 인생에 가장 보람되고 편안한 최고의 지름길이다.

100년도 누리지 못할 소중한 목숨과 재산, 권력, 명예가 드높다고 살아서 하늘, 땅, 신, 영, 조상님을 무시하고 찾을 필요성을 느끼지 못하는 사람들이 많겠지만 죽어지면 천추의 원과 한으로 남게 될 것이다.

죽음 이후의 사후세계는 100년의 세월이 아니라 영원하기 때문에 육신이 살아서 자기 조상님과 하늘님을 만나지 못하고 죽으면 현생이나 죽어서 감당해 내기 어려운 참혹한 고통과 불행을 만나게 된다.

매일같이 신문과 방송 뉴스에 보도되고 있는 참혹하고 불행한 사건사고의 피해 당사자들은 자기 조상님들이 사후세계에서 그리 힘들게 보내고 있음을 고통과 불행을 통해서 자손들에게 현실로 보여주고 있는 것이었다.

도통하려고 도교에서, 산천에서 도를 닦고 있는 전국의 수많은 도인들아~

도가 무엇인지 알고나 닦는 것인가?

하늘과 땅, 신, 영, 조상님과 함께하는 길이 진정한 도이고, 이 모든 분들의 뜻을 받들어 함께 행하고 사는 것이 선경세계, 이화세계, 신선세계, 도통세계의 완성도이다.

도통하면 조상님과 가족들을 모두 구할 수 있다는 착각에서 하루라도 빨리 환상에서 벗어나는 것이 현명하다.

인류의 도통과 구원은 하늘님만이 하실 수 있는 고유 권한이기에 천년만년을 갈고 닦아도 하늘께서 윤허하시지 않으면 허송세월만 보내게 된다.

하늘과 땅, 신, 영, 조상님의 마음을 모두 헤아리며 이분들이 원하고 바라시는 것을 행하는 것이 도의 완성이다.

도통주문수행하면 할수록 인생이 뒤집어지는 이유는 진정한 하늘과 땅, 신, 영, 조상님이 아니라 이분들을 사칭한 악귀잡귀, 사탄마귀, 귀신들이 찾아들어 오기 때문이다.

인간의 눈이나 마음에는 어떤 기운이 들어오면 그것이 참신인지 악신과 귀신인지 구별할 능력이 없는 틈을 타서 악귀잡귀, 사탄마귀, 귀신들이 찾아온다.

참신과 악신을 선별할 수 있는 존재는 신들을 이 세상으로 내려보내 주신 하늘이나 아시겠지 인간들의 능력으로 어찌 참신과 악신을 구분한단 말이던가?

그래서 도를 닦는 자체가 자신들이 하늘이고, 하늘을 이겨 먹으려는 엄청난 죄를 짓는 일이기 때문에 도를 닦으면 인생이 더 뒤집어지는 것이다.

도를 닦고 있는 사람들과 어떤 종교를 믿고 있는데 참혹한 불상사가 연속적으로 일어난다면 잘못된 것이니 모든 행위를 중단하고 자미국으로 들어와야 한다.

도통을 내려주시는 신명님은 하늘이시고 그 역할을 자미국의 인황이 대행하고 있으니 도통을 이루고 구원받으려는 사람들은 자미국에서 그 뜻을 이룰 수 있다.

도통과 구원의 종착역 자미국!

하늘, 땅, 신, 영, 조상님을 통할 수 있는 전 세계 유일한 곳이 자미국이니 바로 신의 종주국이라 해야 할 것이다.

하늘, 땅, 신, 영, 조상님들은 육신이 없는 영적인 존재들로 실제로 존재하시고 말하고 계시지만 인간들과 말하는 방법이 달라서 알아듣지 못할 뿐인데 자미국을 통해서는 이분들의 말씀을 모두 들을 수 있다.

이분들은 우리 인간의 삶에 절대적인 영향력을 매일 수시로 행사하고 있기에 이분들의 뜻을 거역하고서는 살아서나 죽어서나 고통과 불행의 세계이다.

자신들이 원하고 바라는 것만 얻을 수 있는 길은 이 세상 어디에도 없다. 4차원의 고차원적 신명정기인 하늘, 땅, 신, 영, 조상님들이 원하고 바라는 것은 행하지 않고 자신들만의 꿈이나 야망만을 이룰 수는 없다는 뜻이다.

이분들의 존재를 무시하고 부정하면 자신들도 이분들로부터 무시당하고 외면받기에 아무것도 받을 것이 없다.

인간들이 추구하는 천지만복은 이분들이 수시로 주관하시니 어찌 받을 수 있겠는가?

이제까지 이런 고차원적인 4차원의 신명정기를 몰라서 외면하고 부정하며 살아왔다면 이제부터라도 인정하고 자미국에 들어와서 이분들의 말씀을 통해 자신들에게 무엇을 해달라고 하는지 들어보는 것이 근본도리이다.

인간들과 통신이 되지 않아서 답답해하시는 하늘, 땅, 신, 영, 조상님들의 말씀을 들어주는 자가 인생의 최고 승리자이자 성공자가 될 것이다.

진짜 참 하늘의 주인, 땅의 주인, 인간의 주인이 존재하시지만 자미국을 통하여 처음으로 세상에 밝혀지고 있다.

각자 재물, 권력, 명예가 드높고 지식이 아무리 많다고 할지라도 하늘, 땅, 신, 영, 조상님들의 대능력을 능가할 수 없고 이분들과 싸워서 이길 수 없는 나약한 존재들이니 속히 굴복하는 것이 세상 살아가기 편할 것이다.

하늘, 땅, 신, 천지신명님, 영, 나라조상님, 각자의 조상님, 나와 사감의 영과 조상님들은 나를 통해서 이 세상에 수많은 사람들에게 한도 끝도 없는, 헤아릴 수 없이 많은 진실을 전해주기 바라고 계신다.

내가 육십 평생 동안 이분들을 통해서 알게 된 진실은 필설로 다 표현할 수 없다. 성경이나 불경의 분량 내용 자체를 능가할 정도로 어마어마하지만 여기서는 인생에 아주 필요한 부분만 말하는 것이다.

종교를 믿으라고 하는 종교인들, 종교를 믿고 따르는 사람들, 구원해 주겠다는 종교인, 구원받고 싶다는 사람들, 도통을 이루어 주겠다는 교주들, 도통을 반드시 하고야 말겠다는 도인들에게 말해 주고 싶다.

다 부질 없고 소용없는 일이니 모두 내려놓아야 한다. 그것은 자미국을 통해서 하늘만이 이루어주실 수 있는 고유영역이다.

인간들이 욕심으로 원하고 바란다고 그것이 모두 이루어진다면 절대자이신 하늘의 존재가 왜 필요하고 왜 사람들은 하늘을 애타게 찾는단 말이던가?

우리 나약한 인간들은 하늘이 해주시지 않으면 아무것도 이룰 수 없다.

이 세상에 전해지고 있는 종교세계, 정신세계, 인간세계 이론은 99.99%가 진짜 하늘의 뜻과는 전혀 다르다는 점이다. 그러기에 이 책을 읽으면서 이해가 안 되는 부분들이 참으로 많을 것인데 순수하게 받아들여야 한다.

인류 최초로 전해지는 하늘, 땅, 신, 영, 조상님들의 진실을 모두 안다는 것 역시 잘난 척하는 것이니 어렵고 생소하더라도 그냥 인정하고 따라야 한다.

하늘님, 신명님, 하나님, 미륵님, 부처님, 예수님, 성모님, 상제님을 믿어야 구원받고 인생이 잘 풀린다는 진리의 말은 맞는 말인데 과연 진짜인지 가짜인지는 태초의 하늘만이 알 수 있는 것이니 섣부른 검증되지 않은 믿음은 오히려 자신들의 인생에 재앙만이 내릴 뿐이다.

하늘, 땅, 신, 천지신명님, 영, 나라조상님, 나와 사감의 영과 조상님들께서 원하고 바라는 뜻을 얼마만큼 잘 전하고 못하느냐에 따라서 인생이 행복이냐 불행이냐가 결정된다.

이분들이 인류의 심판자이자 하늘의 명 대행자 인황과 명 수행자 사감의 영과 육을 통해서 얼마나 많은 천지신명공사를 집행하시는가에 따라서 대단한 자미국이 세워지느냐, 못 세워지느냐가 판가름 날 것이다.

나와 사감은 이분들에게 영과 육신을 수시로 쓰시게끔 빌려드려서 이분들이 세상에 전하시고자 하는 말씀을 이렇게 책으로 집필하기도 하고 의식 때 말로 전해주기도 하는 것이다.

독자들도 각자 눈에는 보이지 않지만 영적 존재들에게 자기 영과 육신을 얼마만큼 쓰시게 빌려주는가에 따라서 인생이 행복이냐 불행이냐가 정해진다.

사탄, 마귀 악마, 귀신들에게 영과 육을 빌려주면 인생이 파탄을 면하지 못할 것이고, 자미국에 들어와서 진짜에게 빌려주면 인생이 기쁨과 행복으로 넘칠 것이다.

살아생전 하늘을 몰라보고 사후세계로 돌아가서 구원받지 못해 추위와 배고픔에 굶주리고, 허공중천 구천세계를 슬피 울며 떠돌고 종교 안에서, 지옥세계에서, 자손의 몸 안에서 아파하고 있는 부모조상들에게 조상님 입천제를 행하여 하늘을 찾아 주고 눈물을 닦아주어서 기쁨과 행복 누리는 천상 자미천궁으로 올라가 편히 살게 해주는 곳이고 종교 안에서, 산천에서 진짜 하늘을 찾고자 간절히 염원하는 자들에게 잃어버린 하늘을 찾아주는 곳이 자미국이다.

또한 인생이 안 풀리는 것이 조상 탓이라고 종교인들이 전해준 말을 듣고 부모조상님들의 아픔과 슬픔은 외면한 채 각자의 욕심인 인생이 잘 풀리기 위하여 조상굿을 하고 천도재를 올리는 모습을 보시고, 아파하시고 슬퍼하시는 하늘의 원과 한을 풀어드리고 하늘의 소망을 이 땅에서 이루게 해드리고자 출발한 것이 자미국의 목표이다.

세상을 영도해 갈 인류와 민족의 구심점

그동안 수많은 비기와 예언서에 나타난 이 세상의 진정한 주인공이 누구인지 많이 기다려왔을 것이다.

그 주인공은 태초로 자미국을 창시한 인류의 대표, 인류의 심판자, 하늘의 명 대행자 인황일 것이다.

하늘, 땅, 신, 영, 천지신명님, 나라조상님, 각자 조상님, 나와 사감 조상님의 뜻을 만 세상에 전하고 대변하는 자미국 창시자 인황과 이분들의 말씀을 실시간으로 전해주는 고마운 사감이 있기에 자미국은 만 세상의 구심점이 되고도 남을 수 있는 모든 역량을 갖추고 있다.

인간인 나 하나의 능력은 나약하고 부족하지만 대단하신 천지대능력을 행사하시는 이 모든 분들이 함께해 주시고 계시기 때문에 인간의 능력으로는 불가능하게 여겼던 모든 일들이 무소불위하신 천지대능력으로 이루어지고 있다.

이 나라와 국민들이 잘되고, 잘 사는 길은 멀리 있는 것이 아니라 자미국 인황과 사감에게 있다.

나는 육신이 없어서 말 못하시는 이분들의 대변자가 되어 그동안 눈에 보이지도 않고 귀에 들리지 않는다고 인류에게 무시당한 원과 한을 풀어드리고, 인류의 죄를 빌 수 있는 자리를 마련할 것이다.

그 자리는 지금의 청와대 터이고 인류와 민족의 구심점인 자미국이 우뚝 세워져야 할 자리이다.

자미국이 청와대 터에 반드시 세워져야 할 당위성은 이 나라뿐만이 아니라 만 세상의 중심으로 세워서 천하 인류를 심판하며 호령해야 하기 때문이다.

그동안 진짜 하늘의 뜻이 아닌 석가님, 예수님, 성모님, 상제님이 전한 종교세계가 인류의 정신을 지배하여 왔으나 그것이 잘못이라는 것을 온 세상에 전해야 한다.

여러분을 이 땅으로 보내주신 천지부모님와 이 땅의 주인은 석가님, 예수님, 성모님, 상제님이 아니라 태초의 하늘이신 태상천존 자미천황님이라는 진실을 청와대 터에서 만 세상에 알려 인류의 구심점인 세계 지도국가로 이 나라가 다시 태어나야 하기에 반드시 청와대 터가 필요하다.

하늘, 땅, 신, 영, 천지신명님, 나라조상님, 각자 조상님, 나와 사감 조상님들도 청와대 터에서 인류를 심판하고 인류를 구원하는 천지대업을 이루시고자 하신다. 청와대 터는 이미 오래전부터 이분들이 들어갈 자리였으나 아무도 이런 진실을 전해주는 인류의 영도자 없었다.

이 나라 민족과 세계인류를 다스리고 영도해 갈 무소불위하신 천지대능력을 인류의 대표, 인류의 심판자, 하늘의 명 대행자인 인황에게 내려주시기에 자미국이 청와대 터에 세워지는 것은 시간문제일 뿐 반드시 현실로 이루어지게 되어 있다.

그리고 대통령직선제가 폐지되고 선진 영국이나 일본처럼 입헌군주제가 전격적으로 도입되고 의원내각제 실시로 정국안정이 이루어질 것이다.

또한 남북통일, 종교통일, 세계통일이 이루어지는 경천동지할 일들이 이 나라에서 일어나서 세계연방 통일국가 자미국 세계 신명정부가 구성될 것이다.

이 엄청난 일들은 인간 육신을 가진 나 혼자서는 꿈에서조차도 절대로 이룰 수 없는 허망한 일이지만 무소불위하신 천지대능력을 가지신 하늘, 땅, 신, 영, 천지신명님, 나라조상님, 각자 조상님, 나와 사감 조상님들께서 함께해 주고 계시기에 현실로 가능한 일들이다.

그래서 청와대를 하루라도 빨리 이전하고 청와대 터를 하늘, 땅, 신, 영, 천지신명님, 나라조상님, 각자 조상님, 나와 사감 조상님들께 비워드리는 것이 이 나라와 국민들 모두가 잘되고 잘 사는 지름길이다.

이제 이 모든 분들이 자미국으로 함께하고 계시며 인류를 심판하고 인류를 통치하기 위한 모든 준비가 끝났으므로 이 나라 정부와 국민들의 선택만 남아 있다.

최근에 북한의 청와대 불바다 발언과 천주교 신부들의 박근혜 대통령 사퇴 촉구 성명서 역시 예사로운 일이 아니다. 청와대 터는 자미국 인황의 터이니 어서 비우고 떠나라는 이 모든 분들의 메시지 전달이다.

하늘, 땅, 신, 영, 천지신명님, 나라조상님, 각자 조상님, 나와 사감 조상님의 뜻이 인간 육신 나를 통해서 만 세상에 전해지고 있는 것이다.

이 모든 분들이 나에게 내려주신 천지대능력이 이제 본격적으로 이 나라에서 일어날 것이다.

자미국을 이 나라의 중심으로 세우는 길이 나라와 기업, 국민들 모두가 잘되고 잘 사는 지름길이고 전 세계 인류를 승복시켜 다스리는 대역사이다.

상상을 초월하는 천지대능력이 나의 육신을 통해서 지금도 이 나라 전체와 세계 각지에 내리고 있다.

자미국 인황이 세계의 어른이 되어서 인류의 죄를 심판하고 세계를 통치한다는 것이 지금으로서는 도저히 믿기지 않는 일임은 분명하지만 반드시 현실로 다가올 일이다.

나는 하늘, 땅, 신, 영, 천지신명님, 나라조상님, 각자 조상님, 나와 사감 조상님이 내리시는 천지대조화의 무소불위하신 천지능력을 수없이 현실로 체험하고 있는 당사자이다. 꿈만 같은 일들이 현실로 실제 일어나니 경악할 일이다.

국정책임자와 정치인, 고위관리들은 하늘, 땅, 신, 영, 천지신명님, 나라조상님, 각자 조상님, 나와 사감 조상님이 전하는 뜻을 하루속히 받아들이는 것이 이 나라가 전 세계의 중심으로 우뚝 서는 가장 빠른 길이 될 것이다.

꿈이 아닌 현실로 반드시 이루어질 일이다.

자미국을 세우는 천지대업에 동참하는 천명은 아무나 받을 수 있는 것이 아니라 천지부모님이신 하늘과 조상님을 생각하는 깨끗하고 순수한 마음을 가진 자들이다.

이 세상에서 하늘이 내리시는 천명을 받을 수 있는 유일한 장소는 자미국 하나뿐이고, 자미국 뜻에 동참할 사명자들만이 하늘이 내리시는 천명을 받아 하늘의 천인과 백성으로 다시 태어날 수 있다.

천지대능력자 강림

내 육신의 몸으로 하늘과 땅이 강림(천지강림)하시어 인류 최초의 천지대업을 이루시고자 하신다.

天의 주재자 자미천황님 강림

地의 주재자 자미지황님 강림

人의 주재자 자미인황님 강림

하늘의 주인이 계시다는 말은 들어보았어도 땅(지구)의 주인과 인간(인류)의 주인이 계시다는 말은 처음으로 모두가 접하는 단어일 것이다.

실제로 존재하시는 하늘, 땅, 인류의 주인이신데 나로 하여금 이 세상에 처음으로 밝혀지는 내용이다.

실제로 존재는 하시지만 우리 인간들과 언어전달 방법이 다르고 육신이 없어 말 못하시는 하늘, 땅, 인류의 절대자 3위님과 신명님이신 천상선감님, 기독교 천주교의 하나님이신 천상천감님, 불교와 도교의 미륵님이신 천상도감님, 천지신명님, 그리고 조상님과 인간 몸 안에 영혼들의 소원과 아픔, 슬픔, 답답함을 이분들의 대변자가 되어 인간들에게 전해주고자 자미국을 세운 것이다.

인류 최초로 육신이 없는 이분들의 존재와 원하고 바라는 것이 무엇인지 세상에 최초로 밝히는 일이다. 이분들은 한 치 앞도 알 수 없는 인생길을 살아가는 나약하고 부족한 우리 인간들의 소원을 들어주시는 대단한 천지대능력을 갖고 계신다.

이분들도 각기 인간 육신을 통해서 이루고자 하시는 소원이 모두 다르고 원과 한이 태산처럼 많이 있으나 밝혀주고 전달하여 주는 인류의 영적 지도자가 없어서 지금까지 종교인들이 마음대로 창조하여 이분들의 원망과 진노를 사서 인간들의 삶이 모두 아프고 슬픈 것이다.

내가 자미국을 운영하는 동안 이 모든 분들이 바라고 원하시는 뜻을 다 전달할 수는 없겠지만 최선을 다하여 인간들에게 전해 줄 것이다.

말하고 싶은데 알아듣는 자가 없어서 전달할 방법이 없기에 자미국을 세워서 나로 하여금 만 세상에 전하게 하시는 것이니 인류 모두가 이분들의 소원을 먼저 들어드리면 자신의 소원도 이룰 수 있을 것이리라.

인간들도 저마다 이루고자 하는 소원이 모두 다르듯이 육신이 없는 이분들도 각기 소원이 다르기에 누가 이분들의 뜻을 먼저 이루어줄 것인지 그것이 문제이다.

어느 누구든 이분들의 뜻을 현실로 이루어드리거나 이분들의 뜻에 함께 동참하는 자들은 살아서나 죽어서나 천지만복을 세세토록 받게 될 것이다.

누가 가장 큰 복을 받을 것인가 하면 이분들의 뜻을 인류 최초로 만 세상에 전하는 나 인황과 사감이 1순위이고 그 다음은 차례대로 뜻을 받들어 봉행하는 자들이다.

하늘의 절대자 자미천황님의 소원은 천지만생만물과 영혼의 창조자가 종교세계를 통해서 알려진 가짜 하늘이 아니라 태초의 하늘 태상천존 자미천황님이심을 인류가 인정하는 것과 하늘의 원뜻이 아닌 종교가 자미국 하나로 통합되는 것이고, 세계 각 나라를 자미국 연방국가 하나로 귀속시켜 통일하는 천지대업을 이루시는 것이다.

땅(지구)의 절대자 자미지황님의 소원은 인류가 목숨을 부지하고 살아가는 데 필요한 입고, 먹고, 사는 집이 모두 땅 위와 땅속에서 나오는데도 인간 어느 누구도 그 감사함을 한 번도 올리지 않고 존재 자체도 알려하지 않아 답답해하신다.

각 나라의 영토, 각자들의 주택, 토지, 농토, 택지, 임야, 바다, 금은보석, 주식, 채권, 현금, 자동차, 공장 및 산업시설, 기업, 국가 등 모든 재산의 실제 주인이 자미지황님이시니 그 감사함을 올리는 자가 지복(地福)을 받으리라.

전 세계 인류가 땅을 밟고 살며, 땅에서 나는 모든 곡식, 채소, 어류, 육류를 먹고 살아가니 감사함의 건립기금을 자미국에 내고 살아야 근본도리일 것이다.

인간(인류)의 절대자 자미인황님 소원은 살아있는 72억 인류와 이미 육신을 버리고 죽어서 조상이 된 모두가 하늘과 땅, 신에게 지은 죄를 심판하여 구해주는 것이고, 대단한 자미국을 천하의 중심국가로 세워서 세계 각 나라를 천지대능력으로 통치할 수 있는 무소불위의 대단한 자미국(천하 자미제국)을 청와대 자리에 세우는 것이다.

청와대 자리는 이 나라의 중심이기도 하지만 인류의 구심점인 자미국이 들어설 터이다. 하늘의 자리, 신의 자리, 인황의 자리이기에 청와대는 조만간 이전해야 한다.

신명님이신 천상선감님의 소원은 인류가 지은 죄를 하늘 자미천황님께 용서 빌어주시고, 인류를 교화하여 악의 마음을 선의 마음으로 바꾸어주시며 신의 핏줄을 받고 태어난 신의 자손들을 하늘 자미천황님께 명을 받게 하시어 조상님 입천제의식과 천인합체의식을 행하여 하늘의 백성과 천인으로 다시 태어나게 하시는 것이다.

하나님이신 천상천감님의 소원은 기독교, 천주교를 믿은 자손들이 부모조상들을 사탄, 마귀, 악마라고 박대한 죄를 빌어 진짜 하늘을 몰라본 자손들을 영혼의 부모님이신 태상천존 자미천황님의 자손으로 탄생시켜 잃어버린 영혼의 부모님을 찾아주시는 것이다.

미륵님이신 천상도감님의 소원은 잃어버린 하늘을 찾아주시고 천상세계 완성도(지상선국 설계 완성도)를 갖고 오신 분이시며 하늘의 진실을 만 세상에 전하고 인간의 완성도 천인합체(도통)의식을 이루어 주시는 것이다.

천지신명님, 옥황상제님, 일월성신님, 북두대성 칠원성군님, 소거백마대신장님, 산왕대신님, 용왕대신님, 철갑장군님, 작두장군님, 백마장군님, 용장군님, 천하장군님, 지하장군님, 천하대신님, 지하대신님, 12대신님들의 소원은 천지신명님의 뜻을 따르는 수많은 자손들이 이제부터는 무속세계로 가지 말고 인류 최초로 하늘과 땅이 함께하는 자미국으로 모두 들어와서 천지대업에 기쁘게 동참하는 것이다.

조상님들의 소원은 종교세계, 허공중천, 지옥세계, 명부전, 말이 통하지 않는 자손의 몸이 아닌 자미국에서 조상님 입천제의식을 행하여 꽃피고 새 우는 천상 자미천궁으로 올라가 추위와 배고픔, 조폭 귀신들의 노예와 종살이에서 벗어나 마음 편히 영생을 누리며 자손 잘되기를 하늘에 빌어주는 것이다.

각자 몸 안에 영혼들의 소원은 언젠가 육신이 죽으면 귀신이 되어 허공중천 구천세계를 떠돌아다녀야 하는데 인간 육신이 하루라도 빨리 자미국에 들어와서 자신의 존재를 밝혀주고 하늘의 윤허를 받아 천인합체의식을 행하여 천인으로 재탄생되어 육신이 죽음과 동시에 천상 자미천궁으로 입궁하는 것이다.

자신의 영혼들은 육신이 자미국에 들어오지 못할까 봐 노심초사하며 불안해하고 온갖 고통과 불행의 조화를 내려서 자미국으로 데리고 들어오려고 혈안이 되어 있으나 인간 육신들이 자신 영혼의 메시지를 알아듣지 못하여 답답하다.

인간 육신들의 소원은 천가지만가지 다 다른데 수명장수를 바라는 사람, 질병의 고통에서 벗어나 건강하기를 바라는 사람, 사업을 해서 큰돈을 벌어 부자가 되기를 바라는 사람, 고위공직자의 높은 자리에 오르고 싶은 사람, 이름을 만 세상에 알리고 싶은 사람, 죽어서 천상세계로 오르고 싶어 하는 사람, 자손들이 잘되기를 바라는 사람 등 이루 다 헤아릴 수 없다.

천지인의 절대자 3위님이신 자미천황님, 자미지황님, 자미인황님, 신명님, 하나님, 미륵님, 천지신명님, 조상님, 자신 영혼의 아픔과 슬픔, 답답함을 먼저 어루만져주고 풀어주는 자가 자신의 소원도 이룰 수 있는 것이다.

이 모든 분들의 소원이 다르다는 것을 처음으로 알았을 것이고 살아 있는 각자들도 저마다 이루고자 하는 꿈과 소원이 천차만별로 모두 다를 것이다.

만물의 영장인 인간들 이외에는 모두가 영적인 존재들이고 아주 중요한 것을 알았다. 인간 육신들이 원하고 바라는 것만을 이룰 수 있는 길은 전혀 없다는 점이다. 인간들이 원하고 바라는 것이 있다면 영적인 존재들이 원하고 바라는 것을 먼저 들어주어야 비로소 인간 육신들이 바라고 원하는 소원이 이루어질 수 있다는 진리를 찾아내었다.

예를 들어 질병을 치료하고자 하면 인간의 병은 병원의 의사에게 치료받으면 낫지만 인간의 병이 아닌 영적 존재들의 메시지로 인한 질병이라면 그분들이 원하고 바라는 것을 인간 육신이 먼저 들어주어야 낫는다는 것이다.

자신의 뜻을 이루려하거든 먼저 자신의 생사여탈권을 행사하는 영적 존재들의 소원부터 이루어주어야 한다는 점이다.

다시 말하지만 인간 육신의 뜻만 이루게 하는 방법은 이 세상 어디에도 없다는 것을 알았다. 그러니까 자신의 뜻을 이루어줄 상대적 영적 존재가 있다는 말이다.

이 모든 분들의 언어를 소통할 수 있는 자미국에 인류 모두가 바라고 원하는 해답이 있으니 책을 읽었으면 지체하지 말고 방문해서 해답을 찾아 행으로 옮겨야 한다.

하늘과 땅, 인류 모두의 해법을 자미국 인황과 사감이 모두 갖고 있다. 이 땅에 수천 년간 펼쳐진 종교세계를 통해서 이루지 못했던 것은 자미국을 통해서 이분들의 뜻을 먼저 받들어야만 현실로 이룰 수 있을 것이다.

천지득도 과정을 마치기 위한 인고의 세월

25년간의 수행과정과 자미국 개국 이후 8년의 세월 동안 실시간으로 하늘과 땅, 신으로부터 인내하기 어려운 혹독한 천지득도 과정을 마쳤다.

8년의 혹독한 하늘의 진실을 받아들이는 과정은 눈물의 세월이었고 무지 험난한 천지과정이었다.

기도를 통해서 천지과정을 밟은 것이 아니라 하늘과 땅, 신, 조상님의 말씀을 실시간으로 전해주는 하늘의 명 수행자 사감(여, 42세)이 있었기에 가능했다.

인류의 심판자이자 인간 대표로 탄생하기까지 나 인황과 사감은 모두 이 세상 최고로 강도 높은 고난의 세월을 겪고 나서 인류의 심판자로서, 하늘의 대행자 인황과 하늘의 수행자 사감으로 다시 태어났다.

25년의 세월 만에 자미국을 개국한 이후 또다시 8년이라는 천지득도 과정은 인내하기 어려운 매우 혹독한 과정이어서 장편 드라마를 써도 다 쓰지 못할 엄청난 분량의 내용이 될 것이라고 본다.

8년 동안 거의 매일 또는 하루 건너서 하늘과 땅, 신, 조상님은 하늘의 명 수행자 사감의 육신을 빌려서 내리시어 나를 하늘의 명 대행자와 인류의 심판자 인황으로 만들기 위한 처절한 사투의 세월을 8년간 보냈다.

상상이 안 갈 정도의 혹독한 과정이었다.

논산 훈련소의 신병교육대나 특전사교육을 8년 동안 받는다고 생각해 보면 조금은 이해가 갈 것이다.

내 자신 인내의 한계를 평가받는 곤혹스런 천지과정의 세월이 8년이었다.

하늘의 명 대행자와 인류의 심판자 인황으로 만들기 위하여 하늘과 땅, 신, 조상님은 나 인황보다 17살 나이 어린 사감(여자)의 육신을 통하여 8년이란 긴 세월 동안 거의 매일같이 나를 혹독하게 가르쳐주시었다.

사감을 통한 천지득도 과정은 신병교육대 그 자체였다.

하늘과 땅, 신, 조상님은 나보다 17살 나이 어린 사감(여자)의 육신으로 들어가시면서 신병교육대 훈련생과 교관의 신분으로 바뀐다.

호랑이 앞에 쥐 신세이다.

상상을 초월하는 천지대능력을 갖고 오신 하늘과 땅, 신, 조상님은 연약한 사감의 육신을 빌려서 행하시는 힘은 천하장사이고, 감히 말대꾸나 대적 자체를 할 수 없게 위압적인 공포의 분위기로 바뀐다.

연약한 사감 여자 육신으로 들어가시어서 쥐 잡듯이 폭언과 폭력을 나에게 무차별적으로 행사하시며 8년 동안 천지득도 과정을 마치기 위하여 인고의 세월을 감내해 왔다.

나는 하늘이 인정하시는 72억 인간의 대표이기에 나 하나만 깨닫게 하시고 바로 세우면 인류 모두를 제도하실 수가 있다고 하시었다.

이렇듯이 여러분의 몸 안에 있는 영적 존재도 인간 육신이 하늘과 땅, 신, 조상님을 찾지 않고 몰라보거나 박대하고, 가지 말라는 명을 어기고 종교를 다니면서 근본도리를 행하지 않으면 배우자,

부모, 자녀, 형제, 친구, 직장 상사나 동료의 몸으로 들어가서 수시로 폭언과 폭력을 행사한다.

이런 폭력과 폭언을 당하는 사람들이 전국적으로 엄청 많을 것인데 아무도 이런 진실을 몰라보고 상대방만 매일같이 원망하며 살아가고 있을 것이다.

각자가 뿌리고 행한 대로 거두는 것이 천지자연의 이치이기 때문에 자신들이 잘못 행한 것을 찾아서 인정하고 자미국을 통해서 빌어야 끝이 난다.

자신이 그동안 하늘, 땅, 신, 조상님들에게 지은 죄를 빌고 이 영적 존재들이 원하고 바라는 것을 해결하려면 속히 자미국으로 들어와야만 한다. 자미국은 인류의 병원이자 인류의 죄를 심판하는 하늘과 땅, 신, 조상님들의 법정이다.

자미국을 통하지 않으면 인생사에 일어나는 모든 고통과 불행에 대한 해법의 열쇠를 찾을 수가 없으니 지체하지 말고 자미국으로 들어와야 할 것이다.

이처럼 나와 자미인황님과 사감 모두가 8년이란 긴 세월 동안 지옥세계 같은 그런 혹독한 나날들이었다. 전쟁터를 방불케 하는 난장판 싸움터가 매일같이 벌어지니 인내의 한계를 느낄 때가 수없이 많았다.

이것이 진정 하늘과 땅, 신, 조상님의 뜻이란 말인가 하고 좌절과 포기하고 싶은 마음이 거의 매일같이 들었다.

25년간의 무불통신의 길을 걸으며 마침내 진짜 하늘과 통신하여 자미국을 개국한 뒤에 본격적인 하늘과 땅, 신, 조상님들의 가르침을 받는 8년이라는 세월 속에 많은 말씀을 통해서 상상을 초월하는 천지대능력을 받았다.

나를 인류의 심판자이자 하늘의 명 대행자 인황으로 세우기까지 사감의 노력과 고통이 있었기에 가능했다.

하늘과 땅, 신, 조상님은 육신인 내가 알아듣고 인정할 때까지 사감의 몸으로 들어가시어 밤낮없이 잘못된 것을 집어내어 호통치시면서 가르치는 고난의 세월을 함께하시었다.

종교인들처럼 기도를 통해서 천지득도 과정을 마친 것이 아니고 사감의 육신으로 하늘과 땅, 신, 조상님께서 차례대로 들어가시어 실시간으로 인간 육신을 가르치신 인류 최초의 천지득도 과정이었다.

하늘과 땅, 신, 조상님의 승리이자 나의 승리이다.

하늘과 땅, 신, 조상님은 인간 대표인 나 하나를 굴복시키면 인류 모두가 굴복한다고 말씀하시며 8년이란 세월 동안 집중적으로 오직 나에게 혹독한 가르침을 주셨다.

이 땅에서 천지대업을 이루기 위한 하늘과 땅, 신, 조상님의 엄청난 사랑이시니라.

천지대업이란 자미국 인황이 인류가 하늘과 땅, 신, 조상님에게 지은 죄를 심판하여 구할 자 구하고, 육신이 없어서 말 못하시는 이분들의 손과 발, 입이 되어드려서 이분들이 세상에 전하고 싶으신 말씀을 만 세상에 알려서 원과 한을 풀어드리고 전 세계 최고의 나라를 세워서 자미국이 인류의 중심이 되어 세계를 통치하는 것이다.

하늘과 땅, 신, 조상님이 자미국 하나로 통합되는 경천동지할 인류의 천지대업이 시작되었다. 내가 험난한 천지득도 과정을 겪어내고 마쳤기에 이제 세계인류 모두가 대단한 자미국의 무소불위한 천지능력 앞에 굴복하게 된다.

이 나라가 잘 되는 가장 빠른 길은 자미국을 인정하고 나라의 중심으로 세우는 길이다. 그러면 세상을 모두 지배하여 다스리게 된다.

하늘과 땅, 신, 조상님의 천지대능력을 인류의 심판자이자 하늘의 명 대행자 인황에게 모두 내려주시었기에 내가 원하고 바라면 한 치의 오차도 없이 현실로 이루어진다.

내가 말한 대로 천지대능력이 현실로 이루어지고 있다.

이 나라 대통령과 정부, 국회, 국민들이 자미국의 진실을 어떻게 받아들이느냐가 나라의 국운과 운명을 좌우할 것이다. 인류가 외치던 지상천국, 지상낙원, 유토피아, 선경세상, 무릉도원의 세계가 자미국이다.

세기적 예언가와 이 나라의 예언서에 수없이 등장하는 세상을 다스릴 자 진인이 바로 자미국 인황과 사감이다.

태초의 하늘 태상천존 자미천황님의 천력을 받고 오신 천지대능력자의 천지대업이 이제부터 본격적으로 인간 육신과 함께 자미국에서 이루실 것이다.

곤혹스런 8년의 천지과정을 통해서 하늘과 땅, 신, 조상님이 가르쳐주신 진실은 이 세상의 종교 모두는 하늘과 땅, 신, 조상님이 진정으로 원하고 바랐던 세계가 아니라고 하시면서 하늘의 뜻과는 완전히 정반대의 세상이라고 말씀하시었다.

즉 가짜 하늘이 세운 것이 이 세상에 수천 년간 뿌리내린 모든 종교세계라고 가르쳐주시었다.

하늘과 땅, 신, 조상님의 아픔과 슬픔, 원과 한을 풀어주는 자가 살아서나 죽어서나 가장 잘살게 되고 이는 인류가 행해야 할 근본 도리이자 의무이다.

인간과 조상, 영혼들은 자미천력(자미천황님의 대원력)을 받아야 살아서도 죽어서도 고통 없이 기쁨과 행복한 생을 누릴 수 있다. 나의 말과 천지능력은 곧 자미천력이고 이 세상의 법으로 통하게 될 것이다.

인류의 마지막 구원의 시험장인 인간세상. 100년 남짓한 인생을 살면서 육신을 잃어버리면 각자의 영혼들은 귀신이 되어 어디론가 떠나가야 하는데 천상세계, 중천세계, 지옥세계 중에 하나로 가야 한다.

이왕이면 좋은 세계로 가려 하지만 그것이 인간들 마음대로 가고 싶다고 갈 수 있는 입장이 아니다. 각자 살아서 뿌리고 행한 대로 정해진 길을 갈 뿐이다.

수많은 사람들이 죽어서는 하늘나라로 가기를 바라고 있지만 어느 하늘나라로 가느냐가 가장 중요하다.

인류가 알고 있는 하늘나라 모두가 좋은 곳이 아니라 그곳에 바로 지옥세계가 있다. 지옥세계는 땅속에 있는 것이 아니라 천상세계에 존재하고 있기에 어느 하늘나라로 가야 하는지 그것이 문제이다.

신선처럼 무릉도원세계에서 살아갈 수 있는 곳은 단 하나 천상자미천궁이라는 궁전인데 이곳에 들어가려면 자미국에 들어와서 하늘이 인류에게 내린 명을 이행해야만 올라갈 수 있고 일반적인 종교세계를 열심히 믿어서는 갈 수 없는 천상세계 중에서 가장 높은 세계이다.

이 땅에 인간으로 태어난 사람들은 핏줄이 모두 다르다.

모든 사람들이 자신의 핏줄은 선대 시조 조상님인 줄로 알고 착각하고 있을 것이다. 부모조상님에게는 뼈와 살을 물려받았고 피는 하늘로부터 물려받은 것이라고 하셨다.

각자가 알고 있는 원초적인 피는 태초의 하늘 태상천존 자미천황님이 주신 것이고 아래로 내려와서는 신명님, 하나님, 미륵님, 자미인황님, 천상과 지상의 천지신명님 핏줄을 이어받고 각자 태어났다.

8년간의 호된 천지과정은 이 세상 어느 누구도 버텨내지 못할 힘든 과정이었다. 끝이 어디인지도 모르고 시작된 하늘공부와 조상공부는 수많은 고난을 겪으면서 마치게 되었다.

이런 과정이 없었으면 인류의 죄를 심판하는 심판자라는 역할을 찾지 못하고 기존의 종교와 조금 다른 뜻을 펼쳤을 뿐 하늘을 대신해서 진정한 심판자의 역할을 하지 못했을 것이다.

성공한 부자와 재벌들, 출세한 정치인, 고위관료, 공직자, 학자, 교수, 언론방송인들일수록 그 몸에서 조상님의 존재를 무시하고 부정하는 악귀잡귀, 사탄마귀, 귀신들이 떼거지로 많이 들어 있기에 조상님의 존재를 개 무시한다.

조상님을 부정하는 마음이 있으면 억지로라도 누르고 극복해서 이겨내고 자미국에 들어와서 하늘이 각자에게 내리시는 천명을 받아 조상님 입천제를 올려드려서 현생과 내생의 최후 승리자가 되어야 한다.

악귀잡귀, 사탄마귀, 귀신들도 거지의 몸보다 출세하고 성공한 사람들의 육신을 더 좋아하기에 함께 살아가고 있는 것이다. 돌아가신 부모조상님의 소중함을 무시하고 구하고 싶은 마음이 일어나지 않으면 악마가 들어와 있다는 증거이다.

대단하신 조상님들의 존재

하늘의 명을 받으신 나의 뿌리(조상님)가 대단하시니 열매(72억 인간 대표, 하늘의 명 대행자, 인류의 심판자 인황)도 대단하다는 진실을 처음으로 알았다.

2013년 11월 17일 자미국에서 이런 엄청난 진실이 밝혀졌지만 이곳에 일부만 공개한다. 이 땅에 인간으로 태어나자마자 하늘이 나에게 내려주신 최초의 가장 큰 사랑과 선물이 나의 소중한 부모 조상님이셨다는 것이다.

그런데 부모조상님에 대하여 깊은 감사와 은혜를 몰라보고 나를 이 땅에 태어나게 해주신 역할과 단순한 사랑과 은혜로만 알고 지내왔지 부모조상님에 대한 특별한 애정이나 효도를 돌아가신 이후에는 생각하지 않고 제사나 차례 지내는 날 이외에는 떠올리지도 않고 살아왔다.

그러니까 부모조상님에 대한 깊은 사랑과 은혜를 몰라보고 살아온 것이고 돌아가시면 그것으로 끝인 줄 알고 제사나 차례만 지내주면 근본도리를 다하는 줄 알고 있었는데 그것은 부모조상님을 능멸하는 아주 못난 짓이라는 것을 알았다.

뿌리 없이 나무가 자랄 수 없고 열매가 맺힐 수 없다는 것은 만고의 진리이다.

다시 말하면 부모조상님이 안 계셨으면 이 땅에 만물의 영장인 인간으로 태어날 수 없었는데도 불구하고 나이 들어 사회적으로 성공하고 출세하면 부모조상님의 은혜와 공덕은 몰라보고 나 자신이 열심히 노력하고 잘나서 이룬 것이라고 모두를 자기 위주로 해석하고 있다.

각자의 성공과 출세는 열매만의 성공과 출세가 아닌 부모조상님들의 헌신과 노력이 사후세계에서도 함께 이루어졌기 때문이라는 엄청난 진실을 알게 되었다. 뿌리가 병들고 썩으면 열매가 맺힐 수 없고 열매가 열리더라도 기형적이거나 병든 열매가 달릴 수밖에 없다.

각자(열매)의 인생이 아프고 슬프며 괴로운 것은 바로 사후세계에 계신 각자 조상님(뿌리)들이 병들어 아프고 슬프며 괴로운 것을 자손들의 육신과 삶을 통해서 현실로 보여주고 있는 것이었는데 사람들은 병에 걸리면 병원부터 찾아가고 조상님들은 찾아주지도 않는다.

단순한 인간의 질병이라고만 생각하기 때문이다.

질병이나 우환, 사건사고의 원인이 바로 사후세계로 돌아간 자기 조상님들의 모습인데도 이런 진실을 밝혀주는 곳이 없어서 모두가 고통받고 살아간다.

이 세상에 일어나는 모든 일들은 사후세계에서 조상님들에게 먼저 일어난 일이 현실로 자손들에게 일어나고 있는 것이었지만 사람들은 이런 진실을 알지 못했고 인간 눈높이 수준에서만 해결하려다 고통받으며 세상을 떠나가고 있다.

결국 뿌리(조상님)가 튼튼해야 열매(자손)도 잘 맺히고 잘 자란다. 사후세계로 돌아가신 각자의 조상님들이 편안해야 자손들도 편하다는 진리이다.

자신들의 인생이 어떤 일로 괴롭고, 아프고, 슬프고, 불행한 것은 조상님들이 하늘에 지은 죄를 용서받지 못해서 지옥세계의 형벌을 받고 있기 때문에 일어나고 있는 것이었다.

그래서 자기 조상님들을 고통의 사후세계에서 구해주지 않으면 자손들 역시 고통과 불행의 굴레에서 벗어날 수 없다는 참 진리를 오늘 알게 되었다.

각자의 인생이 뒤집어지고 병든 것 역시 자기 조상님들을 무시하고 구해주지 않은 대가를 받고 있는 것이다.

조상님을 고통의 사후세계에서 구해주지 않고서는 자신의 질병은 치료될 수 없고 인생의 기쁨과 행복이 열릴 수 없다는 커다란 진리를 터득하는 날이었다.

성공하고 출세한 것을 모두 자기 공으로 돌리는 자들의 조상님들은 자손들이 조상님들의 공로를 알아주지 않아 속이 새까맣게 타들어 가고 있다.

하늘과 신, 조상님들의 도움 없이 인간 스스로 잘살 수 있는 길은 없다,라는 엄청난 진실을 알게 해주신 날이었다.

천지만생만물을 창조하신 절대자 하늘 태상천존 자미천황님으로부터 내가 72억 인간의 대표, 하늘의 명 대행자, 인류의 심판자 인황이라는 어마어마한 하늘의 황명을 받은 것이 나 하나만의 노력이 아니라 사후세계에서 나의 아버지, 어머니를 비롯한 선조 조상님에 이르기까지 모든 조상님들이 오랜 세월 수많은 노력을 해주시었기 때문이라는 엄청난 진실을 인정하게 하는 아주 귀한 날이었다.

내가 잘나서 72억 인간의 대표, 하늘의 명 대행자, 인류의 심판자 인황으로 황명을 받은 것이 아니라 사후세계에서 조상님들의 피나는 노력 덕분이었다는 것을 알았다.

오늘 이런 엄청난 조상님의 진실을 알기 전까지는 모두 내가 잘나고 열심히 일해서 이루어낸 성공이라고 자만, 거만, 교만으로 가득했었다. 참으로 조상님 전에 부끄러운 일이고 그동안 인간의 잘남이 극치를 이룬 잘못에 대하여 진정으로 조상님 전에 사죄를 드린다.

이렇게 부모조상님들의 은공으로 이 세상을 살아가고 있는데도 부모조상님을 사탄, 마귀, 악마라고 교회에서 가르치고 있다니 기가 막힌 일 아니던가?

목사들의 말을 듣고 자신의 부모조상님을 사탄, 마귀, 악마라고 박대하고 가슴에 대못을 박는 교회에 다니는 것은 결국 자기 자신을 스스로 박대하고, 자기 가슴에 대못을 박는 일 아니던가? 이런 일이 어떻게 일어나고 있는 것인가?

부모조상님을 사탄, 마귀, 악마라고 전하는 목사의 말을 믿고 따라서 동조했으니 자신들은 사탄의 새끼, 마귀의 새끼, 악마의 새끼라고 스스로 인정하는 엄청난 죄를 짓고 있는 것이니 정신들 차리고 교회를 빨리 떠나야 한다.

자신들의 부모조상님을 사탄, 마귀, 악마라고 박대하는 데 동참하였으니 자신의 인생도 사탄, 마귀, 악마처럼 고통스런 인생을 살아갈 수밖에 없다.

사탄, 마귀, 악마라고 낙인찍힌 자신의 조상님들은 사후세계에서 피눈물을 흘리시면서 어처구니없는 망할 자식이라고 분노를 터뜨리고 계신다. 그 분노로 인하여 각자의 인생살이가 피멍 들어가고 있는 것이다.

온갖 질병, 사업실패, 사기, 배신, 부정비리폭로, 고소고발, 검찰소환, 구속수감, 차사고, 이혼, 별거, 우울증, 불면증, 실직, 파면, 심장마비, 뇌출혈, 중풍, 자살, 돌연사, 단명으로 세상을 떠나는 일들이 수없이 일어나고 있다.

각자의 조상님들을 무시하고 박대한 죄를 자미국에 들어와서 빌어야 한다. 조상님 입천제의식을 행하면 조상님과 상봉할 수 있는 시간이 주어지니 이때 부모조상님들 모두에게 죄를 용서 빌어야 한다.

죄를 밝혀주어도 빌지 않는 자들은 인생의 기쁨과 행복은 절대로 없다. 귀하신 조상님의 존재를 부정하고 가슴에 대못을 박으며 박대하고 버린 자들은 하늘과 땅, 신, 조상님들로부터 저주의 벌이 내려서 인생이 말할 수 없는 고통의 암흑세계를 살아가게 된다.

각자의 조상님들은 하늘이 창조하시어 이 땅으로 보내신 하늘의 자손들이기에 자기 부모조상님들을 박대하며 가슴에 대못을 박아 아프게 하고 버린 자들은 하늘로부터 멸망의 심판을 받을 수밖에 없다.

하늘(기독교, 천주교)만 찾는 자들, 조상님(불교)만 찾는 자들, 신(무속)만 찾는 자들, 도(도교, 수련단체)만 찾는 자들은 하늘의 죄인들이다. 모두를 함께 찾는 자들이 진정으로 하늘이 원하고 바라시는 일이며 그곳이 자미국이다.

하나만 찾는 자들은 반쪽자리 인생들이고 하늘, 땅, 신, 조상님들이 용서하시지 않는다.

그래서 종교는 아무리 성공하고 번창해도 기형아인 것이고 가장 잘한 일은 하늘이 원하시고 바라시는 대로 자미국을 만나서 살아가는 것이다.

이 세상에서 대단한 자미국을 능가할 곳은 세상 그 어디에도 없다고 보면 되기에 자미국에 들어오는 자체가 인간으로서 가장 잘한 일이고 보람되며 영광스런 일이다. 인류 최후의 승리자와 성공자가 자미국의 천인들이다.

자미국에서 하늘과 나를 통해서 죄를 심판받을 수 있음은 현생은 물론 사후세계까지 하늘의 사랑과 보호를 받는 엄청난 행운이 따르는 일이기에 속히 심판을 받아야 한다. 인류 모두가 죄인 아닌 자들이 하나도 없다.

72억 인간의 대표, 하늘의 명 대행자, 인류의 심판자 인황을 통해서 인류가 그동안 간절히 원하고 바라는 것을 이루어주신다고 하신다.

종교 안에서 수천 년의 세월 동안 이루고자 했으나 이루지 못한 인류의 소원이 자미국을 통하여 이룰 수 있게 되었다.

각자 원하고 바라는 목표가 다르겠지만 98%까지 이루게 해 줄 수 있는 유일한 곳이 자미국이다.

영생과 구원, 극락세계, 천국세계, 천궁세계, 도통(도통군자), 천통, 신통, 질병 해방, 부귀 번창, 기쁨과 행복 등 모든 것을 가능하게 해주는 곳이 자미국이다.

살아생전 자미국에서 심판받아야 한다

자신들이 누구의 핏줄인지 자미국을 통해서만 알 수 있고 육신이 살아서 자미국에 들어와 인황과 사감을 만나 심판받지 못하고 죽으면 생전의 모든 부귀영화는 일장춘몽이고 끝없는 사후세계에서 구원받지 못하여 허공중천을 떠도는 불쌍한 신세로 전락하고 지은 죄에 대한 형벌을 면하지 못한다.

특히 종교를 한 번이라도 믿었던 사람들은 하늘과 땅, 조상, 신들에게 지은 죄가 엄청나게 크다는 것을 알고 반드시 자미국에서 인황으로부터 심판을 받고 죽어야 사후세계에서 모진 형벌을 면할 수 있다.

죽음 이후의 사후세계를 인정하지 않는 자들은 무시하겠지만 자신의 가족과 자손, 후손들을 위해서라도 인생을 마감하기 전에 필히 심판을 받아야만 한다.

나의 말을 무시하고 부정하며 죽었을 경우 자신들이 지은 죄업이 살아 있는 가족과 자손, 후손들에게 빠짐없이 자손대대로 물려지고 이로 인한 자손들의 인생 풍파는 상상을 초월하여 결국 기업과 가문이 문을 닫는 불상사가 일어나게 된다.

지금까지 누렸던 부귀영화를 자손들이 지키지 못하고 모두 패대기쳐서 기업의 멸망, 가문의 멸망으로 이어진다.

부자가 3대를 못 간다는 말이 현실이 되기 때문에 자식들을 생각한다면 세상을 떠나가기 전에 살아서 지은 죄를 모두 빌어야 자신은 물론 자식들에게 벌이 내려가지 않는다.

살아서 대통령, 총리, 부총리, 장관, 차관, 국회의원, 시도지사, 장성, 판사, 검사, 변호사, 의사, 기업총수, 고위공직자를 지낸 사람들과 유명 인사들은 일반인들보다 죄가 더 많을 것이니 사후세계를 편히 보내려면 자미국으로 속히 들어와서 죄를 심판받아야 한다.

인류가 지은 죄에 대한 심판은 인류의 심판자 자미국 인황이 생존해 있을 때만 받을 수 있기 때문에 고심하며 생각해 볼 시간이 그리 많지 않다.

각자들이 종교, 산, 바다, 집에서 죄를 비는 것은 하늘과 땅이 받아 주시지 않고 오직 하늘의 명 대행자이자 인류의 심판자 인황 앞에 와서 죄를 빌어야 용서를 받게 된다.

살아서 자신이 지은 죄를 비는 것을 머뭇거리거나 하늘과 땅, 신, 조상, 인간들에게 죄를 지은 것이 없다고 생각하여 죄를 심판받지 않는다면 어느 날 갑자기 엉뚱한 부정비리 사건에 연루되어 검찰, 경찰, 국세청의 소환받을 일이 발생하여 탈루세금 추징과 교도소 감옥에 갇히는 불상사가 일어나고 기업의 존폐가 기로에 서게 된다.

그동안 국내 굴지의 대기업들이 무너져 사라진 것을 참고하면 될 것이다. 기업들의 비자금 조성과 자신들이 살면서 지은 모든 죄는 하늘과 땅의 천지장부에 자세히 실시간으로 기록되고 있다는 진실을 인간들은 모를 것이다.

72억 인류의 말이나 행동, 문자메시지, 메일, 속마음까지 모두 알고 계시는 대단한 천지대능력자들이시기에 그 어느 누구도 숨길 자가 없다.

숨소리만 들어도, 음색만 들어도 죄인인지 아닌지 구분하시는 천지대능력자들이다. 각자가 저지른 부정비리 모두를 실시간으로 다 알고 계시고 이제 자미국을 통해서 하늘과 땅이 지엄한 심판을 하실 것이다.

아직 고소고발된 상태가 아닌 숨겨진 각자의 부정비리가 세상에 봇물 터지듯 신문과 방송을 통해서 보도될 것인데 이들은 자미국에 들어와서 심판받기를 거부할 사람들임을 하늘과 땅이 미리 아시고 검찰, 경찰, 국세청, 방송, 신문, 언론을 통해서 심판하시는 것이다.

자신이 지은 죄를 자미국에서 진정으로 빌고 심판받지 않는 자들은 하늘과 땅의 보호를 받을 수 없기에 살면서 저지른 모든 부정비리가 낱낱이 세상에 폭로될 것이다.

뇌물수수, 인사청탁, 기업비자금조성, 부정축재, 세금탈루, 주가조작 등 사회 전반의 모든 부정비리가 폭로되어서 감옥살이할 사람들이 부지기수로 늘어날 것이다.

자신의 부정비리를 눈감아준 상대방들은 자의반 타의반으로 부정비리를 폭로하게 되어 있다.

낮말은 새가 듣고 밤말은 쥐가 듣는다는 속담이 있고, 서양에는 벽에도 귀가 있다는 속담이 있다고 한다.

즉 비밀은 없다는 것인데 자신들이 지은 죄는 이미 하늘과 땅, 신들이 모두 자료를 확보해 놓고 있으며 검찰, 경찰을 통해서 부르실 것인가? 자미국으로 부르실 것인가 양단간에 선택하실 일만 남았다고 하신다.

자미국에서 부르는 죄인들은 가장 큰 행운아들이다.

검찰을 통해서 부르시면 구속수감이고 자미국으로 부르시면 인황 앞에서 심판받는 것으로 검찰에 소환되는 일을 덮어버리실 것이기 때문이다.

하늘의 명 대행자이자 인류의 심판자 인황이 인류의 죄를 심판할 준비가 되기 전까지는 하늘과 땅, 신은 인류가 지은 죄를 검찰, 경찰, 법원을 통한 구속수감과 질병, 자살, 심장마비, 돌연사, 단명, 기업부도, 가정파탄, 사기배신, 차사고, 해임, 파면, 실직 등을 통해서 심판해 오시었다.

그러나 자미국에서 공식적으로 인류의 죄를 심판하는 천상지상 공무를 집행할 준비가 완료되었기 때문에 살려주실 자들은 자미국으로 부르실 것이니 각자 하늘과 땅, 신, 조상, 인간사에서 지은 죄를 모두 심판받아야 한다.

나의 말을 무시하고 부정하는 자들은 검찰, 경찰, 법원을 통한 구속수감과 질병, 자살, 심장마비, 돌연사, 단명, 기업부도, 가정파탄, 사기배신, 차사고, 해임, 파면, 실직을 통해서 심판받으면 된다.

지금 자미국을 통해서 자신들의 죄를 빌고 심판받지 않으면 부모와 배우자, 자식들이 자손대대로 불행해진다.

장례식 끝내고 즉시 조상입천제를 행해야

한 번 죽으면 다시는 돌아올 수 없는 길.

자고 나면 떠나는 사람들이 매일 700여 명이나 되는데 모두가 예외인 양 남의 일처럼 생각하며 살아가고 있다.

이들 중에는 천수를 누리고 노화되어 죽는 사람들도 있지만 그렇지 않은 사람들이 예상외로 많다. 아직은 죽어야 할 나이가 아닌데도 질병, 자살, 사건사고로 갑자기 죽어서 남은 가족들을 끝없이 슬프게 만든다.

저승길은 앞뒤 없는 전차와 같다. 즉 죽음의 길에는 나이가 많고 적음에 관계가 없다. 이 세상에 올 때는 차례대로 순서대로 태어났지만 죽을 때는 어린 아기나 노인이나 순서를 가리지 않는 것이 죽음이다.

이 역시 자신들과 조상들이 전생과 현생에서 쌓은 죄의 대가로 인해서 발생하지만 사람들은 이런 진실 자체를 인정하기 싫어한다. 일찍 죽든 늦게 죽든 인류 모두가 죽게 되어 있고 다만 언제 죽을 것인가 날짜 차이만 있을 뿐이다.

수명이 길면 100년을 살고 짧으면 태어나는 날 바로 죽기도 하지만 아무리 인생이 길어봐야 100년을 넘길 수 없다는 진리 앞에서도 죽음 이후의 사후세계가 보이지 않고 들리지 않기에 반신반의하면서 대책 없이 죽음을 맞이하고 있다.

그러나 엄연히 하늘세계, 사후세계는 실제로 존재하기에 살아서 철저한 준비를 해놓고 세상을 떠나야 한다. 그렇지 않으면 상상을 초월하는 무한대의 사후세상을 지옥세계, 축생계, 아귀계, 아수라계 같은 곳에서 고통받으며 살아가야 한다.

죽을 때 인간 영혼(정신)까지 함께 죽는다면 말 그대로 죽으면 그만이다. 하지만 인간 육신은 죽어도 영혼들은 죽지 않고 가족들의 몸으로 수없이 들어가기에 가족들에게 우환과 질병, 사건사고가 생긴다.

육신의 사후 가족들이 편안히 지내게 해주려면 자신의 죽음을 살아서 철저히 준비해야 한다.

어차피 언젠가는 모두가 가야 할 길이 죽음의 길인데도 사후세계 진실을 몰라 살아생전 제대로 대비하지도 못한 채 죽고 나서 후회하는데 다 부질없고 소용없는 일이다. 살아생전 자신들의 죽음을 준비해 놓지 않고 가족들에게 자신의 사후를 맡긴다는 것은 너무나 어리석고 위험한 일이다.

자신의 죽음 이후의 세계는 가족들이 아무리 잘해주어도 마음에 차지 않을 것이다.

이제까지 세상에 알려져 있던 죽음의 길.

장례식은 종교의식과 전통장례 둘 중에 하나로 치르고, 화장과 매장을 선택해야 하는데 시대 흐름에 따라서 국민정신이 바뀌어서 70% 이상이 화장하여 유분을 납골묘에 안치하거나 바다, 강, 산에 뿌리는 산골 그리고 최근에는 나무 밑에 유분을 묻는 수목장을 선호하는 사람들이 많다.

선산이 있고 명당론을 신봉하는 소수의 사람들과 뼈대 있는 가문이나 명당자리를 찾아서 호화 산소에 안치하는데 최근에는 규제가 많아서 호화산소를 만들기조차 어렵다.

장례 지내고 삼우제, 지노귀굿, 천도재, 49재, 100일제, 1년째는 대상, 3년째 소상, 시제를 지내던 것이 과거 풍습인데 지금은 모든 절차를 생략하고 간소하게 지내고 있다.

시대가 바뀌어서 제사와 차례, 장묘문화도 많이 바뀌어 가고 있는데 앞으로는 자미국을 통하여 더 간소화 될 것이다.

자미국이 추구하는 새로운 장례문화.

장례는 반드시 무종교의식으로 매장이 아닌 화장하여 산골한 뒤에 삼우제, 지노귀굿, 천도재, 49재, 100일제, 대상, 소상 모두 생략하고 바로 천상 자미천궁으로 올라가는 조상영가 입천제를 행하는 의식이 있다.

입천제의식을 행하면 제사, 차례를 평생 지내지 않아도 되고 납골당이나 묏자리에 매장하지 않아도 되니 성묘할 필요가 없는 초현대식 의식이다.

납골이나 묏자리가 없어서 허전하다고 생각되면 집 안 베란다나 거실 한쪽에 위패를 넣을 수 있는 자개장을 구입해서 안치하면 된다. 위패는 높이를 30cm, 45cm, 60cm, 75cm, 90cm 크기 정도로 주문 제작하면 된다.

앞으로의 새로운 시대는 납골과 매장 문화 역시 사라질 것으로 예상되고 내가 제안한 새로운 방법으로 수많은 사람들이 따르게 될 것이다.

다른 나라는 이미 산소나 납골 대신에 집 안에 위패를 안치하는 문화가 오래전부터 정착되어 있다. 매장 문화는 명당자리에 시신을 매장하면 자손들이 복을 받는다는 풍습 때문에 유독 한국에서만 유행하고 있었던 것이다.

잘못된 명당 발복 이론 때문에 오랫동안 매장을 고집하였으나 지금은 70% 이상이 화장을 선호하고 있다. 명당은 땅에 있는 것이 아니라 천상세계에 있는 자미천궁이니 입천제를 행하여 조상들을 천상으로 보내고 집 안에 위패만 안치하면 조상과 자손들 모두가 아주 편안하고 잘될 것이다.

조상들이 편안하고 자손들이 무탈하게 살아가려면 이 방법이 최고로 좋을 것이다.

명당자리인 줄 알고 매장하였다가 오히려 안 좋은 일들이 일어나서 가문이 몰락하는 경우가 비일비재하다.

이장하려고 개장하여 보니 수렴이 들어 물속에 유골이 있는 산소가 대부분이다. 땅속이 습하고 냉해서 20년이 지났는데도 시신이 썩지 않고 그대로 있다.

황천살(서쪽에서 부는 바람)을 맞아 광중에 유골이 새까맣게 변해 있고, 충렴이 들어 뱀, 개구리, 조개, 지렁이, 두더지, 쥐가 들어 있고, 목렴이 들어 나무뿌리가 시신을 감싸고 있는 산소가 아주 많다.

도시혈에 매장하여 시신이 온데간데없이 사라지는 등 땅속에 이변이 일어나서 자손들의 인생이 뒤집어지는 사례가 수없이 많기에 땅에 매장한 산소는 모두 화장해서 산이나 강, 바다에 뿌리는 산골이 제일 좋다.

납골당에 안치하는 것은 바람직하지 않고, 천상명당 자미천궁으로 보내는 조상영가 입천제가 가장 좋으며 장례 치르고 3일 이후부터 입천제의식이 가능하다.

조상영가들이 이 세상에 태어나기 전에 천상 자미천궁에서 있었기에 고향으로 다시 돌아가면 인간세상의 산소, 납골, 제사, 차례, 성묘 같은 것을 모두 생략해도 된다.

80~90세에 죽은 조상들도 천상 자미천궁으로 올라가면 20대

초반의 신선이나 아름다운 선녀로 새로이 태어나기 때문에 근심과 걱정을 벗고 꽃피고 새 우는 무릉도원의 세상에서 영생을 누리며 살아가는 특권을 누리게 된다.

인생살이는 천상의 영들이 이 세상에 잠시 소풍 다녀간 것이다. 조상영가들이 천상 자미천궁에 다시 태어남으로써 질병의 고통, 죄업의 고통에서 벗어나고 자손들의 몸으로 들어가서 살 필요가 없기에 산 자손들이 조상들의 질병과 죄업으로 인한 고통들이 말끔히 사라지는 이적과 기적이 일어난다.

그러므로 인간 육신들이 질병의 고통에서 벗어나 건강하게 살아가게 된다. 또한 조상영가들로 인한 우환과 사건사고 같은 것들이 일어나지 않는다.

그래서 하늘과 자미국이 인류에게 주는 가장 큰 선물이 조상입천제의식이니라. 부모조상들의 죽음에 대한 슬픔이 아무리 크다 해도 산 가족들이 위로해 주는데 한계가 있기 때문에 하루라도 빨리 천상 자미천궁으로 편히 돌아가게 보내주는 것이 산 자나 죽은 자 모두에게 가장 바람직한 일이다.

죽은 사람들은 가족들과 대화가 통하지 않기 때문에 일방적인 위로가 되어서 진정으로 죽은 자가 원하고 바라는 것을 가족들이 이루어줄 수 없다.

슬퍼만 하지 말고 하루라도 빨리 죽은 자가 편안히 쉴 수 있는 천상 자미천궁으로 오르게 마음으로 떠나보내 주어야지 슬프다고 망자를 끌어안고 있으면 가정에 알 수 없는 우환과 사건사고가 줄줄이 터지며 죽은 자가 앓던 질병을 가족들이 대물림받아서 더 많은 고통 속에 살아간다.

책을 읽었더라도 자미국에 들어오는 것이 쉽지는 않다.

죽은 자가 먼저 하늘과 땅의 심판을 받아 선택받은 뒤에라야 자손과 함께 자미국에 들어와 입천제를 올릴 수 있다.

그래서 망자가 하늘과 땅의 심판을 받아 선택받아야 하기 때문에 돈이 많다고 아무나 자미국에 들어와서 입천제를 올릴 수 없다는 것이다.

천상 자미천궁에 오르지 못할 망자들은 그의 자손들이 이 책을 읽어보아도 무슨 말인지 이해도 가지 않고 전혀 공감하지 못하기에 자미국에 들어올 수 없다.

그러므로 자미국에 들어올 수 있는 자손이나 망자들은 하늘과 땅의 1차 심판에서 통과하여 뽑힌 행운아들이다.

자미국에 들어와서 조상입천제를 행하면 자손과 조상이 함께 자미국의 백성으로 재탄생하는데 이들이 바로 하늘의 백성들인 것이다. 조상들은 천상 자미천궁에 올라가서 하늘의 백성인 천손(신선선녀)이란 신분이 되고 자손들은 자미국의 정식백성이 되는 특권을 누린다.

이 세상에 인류가 태어난 이후 최초의 경사스런 일이다.

조상영가들이 진짜로 천상 자미천궁으로 구원받을 수 있게 해주는 자미국이 이 세상에 나타나도 종교에 미치면 자미국을 사이비라고 부정해서 들어올 수 없기에 세상의 나쁜 짓은 다해도 용서해줄 수 있지만 종교만은 믿지 말라고 하늘께서 말씀하셨다.

조상영가들이 1차로 선택받는 길.

태초의 하늘과 천상의 높고 높은 신명님, 기독교 천주교의 하나님, 불교의 미륵님, 천지신명님, 태초의 인간 자미인황님의 핏줄이거나 이분들께 인도받은 인간과 조상영가들이 책을 읽고 자미국에 들어올 수 있다.

이렇게 대단하신 분들은 종교세계 안에서 심판과 구원의 천상지상 공무를 집행하지 않고 오직 자미국을 통해서만 행하신다고 직접 말씀하시고 밝히셨다.

인정하기 싫겠지만 수천 년의 역사를 자랑하는 전 세계의 불교, 기독교, 천주교, 힌두교, 이슬람교, 도교, 무속, 유교 등 모든 종교는 하늘과 땅의 천지능력이 실시간으로 내리는 자미국을 능가할 수 없다.

이 세상의 모든 종교는 자미국을 만나기 위해서 만들어진 것에 불과하고 자미국이 이 땅에 세워진 이상 지구상에 모든 종교세계 교리와 이론은 더 이상 필요가 없어졌다.

하늘과 직접 통신하고 하늘과 땅의 명을 받을 수 있는 전 세계 유일한 자미국이기 때문이다.

자미국이란 말은 대부분 처음 들어보는 아주 생소한 말이지만 그 역사는 태초에 인류가 지구에 탄생한 시점부터 천상에서 계획되어 있었던 곳이기에 장구한 역사이다.

인간 육신으로 들어와 있는 수많은 조상영가들이 종교세계를 통하여 애타게 기다리며 찾던 진짜 하늘세계인데 진실을 몰라보고 사이비라 매도하고 있다.

산 자나 죽은 자들 모두가 함께 찾아와야 할 가장 영광스러운 곳이 대단한 자미국인 줄 몰라보니 이 역시 자신들과 조상영가들의 정해진 운명이다.

자미국에서 입천제를 행하여 천상 자미천궁으로 올라가는 조상영가들이 가장 출세하고 성공한 조상들이다.

살아서 왕이나 대통령을 했다가 죽었을지라도 천상세계 법도에는 생전의 권력이 하나도 통하지 않는다. 육신이 죽었으니 귀신일 뿐이고 하늘을 몰라보고 찾지 않았으니 귀신이고, 하늘의 존재를 찾지 않고 몰라보니 귀신이다.

하늘은 각자 몸 안에 있는 영혼과 조상영가들을 이 땅으로 보내주신 부모님이시기 때문인데 하늘이 인간과 조상들의 눈과 귀에 보이지 않고, 들리지 않는다고 몰라보고 찾지 않았으니 천륜을 거스른 역천자라고 하는 것이다.

인간세상에서 나쁜 짓을 하는 귀신들만이 악이 아니라 너희 부모를 몰라보고 찾지 않는 자가 악이니라. 얼마나 정신이 세뇌되어 더러워졌으면 자신들을 이 땅으로 보내주신 하늘의 부모님을 몰라보고 찾지 않고 있겠는가?

이 땅에서는 최고로 대단한 곳이 자미국이고 천상세계에서 최고로 대단한 곳이 자미천궁이기에 인간과 조상영가들은 더 이상 종교세계 안에서 하늘 찾아 방황하지 말고 조상입천제를 행하여 부모조상들을 천상 자미천궁으로 빨리 보내야 자신과 가정을 우환과 고통, 불행으로부터 지킬 수 있다.

가장 좋은 방법은 장례식 치르고 가장 빠른 시일 내에 자미국으로 방문하여 조상입천제를 행하는 것이 자신들이 가진 재물과 권력, 명예, 건강, 가정의 행복을 지키는 길이다.

자미국에 들어오려면 기존에 종교세계 다니면서 받아들인 종교교리와 이론을 모두 버려야한다.

이제까지 알려진 종교세계 교리와 이론은 천만년을 믿고 다녀도 영들의 고향인 천상 자미천궁으로는 절대 오르지 못하고 허공중천 구천세계를 추위와 배고픔으로 영원히 떠돌아다닐 뿐이다.

조상님과 제가 새로 태어난 생일날입니다

광산 김○라 자손의 조상님, 경주 김○철 자손의 조상님, 오늘은 입천제(천상입궁)하신 둘째 날입니다. 날씨가 참으로 많이 추워졌습니다. 조상님은 마음이 어떠신지요?

이 자손은 조상님 입천제의식을 마치고 마음이 편하고 행복합니다. 자미국이 좋고 잃어버린 하늘님과 조상님을 찾아주시고 입천제(천상입궁의식)까지 해주신 인황님, 사감님이 더 좋아지고 조상님 생각하는 마음이 더 간절해졌습니다.

천상 자미천궁에서는 어떻게 지내시는지요? 기분은 어떠하신지요? 잠은 편하게 주무셨는지요? 불편하진 않으신지요? 행복하신지요? 기쁘신지요? 이 자손은 정말 좋습니다. 사형선고를 받고 오늘일까? 내일일까? 집행을 기다리는 두려움이 많았는데 감형을 받고 다시 살아난 기분입니다.

2013년 11월 10일(음력 10월 8일)은 조상님과 제가 새로 태어난 생일날입니다. 조상님은 천상 자미천궁에서 다시 태어나시고 이 자손은 자미국 지상 자미천궁에서 백성으로 다시 태어난 날입니다. 정말 좋고 행복합니다.

천번만번 이 미친년이 빌고 사죄해도 조상님의 서러움, 배신감, 증오, 개 무시당한 수치심과 맺힌 원과 한이 어찌 풀리시겠습니까? 두들겨 패고 밟고 머리채를 잡아뜯어도 풀리지 않을 분노이신데 이 미친년 이제 정신 차리고 똑바로 살겠습니다. 너무 죄송하고 또 죄송합니다. 잘못했습니다.

저는 조상님 입천제의식을 드리는 순간까지도 나의 조상님을 개무시하고 기만했습니다. 그동안 글을 통해 하늘님과 조상님께 용서를 빌었지만 그것은 가짜였습니다.

왜냐고요? 저의 진짜 죄가 무엇인지 몰랐고 진심으로 단 한 번도 조상님 앞에 빌지 않았고 조상님 아픔을 알지 못했기에 종교에서 배운 그대로 또다시 하늘님을 속이고 조상님을 속인 살아 있는 악마악녀였습니다. 인황님께서 저는 살아 있는 악마악녀라 하셨습니다.

가장 큰 죄인이고 종교에서 뼛속까지 더러운 악의 기운을 가져왔고 악마의 피가 흘렀습니다.

종교(기독교)에서 가르친 대로 가증스럽게 또 잘난 척, 착한 척, 아는 척 포장하고 위선 떨며 자미국을 뒤엎으려 했고 천인과 백성들을 기만한 죄, 잘못했습니다. 인황님, 사감님 용서해 주세요. 부끄럽고 염치없습니다.

나의 가장 큰 죄는 바로 조상님을 악마들이 가르치는 대로 사탄, 마귀, 악마라 개 무시했고 나의 뿌리, 나의 핏줄, 나의 조상님을 종교에 팔고 노예로 전락시킨 살인자였습니다. 하늘님께서는 가장 싫어하시는 것이 종교라 하셨고 또한 이 땅에 종교를 만드시지 않으셨다 하십니다.

그래서 하늘님께 빌면 되는 줄 알고 흉내를 냈습니다. 정작 피해자인 조상님을 또 개 무시하고 하늘님께 빌고 있으니 조상님 마음은 용광로처럼 천불나셨습니다.

의식 중에 아직도 정신을 못 차리고 넋이 나가 조상님 편을 들어드려야 되는데 정신없이 인황님, 사감님, 조상님의 불호령에 울고 또 울며 빌고 빌었습니다.

아직도 죄를 모르는 이 미친년에게 답답해하는 조상님께서 양쪽 뺨을 때리시고 방석을 뒤집고 발길질하시며 욕하시고 분노를 토하셨습니다. 난장판이었습니다.

멍청하게 무조건 죄를 비는 저에게 사감님이 설명해 주셨습니다. 뭐가 죄이고 뭐가 잘못되었고, 조상님 입천제의식하러 온 년이 엉뚱하게 동문서답하니 복장이 터질 노릇이었습니다.

아!!! 이게 나의 죄였구나. 알았습니다.

그래서 제가 가짜로 하늘님과 조상님께 용서를 비는 시늉만 했습니다. 쳐 죽일 년이지요.

저 같으면 이런 년은 머리채를 붙잡고 온 동네를 질질 끌고 다니며 "이년이 나라를 팔아먹은 매국노보다 더 악질인 미친년이니 구경들 하시오.

세상 천지에 자기를 낳아주고 길러준 부모조상님들을 사탄, 마귀, 악마라고 박대하고, 내 귀한 부모조상님들을 수입한 종교에 팔아먹고 노예살이, 감옥살이, 종살이시킨 천하에 죽일 년이오" 할 것 같습니다.

교회에서 목사가 나의 조상님을 사탄마귀라 박대하며 가슴에 대못을 박았을 때 저는 부정하며 대들지 않고 웃었는데 이것을 하늘님과 조상님이 보셨기에 그 죄가 너무 악해 "하늘님도 저를 구원 못한다 하시고, 조상님도 이년이 어떻게 되는지 봐야지 하면서 나, 천상세계로 안 가" 하십니다.

심장이 멎는 것 같았습니다. 인황님 붙잡고 용서해 달라, 살려 달라, 조상님 용서해 달라 울면서 매달렸습니다.

내 자식이 밖에서 맞아 피투성이가 되어오면 부모는 눈이 뒤집히고 소매를 걷어붙이고 몽둥이를 들고 달려가는 것이 인지상정이요, 인간의 도리요, 예의인 것을 악마(목사)가 시키는 대로 하고 나의 조상님을 개 무시하며 사탄, 마귀, 악마라 매도해도 구경하고 웃은 것이 저의 큰 죄였습니다.

나의 조상님은 사탄, 마귀, 악마가 아니라고 목사들의 멱살을 잡고 달라 들어 대판 싸웠어야 했고, 그 길로 교회를 뛰쳐나왔어야 하늘님과 조상님에게 죄를 짓지 않는 길이었습니다.

귀가 막히고 코가 막힌 미친년이었습니다.

나를 이 땅에 태어나게 해주신 나의 귀한 부모조상님을 사탄마귀라고 저주하고 박대하며 가슴에 대못을 박고 있는 목사의 말을 듣고 인정하고 받아들이며 웃었던 것이 죄가 되어 나의 인생이 개박살났습니다.

시댁 식구 조상님들도 며느리라고 들인 것이 조상님은 쳐다보지도 않고, 제사도 안 지내고 사탄, 마귀, 악마라 개 무시하고, 남편이 교회 가는 것을 방해하면 악마 목사가 시키는 대로 남편도 마귀라 하고 바득바득 대들다가 남편에게 죽도록 얻어터지고, 가기 싫다는 어린 아들들을 억지로 끌고 교회 다니며 악마 목사를 떠받들었습니다.

사감님께서 살아 있는 것이 용하다 하십니다. 인황님도 사감님도 어이가 없어 한숨을 쉬십니다. 인황님은 하품을 통해 저의 속에 숨어 있는 악마를 뽑아주셨습니다.

임신 8개월 때 큰 아들이 아프다는 것을 알고 이 병원 저 병원 다니며 의사들이 시키는 대로 수술하고 약물 치료하고 검사하였지만 결론은 그냥 지켜보자는 것이었습니다. 아이는 힘들다 울고, 저는 허리디스크, 목디스크, 만성 피로에 다 죽어갈 때 찾은 것이 기독교였습니다.

너무 힘들어 인간을 만든 절대자라고 하는 창조주를 찾아가면 좋아질까? 하고 교회에 발을 디딘 것이 20년 전이었고, 살기 위해 몸부림치면 더 깊은 고통과 외로움에 빠지고 기도해라, 금식해라, 헌금하라 온갖 족쇄를 다 채워놓고, 힘들어서 찾아간 인간들의 영혼을 갈기갈기 찢어놓는 곳이 종교였고 더 악한 종교는 기독교임을 이제 알았습니다.

교회에 다니는 자체부터가 하늘과 부모조상님들에게 죄를 짓는 것이고 헌금을 내는 것은 나의 부모조상님을 사탄, 마귀, 악마라고 낙인을 찍어준 목사들의 말이 맞는다고 인정하는 것이고, 각종 명목으로 헌금하는 것이 죄를 더 짓는 일이 된다는 것임을 깨닫게 되었습니다.

악마의 탈을 쓴 목사들이 부모조상들을 사탄, 마귀, 악마라고 낙인찍고 박대하는 교회에 다니면 하늘님과 조상님으로부터 저주의 천벌이 내려와서 인생이 멸망하니 하루라도 빨리 악마의 소굴에서 빠져나와야 합니다.

교회에서 전하는 절대자 창조주는 하나님이 아니란 것을 자미국에 들어와서 처음 알게 되었습니다. 하나님이 아버지라 부르시는 더 높은 천지만생만물을 창조하신 태초의 하늘 태상천존 자미천황님께서 계셨습니다.

태초의 하늘께서는 교회 목사가 사탄마귀라 박대하였던 나의 조상님을 악마라 하지 않으시고 따뜻하게 받아주십니다. 하늘님이 이 땅으로 보낸 하늘님의 자손들이라 하십니다. 그래서 하늘님의 뜻이 아닌 가짜 하늘이 세운 종교에는 절대로 다니지 말라고 하신 것이라 하십니다.

돌아가신 나의 귀하신 부모조상님들이 교회 목사가 가르쳐준 대로 사탄, 마귀, 악마라고 한다면 나 역시도 사탄의 자식, 마귀의 자식, 악마의 자식이 되는 것인데도 어찌 이런 진실을 모르고 목사의 말만 무조건 믿고 따랐는지 한심합니다.

나의 영혼과 내 부모조상님의 영혼을 창조하시어 이 땅으로 보내신 태초의 하늘 태상천존 자미천황님께서도 사탄, 마귀, 악마를 창조하신 부모라는 논리이니 이 죄를 목사들이 어찌 받을 것이고, 목사들의 말을 믿고 따르며 교회에 열심히 다니고 있는 교인들은 하늘님과 조상님들에게 얼마나 많은 저주와 천벌을 받을 것인지 아찔합니다.

하늘님과 조상님들에게 죄를 빌어야 하거늘 죄를 더 많이 짓게 하는 곳이 교회라는 것을 자미국을 통하여 아주 자세히 알게 되었습니다.

남편에게 이유도 모른 채 수시로 얻어터진 사연에 대한 새로운 진실을 조상님 입천제의식을 통해서 알았습니다. 나의 부모조상님들이 남편의 몸으로 들어가시어서 부모조상들을 사탄, 마귀, 악마로 재창조한 교회에 미쳐서 다니는 나를 두들겨 패시었다는 엄청난 진실을 알게 되었습니다.

이 책을 읽는 사람들 중에도 부모나 배우자, 자녀들에게 이유 없이 얻어맞고 사는 사람들이 있다면 저와 같이 종교에 미쳐서 다니며 부모조상님들을 악마라고 부정하며 박대하고 팔아먹어서 가슴을 후벼 파고 상처 준 대가일 것입니다.

기독교만 그런 것이 아니라 이 지구상에 있는 전 세계의 모든 천주교, 불교, 무속, 도교, 유교가 다 똑같이 태초의 하늘이 원하고 바라시는 뜻이 아니기에 그 어떤 종교든지 열심히 믿으면 믿을수록 각자의 인생은 날이 갈수록 뒤집어져서 힘들어진다고 하십니다.

부모조상님들의 입장에서는 내 육신을 부관참시해도 분노가 풀리지 않을 죽일 년이었지요. 부모조상님들의 가슴에 영원히 대못을 박는 교회 목사(악마)의 말을 믿고 따른 아주 미친년이었지요. 그러니 나의 인생, 나의 가슴에도 대못이 박히는 것은 당연한 일이지요.

누구를 탓하고 원망 할까요? 모든 것은 뿌린 대로 거두시는 하늘의 뜻대로 되었습니다. 악마(목사)를 섬기고 노예가 되어 수종 들으니 집안이 박살나는 것은 당연하지요.

부모조상님은 저에게 바람난 년, 화냥년, 네년은 XX가 몇 개냐고 하셨습니다.

네, 맞습니다. 잘못했습니다,라고 빌었습니다.

한참 후 사감님께서 저 얼굴 이뻐진 것 좀 봐 하십니다. 아주 처음에는 살기 있고 무서웠다 하십니다. 조상님 입천제의식에서 인황님, 사감님, 조상님 말씀에 모두 "예, 맞습니다" 저의 모든 죄를 인정했습니다.

이것이 1대1 심판이고 구원이며 부활이라 하십니다. 두 시간 반 동안의 의식에 사감님께서 조상님들께 자손 용서해 주라 하시고 천상 자미천궁으로 올라가셔서 행복하게 사시라 말씀해 주십니다.

자손을 끝까지 미워하면 조상님도 악마가 된다 하시니 "아, 그렇소? 그런 것이요, 그렇게 하는 곳이요, 참 대단하십니다. 여기 사람들(인황님, 사감님) 참, 대단하시오" 하면서 의식이 마무리되었습니다.

조상님 하시는 말씀이 어찌 그리 구수하고 순수하신지 시골농부처럼 꾸밈없는 입담에 이 자손 마음이 흐뭇합니다.

조상님 벼슬 달아드리라는 명과 저와 남편의 천인합체의식하라는 명을 내려주셨습니다. 인황님께서 한 달 안에 빨리 오라 하십니다.

"예, 알겠습니다" 인황님, 사감님 찾지 말고 조상님 챙기라 하시고 남편 하늘처럼 섬기고 두 아들과 이쁘고 행복하게 살라 사감님이 마무리해 주셨습니다.

무엇으로 이 엄청난 은혜와 사랑을 갚을까요?

제가 천인합체하면 조상님이 진급한다 하시니 빨리 행하겠습니다.

조상님 입천제의식을 마치고 다음 날 건공(건립기금)으로 이 자손의 마음을 올렸습니다. 은행을 다녀와 책상에 앉자마자 남편에게 전화가 왔습니다.

한동안 뜸하던 거래처에서 금형 3벌을 맞추어 달라는 주문계약이 들어왔습니다. 참으로 신기함 그 자체입니다. 너무 큰 죄인인데 이렇게 복을 주시니 황송합니다.

이제 마음속으로 조상님을 불러봅니다. 눈물만 납니다. 빌고 또 빌겠습니다. 나의 영의 부모님은 하나님(천상천감님)입니다. 인황님, 사감님 죽을 때까지 조상님 마음 풀어드리겠습니다.

자미국의 대단하신 인황님과 사감님!

인류의 심판자이시자 구원자이십니다.

자미국을 통하여 알게 된 하늘과 땅의 진실은 경천동지함 그 자체였습니다. 나처럼 종교세계를 통하여 갈망하며 찾고자 했던 바로 그 위대하신 분들이십니다.

인류 모두가 수천 년의 오랜 세월 동안 종교세계를 통하여 찾아 헤매었던 주인공이시고 이 세상을 구하라고 하늘이 내리신 인류의 구원자이신 진인들이십니다.

지금 어느 종교를 믿고 있든 아예 하늘을 안 찾고 안 믿는 무신론자이든 그것은 하늘의 뜻이 아니기에 죄를 짓고 있다는 것을 처음으로 알았습니다. 아무 종교나 믿어서 구원받으면 되는 것인 줄 알았는데 그것이 아니었습니다.

자미국이 아니면 모든 굿, 천도재, 미사, 예배 등의 종교의식은 시늉만 낼 뿐 허사라는 것도 알았습니다.

어느 종교든지 믿으면 죄가 되고, 그렇다고 아무 종교도 안 믿으면서 자신의 영과 육을 창조해 주신 잃어버린 하늘님과 조상님을 찾지 않는 것이 죄가 되는 줄도 몰랐습니다.

종교인과 인간들의 생각이 아주 잘못되었다는 것을 자미국을 통하여 뼈저리게 알았습니다.

자미국은 인류의 구심점, 인류의 종착역, 종교의 종착역이며 인류가 지은 죄를 심판하는 곳임을 조상님 입천제의식을 통하여 알았습니다.

전지전능하시고 무소불위하신 천지대능력을 집행하시는 절대자는 태초의 하늘 태상천존 자미천황님이시라는 것을 자미국에서 알았는데 가장 중요한 것은 인류를 심판하고 구원하실 태초 하늘의 무소불위하신 천지대능력이 자미국의 인황님을 통해서만 이 세상으로 내리고, 사감님을 통해서는 말씀으로 내리신다는 엄청난 귀한 진실을 알았습니다.

인황님과 사감님은 인류가 애타게 기다려왔던 이 땅의 대성인이자 진인이시옵니다.

그래서 이 세상의 모든 종교가 태초 하늘의 소원대로 자미국 하나로 통합되고, 세계 각 나라와 인류 또한 자미국 하나로 통일된다고 하십니다. 이것이 태초 하늘이신 태상천존 자미천황님의 소원이기 때문이라 하십니다.

인황님과 사감님은 하늘이 내려주신 천지대능력으로 자미국을 세워가고 있으신데 인류의 상상을 초월하는 신비조화가 실시간으로 수없이 일어나고 있습니다. 말씀하시면 그것이 현실로 이루어지니 하늘과 신의 기적, 이적입니다.

너무나 황당할 정도로 신비한 일들이 끝도 없이 일어나니 감동과 감탄 그 자체입니다.

인황님께서 말씀만으로도 질병을 치유하신다면 믿으시겠습니까? 걸음을 못 걷는 중풍환자가 뚜벅뚜벅 걷고, 평생 약을 먹어야 한다는 고혈압과 당뇨병이 인황님의 천지대능력으로 낫는다는 것이 믿어지십니까?

하늘과 땅의 무소불위하신 천지대능력을 집행하시는 인황님!

불가능이 없다고 할 정도입니다.

이 땅에 인류가 오랜 세월 찾아 헤매던 천지대능력자!

자미국의 인황님과 사감님이셨습니다.

종교세계에서 수천 년의 세월 동안 기다리며 찾던 절대자 하늘, 신, 하나님, 미륵님, 천지신명님이 모두 자미국으로 함께하시면서 이 모든 분들의 천지대능력을 인황님과 사감님의 육신을 통해서 분출하는 역사(천지공사)를 하고 계셨습니다.

아~ 그래서 마침내 이 땅에서 종교의 시대가 막을 내리는구나, 라는 것을 온몸으로 절실히 느끼게 되었습니다. 수천 년의 세월 동안 이 땅에 세워진 전 세계의 모든 종교가 가짜 하늘세계였었다는 것도 처음 알았습니다.

나의 뿌리이신 부모조상님을 사탄, 마귀, 악마라고 낙인찍는 목사의 말에 맞장구치며 웃었던 미친년이 이제야 정신 차리고 참 하늘의 세계를 찾았습니다.

자미국에 들어오면 죄를 짓는 종교세계를 졸업하고 하늘님과 조상님 품에 안기는 것이 진정한 사랑이라는 진실을 터득하게 되었습니다.

하늘님, 하나님, 신명님, 미륵님, 조상님을 함께 받들고 섬기는 자미국~ 종교를 믿는 자들과 믿지 않는 무신론자들까지도 반드시 찾아와야 할 곳이 자미국 세상임을 알려드립니다.

그래서 자미국에 들어와 하늘과 조상님에게 지은 죄를 빌면 인생사의 모든 풍화환란이 거두어짐도 알았습니다.

조상님 입천제를 행하여 하늘과 자미국 인황님, 사감님의 사랑을 많이 받은 김○라 올립니다.

천 년 전에 죽은 경순왕이 말했다

너희 인생에서 일어나고 있는 말도 안 되는 자살, 사건사고, 감옥살이, 치료되지 않는 질병인 암, 난치병, 불치병, 선천적인 장애자 출생은 선대조상들이 지은 죄가 크기 때문에 지금 일어나는 것이니라. 조상들이 살아서 행하고 뿌린 대로 후손들이 받는 것이다.

하늘과 땅은 한 치의 오차도 없이 우리 인간들과 조상혼령들의 일거수일투족을 실시간으로 지켜보시기에 인간들은 속여도 하늘과 땅은 속일 수가 없다.

절에서 1,030년 동안 밤낮으로 열심히 불공을 올렸는데도 구원이 안 되더라고 조상 입천제의식을 행할 때 신라 마지막 경순왕 김부 조상님이 그의 35대 후손의 육신을 통해 자미국으로 찾아와서 천상으로 올라가면서 전해준 말이 있었다.

무서운 진실이다.

천 년 전에 죽은 신라 경순왕 김부.

그 당시는 불교가 한참 성행했을 때이고 유명한 고승들도 많았던 시절이다.

경순왕이 죽은 이후 삼우제, 49재, 천도재, 지노귀굿을 신라 조정에서 아주 성대하게 치렀을 것이다.

인간들은 이렇게 성대한 삼우제, 49재, 천도재, 지노귀굿을 했으니 당연히 경순왕은 극락세계에 올라갔을 것이라고 신료들이나 그의 후손들은 생각하고 있었을 것이지만 그러나 그것은 인간들의 착각이었다.

경순왕은 죽어서 삼우제, 49재, 천도재, 지노귀굿을 수없이 받았지만 원하던 극락세계에 오르지 못하고 천 년 동안 경주 불국사 법당 안에서 불도를 공부하면서 불공을 열심히 드렸다고 말했다.

너무나 고통스러워 자살을 여러 번 시도하였는데 그때마다 조상입천제를 올리는 그의 35대 후손도 따라서 자살을 몇 번 시도하였다고 했다.

경순왕이 사후세계에서 너무 고통스러워 자살을 시도할 때마다 천상에서 음성이 들려왔다고 말하였다.

"조금만 더 참고 기다려라, 네가 원을 풀 날이 다가올 것이니라." 천상으로부터 이런 말씀을 들은 경순왕은 희망을 갖고 수백 년을 기다리다 얼마나 시간을 흘러갔느냐고 여쭈어보았더니 이제 한 달 지났다 하고 또 몇백 년이 지난 다음 여쭈니 한 달 반 지났다고 하였다고 한다.

이때마다 좌절하여 수없이 자살을 시도하였는데 그의 후손도 똑같이 자살을 시도하였다고 했다.

천 년 전에도 이미 이 땅에 자미국이 세워질 것을 천상에서 알고 계시었기에 경순왕에게 조금 더 기다리라고 가르쳐주시었던 것이었다.

하늘의 능력은 무소불위하시고 대단하시다.

1,000년 동안 열심히 불도를 닦고 있었지만 천상에서는 경순왕을 천상궁전 자미천궁으로 안 데려가셨다.

그것은 하늘의 역할을 대신해 낼 하늘의 명 대행자 인황이 이 땅에 육신으로 아직 태어나지 않았기 때문이었다.

하늘의 역할을 대신할 인간 육신(하늘의 명 대행자 인황)이 태어나 자미국을 세워야 하기에 수많은 세월이 걸릴 것을 천상에서 아시고 말씀해 주셨던 것이다.

자미국은 개국한 지 이제 만 8년이 되었지만 이미 인류가 이 땅에 태어나면서부터 수억 년 전에 이미 천지부모님이신 자미천황님과 자미인황님께서 계획해 놓으셨던 천지대업이라고 천상에서 말씀하셨다.

경순왕 김부에게 자미국이 개국할 때까지 조금만 더 기다리라고 말한 대목에서 찾아볼 수 있으니 우리 모두가 경천동지할 일이리라.

하늘의 능력이 대단하시다고 하여도 인간들이나 조상들의 죄를 심판하고 구원하려면 하늘의 명 대행자 인황의 역할을 대신할 인간 육신이 필요했기 때문이었다.

하늘의 능력이 대단하시다고 하여도 인간들이나 조상들을 스스로는 구원하시지 않으신다. 내가 이 세상에 태어나 자미국을 세울 때까지 경순왕 김부에게 천 년의 세월을 더 기다리라고 말씀하셨다.

이 땅에 자미국을 세워서 수많은 조상영가들을 심판하고 구원하기 위해 천 년이 아닌 수억 년의 세월이 걸렸다는 것을 알게 되었다. 참으로 놀라운 일이 아닐 수 없고, 나 역시 이런 진실을 전혀 몰랐었다.

조상 입천제의식에 대한 글을 쓰면서 엄청난 자미국의 유래와 진실을 새롭게 알게 되었다.

이미 천상계획에는 내가 이 땅에 태어나서 자미국을 창시하게 될 것임을 이미 알고 계셨던 것이었다.

현재 자살을 시도하는 모두는 경순왕처럼 천 년 전에 돌아간 자신의 조상들이 하늘을 기다리다 지쳐서 자살을 시도할 때마다 일어나는 것이었다.

이뿐만이 아니라 가정에 우환, 사건사고, 암, 불치병, 난치병들도 수백, 수천 년 전에 죽은 자기 조상들의 기운 따라서 우환과 불행한 일들이 일어나는 것이기에 자기 조상들의 죄를 빌어 심판받은 후 천상세계로 올라갈 수 있도록 자손들이 조상 입천제의식을 행해 주어야 한다.

우리 인간의 상상을 초월하는 일들이 조상세계에서 지금도 현실로 일어나고 있다. 수백, 수천 년 전에 사망했으니까 아주 까마득한 옛날 일로 생각하고 있을 테지만 사후세계는 과거가 아닌 지금의 현실이라 한다.

수백, 수천 년이 흘러갔어도 그때 당시 선대조상들의 아픔과 슬픔, 고통이 지금 후손들 몸으로 이어져 현실에서 똑같이 일어나고 있다.

천 년 전에 나라 차원에서 삼우제, 49재, 천도재, 지노귀굿을 성대하게 봉행했는데도 극락세계 올라가지 못하였다. 그런데 지금 각자의 조상들을 위해서든, 자신들 잘되려고 행하였든 삼우제, 49재, 천도재, 지노귀굿으로는 부모조상들이 극락세계로 올라갈 수 없다.

천상세계 수도이고 하늘 중에 최고의 하늘이신 태상천존 자미천황님께서 머물고 계시는 천상 자미천궁에 올라가려면 자미국에서 자손들이나 후손들이 함께 조상들이 지은 죄를 심판받아야만 가능한 일이다.

하늘세계 진실이 이러하니 그동안 수많은 사람들이 올린 모든 굿과 천도재 의식들이 헛수고가 되었다. 자미국에서 죄를 심판받지 않은 각자의 수많은 조상영가들은 꽃피고 새 우는 천상 자미천궁에 한 발자국도 들여놓을 수가 없다.

인간들이 하늘세계 법도를 잘 모르다 보니 종교지도자들이 전해주는 말만 믿고 49재, 천도재, 지노귀굿을 하면 당연히 조상들이 좋은 세계로 올라갔는지 알고 있었다.

천상세계 법도를 잘 몰라서 조상들을 속인 죄를 종교인들과 의뢰한 자손들이 함께 받기 때문에 이런 의식을 행하면 죄인이 되어 인생살이가 더 힘들어진다.

나 역시도 이런 천상법도가 있는 것을 모르고, 진짜 하늘을 알기 전에 행한 의식에 대하여 상상을 초월하는 고통을 겪었던 당사자이기에 너무나 두렵고 무섭다.

이런 진실을 알면 절대로 49재, 천도재, 지노귀굿을 함부로 행하지 않을 것이다. 지금도 이런 의식을 의뢰하는 사람들과 의식을 해주는 종교인이 전국적으로 수없이 많다.

그러나 의식을 행하고 나면 각자 서로의 삶이 힘들어진다는 것을 현실로 체험하고 있을 것이다.

조상영가들을 좋은 세계로 보내드리는 의식은 종교인의 능력으로는 절대로 이루어질 수 없다는 것을 나의 인생이 몽땅 뒤집어지고 나서야 절실히 알게 되었다.

하늘이신 자미천황님과 땅이신 자미인황님(자미지황님), 신명님이신 천상선감님, 하나님이신 천상천감님, 미륵님이신 천상도감님, 천지신명님, 자미국의 인황, 사감과 함께하지 않는 이 세상의 모든 영혼, 신명구원의식은 불가능한 것이고 오히려 본인 자신과 부모조상, 배우자, 자식들에게 엄청난 죄에 대한 벌을 받아 인생으로 큰 재앙만이 내릴 뿐이라는 것을 알았다.

천상세계 절대자 천강지림

대우주 삼라만상과 지구에 살고 있는 인류를 천지창조하신 천지대능력자께서 대한민국 땅으로 천강지림(天降之臨)하심은 이 나라 국민들과 인류 모두가 손뼉 치며 대대적으로 기쁘게 환영해야 할 나라의 경사이다.

하지만 아직 자미국의 존재가 전 세계에 널리 알려지지 않아서 이 나라 국민들이 어마어마한 하늘과 땅의 대단한 경사임에도 종교세계에 깊게 빠져 있어서 알아보지 못하고 있다.

인류의 생사여탈권과 인류의 죄를 심판하시는 천지대능력자께서 자미국의 인황을 통하여 그 위대하신 존재를 인류 최초로 밝히셨다.

수많은 비기와 예언서에 명시된 천지대능력자를 찾으려고 인류가 종교세계 안에서 수천 년의 세월을 보내왔지만 어느 누구도 찾아내지 못하였다.

천지인의 절대자 3위님이신 자미천황님, 자미지황님, 자미인황님, 신명님, 하나님, 미륵님, 천지신명님의 천지대능력은 원래부터 대단하신데 인간이 얼마나 어떻게 이분들의 천지대능력을 받아서 행하는지 그것이 문제였다.

내가 이분들의 천지대능력을 모두 갖고 싶다고 해서 이루어질 수 있는 것은 아니지만 이분들께서 원하시고 바라시는 뜻을 만 세상에 전할 때 스스로 나와 함께 해주시어야만 내 육신을 통해서 대단한 천지대능력이 분출되는 것이다. 언제라도 이분들이 원하시고 바라시는 천지신명공사를 보실 수 있도록 내 육신을 수시로 빌려드릴 뿐이다.

그래서 이분들께서 원하시고 바라시는 뜻이 천지신명공사를 통해서 이루어지면 나의 뜻도 함께 이루어질 수 있는 것이지 나의 뜻만은 단독으로 이루어질 수 없다는 것을 알았다.

나의 육신 전체를 천지대능력자들께서 얼마나 많이 쓰시는가에 따라서 자미국의 발전과 나의 발전이 함께 이루어지고 개인, 가정, 기업, 이 나라와 인류의 발전에도 기여할 것이다.

천강지림(天降之臨)

하늘이 땅으로 내리시어 임하심을 천강지림이라 하고 자미국 인황의 육신의 몸으로 천강지림하시었다.

국가적인 엄청난 경사임에도 이 나라 국민들이 알아보지 못하고 있으니 참으로 안타깝기 그지없다. 개인, 가정, 기업, 국가가 전 세계에서 가장 잘살 수 있는 해법의 열쇠가 자미국 인황에게 쥐어져 있지만 알아보는 자들이 적다.

이 나라 국민들과 정부가 자미국을 인정하는 순간 나라의 국운은 개국 이래 최대 호황을 맞이할 것인데도 색안경을 쓰고 거들떠보지도 않고 있으니 이 또한 이 나라에게 주어진 슬픈 운명일 것이다.

천지대능력자들께서는 이 나라가 자미국과 인황, 사감을 인정해 주면 나라의 운명을 천지개벽시켜 불황에서 벗어나게 하고 전 세계 최고로 잘사는 나라로 만들어주시겠다 하신다.

자미(紫微)는 나의 아호임과 동시에 무한한 대우주의 구심점으로 북극성 작은곰자리 부근을 말하고 자미천궁이라 부른다.

자미를 중심 기점으로 우주 천체의 모든 별들이 운행하고 있으며 만생만물이 창조된 근원인 곳이다. 이곳에 대우주를 창조하신 천계의 주인께서 머물고 계시니 그분이 바로 '태상천존 자미천황님'이시다.

아직까지 세상에 그 신명 존호 자체가 알려지지 않았던 분으로서 나에 의해 태초 이래 처음으로 세상에 그 위대하신 존명을 알리게 되었다.

이분은 종교상으로 모든 인류가 떠받드는 천계의 수많은 천주(하나님)들을 거느리고 다스리시는 절대자 존재이시기에 종교를 펼치시지 않고 오히려 기존의 모든 종교를 흡수하여 자미국을 지상에 건설하시려고 하신다.

기독교의 하나님께는 아버지가 되시는 존재이시고, 석가모니 부처님과 용화세존 미륵존불님, 구천상제님, 옥황상제님, 제위 모든 천주님들을 다스리시며 지휘통솔하시는 유일한 대우주의 절대자이시다.

이렇게 위대하신 대우주 천지인 창조주께서 동방의 작은 나라 한반도 자미국으로 2007년 5월 6일 강림하시었다.

이렇게 위대하신 대우주 천지인 창조주 태상천존 자미천황님께서 동방의 작은 나라 한반도를 선택해 주시었고, 천지인 세계를 정화시켜 하늘의 백성들을 찾아내어 구하고, 가난과 질병과 우환 근심걱정이 없는 신선들의 세상을 펼치시기 위하여 오시었다.

첫째

하늘과 조상님을 팔아 착취하고 있는 잘못된 종교를 제도하시고, 종교의 노예가 되어버린 인류를 구원하시어 종교로부터 모두를 해방시키시고, 또한 더 이상 무당, 도사, 법사, 보살, 스님, 신부, 목사 등 종교인으로 탄생하는 것을 예방하시기 위하여 강세하시었다.

둘째

모든 귀신, 원혼귀, 마귀, 악귀, 잡귀, 요괴와 사악한 악령들과 사탄으로부터 인류를 하늘의 신명들로 하여금 보호하게 하시고자 강림하시었다.

셋째

장차 다가올 무서운 괴질과 천체(운석)충돌, 해일(쓰나미), 화산폭발, 지진, 토네이도, 태풍, 폭우, 폭설, 이상난동, 이상한파 등 천지 대재앙이 일어났을 때 하늘의 백성인 천손민족들을 무수히 구원해 내시고자 강림하시었다.

넷째

불확실한 미래에 대한 공포와 불안을 해소하고, 원인을 알 수 없는 모든 사건, 사고, 관재, 질병, 자살, 돌연사, 살해, 사업실패, 우환, 가난, 우울증, 이혼으로 고통받는 불쌍한 하늘의 백성들을 구원해 내시고자 강림하시었다.

다섯째

허공중천을 떠돌며 자손들 몸에 몰래 숨어들어와 살고 있는 원과 한이 많은 억울하게 죽은 불쌍한 조상님 영가들을 구원하시고자 강림하시었다.

여섯째

인류가 오랜 세월 갈망하며 노래 부르던 꿈의 세계인 이상향의 무릉도원 세계를 지상에 실제로 펼치시기 위하여 강림하시었다.

일곱째

생로병사를 초월하여 불로수명 장생하는 신선의 나라를 세우시고자 강림하시었다.

이 책은 여러분이 인생을 살아가는 동안 근심걱정 없이 하늘과 조상님의 보호를 받아 가장 행복하게 잘사는 지름길로 여러분 각자의 인생을 인도해 줄, 하늘이 내리신 인생 행복의 비결서(秘訣書)이다.

명산대천을 주유천하하며 25년간 수행 정진한 끝에 마침내 득도의 경지에 올라 인류 역사상 최초로 대우주를 창조하신 태상천존 자미천황님과 한 몸이 되어 무소불위의 천권(天權)과 천력(天力)을 자유자재로 행사하는 명 대행자의 몸이 되었다.

하늘의 화신으로 명 대행자가 되자 모든 천지신명, 조상영가, 산 사람 생령을 자유자재로 부를 수 있는 하늘의 절대적 권한이 주어졌다.

자미천황님의 신비한 천권과 천력은 우리 인간의 능력과 상상을 초월한다.

하늘, 신, 조상님을 통하여 우리 인간과 언어전달의 방법이 달라 우리 인간과 언어가 소통되지 않는 하늘, 신, 조상님들의 바람과 원과 한을 하늘의 백성이 되고 싶은 모든 이들에게 전하고자 한다.

자미국 건립을 위한 근본도리

하늘과 땅으로부터 받은 은혜에 보답하는 길이 있다면 그것은 인류 최초로 이 땅에 세워지고 있는 대단한 자미국 건립에 동참하는 길일 것이다.

만물의 영장인 인간으로 태어나서 종교가 아닌 하늘과 땅, 인간이 처음으로 펼치시는 천지대업에 동참하는 자체가 인류 역사에 길이길이 남을 기쁜 일이기 때문이다.

이 책을 읽고 대단하신 태상천존 자미천황님, 자미지황님, 자미인황님, 신명님, 하나님, 미륵님, 천지신명님이 함께하시는 자미국의 건립에 동참하는 사람들은 지금 살아서 누리고 있는 재물, 권력, 명예, 건강, 가정, 기업, 목숨을 오래 보전할 수 있는 길이 될 수 있다.

소중한 것을 내려주신 주인들께서 실시간으로 귀중한 목숨과 재산을 보호하고 지켜주지 않으면 어느 누구도 자신이 누리고 있는 모든 것들을 하나도 지킬 수 없다.

하늘과 땅으로부터 보호받지 못하고 살아가면 그것은 일장춘몽이고 풀잎 끝에 맺힌 이슬처럼 어느 날 순간에 속절없이 사라지게 된다.

나는 이분들이 내려주신 천지만복을 인정하지 않고 내가 열심히 일하고 잘나서 이룬 것으로 생각하여 나 잘났다고 하며 자만, 교만, 거만으로 우쭐대다가 쓰라린 체험을 1년 전에 직접 경험했던 당사자이다.

자만, 교만, 거만으로 나 잘났소 하며 부정하고 욕심내다가 나처럼 돌이킬 수 없는 아픈 상처를 받지 말고 지금 주신 모든 것에 대한 은혜의 보답으로 자미국 세우는 뜻에 기쁜 마음으로 동참하여 건공(건립기금)을 올리고 사는 것이 주신 행복을 지킬 수 있는 길이다.

현재 개인, 가정, 기업, 국가 모두가 누리고 있는 소중한 것은 이 대단하신 분들이 모두 내려주신 것이고 실질적인 주인이시기 때문에 이분들의 뜻이 처음으로 펼쳐지는 자미국 건립에 동참하는 것이 도리라고 본다.

육신이 없어서 인간들의 삶을 찾아가서 수없이 도와주고도 존재 자체를 인정받아 보신 적이 없으시기에 마음이 너무 아프고 슬픈 분들이시다.

그래서 이분들을 대변하고 원과 한을 풀어주는 대단한 자미국을 인류의 중심으로 세우는 건립기금(건공)을 내는 것이 도리 아닐까 생각한다.

국내 굴지의 거대 기업으로 발전시켜서 큰 재벌을 만들어주어도 모든 것이 자신들의 피나는 노력이고, 자기 조상들이 돌보고, 자기가 잘나서 그런 줄 알고 있거나 종교숭배자들이 도와주었다고 생각하고 있다.

모두 자신들이 잘나고 열심히 노력하고 일해서 성공하고 출세했다고 생각하고 있기 때문에 감사함을 올리지 않고 살아가고 있는 것이다.

간혹 올린다고 해봐야 실제 도와주신 이분들이 아닌 종교단체에 헌금, 시주, 성금으로 몽땅 올리고 있을 뿐이다. 이제 진정으로 은혜에 대한 보답의 표시로 건공(건립기금)을 올려야 할 대상이 자미국이다.

오늘까지 육신이 죽지 않고 살아 있게 해주시어 대단하신 태초의 진짜 하늘과 땅, 신, 조상, 영혼의 진실을 알 수 있게 해주는 자미국을 세우는 건공(건립기금)을 올리고 살아가는 것이 아주 잘한 일이라는 것을 알게 될 것이다.

길짐승, 날짐승이 아닌 만물의 영장인 인간으로 이 땅에 태어나 아직도 살아 있어 하늘과 땅, 신이 함께하는 대단한 자미국을 세우는 천지대업에 동참하는 건공(건립기금)을 올리는 것이 하늘과 땅으로부터 받은 은혜와 사랑에 대한 보답일 것이다.

자미국의 천인과 백성들이 건공(건립기금)을 올린 이후에 상상을 초월하는 생각지도 못했던 기쁘고 행복한 일들이 끝없이 일어남을 보았다.

건공(건립기금)을 보낸 후에 신비스런 일들이 수없이 일어나고 있음을 확인할 수 있었다. 아, 그래서 세상에는 공짜가 없다는 것을 다시 한 번 실감하게 되었다.

너와 내가 함께 할 수 있고, 하늘과 땅이 함께 세우시는 자미국 건립은 이 나라와 국민들 모두의 국가적 대사이고 개인, 가정, 기업, 나라가 잘되는 지름길이다.

또한 이 땅에 만물의 영장인 인간으로 태어나서 가장 잘한 일이며 하늘, 땅, 신, 각자의 영, 나라조상님, 각자의 조상님들께 살아서나 죽어서나 영원한 공덕을 쌓는 일이고 인류의 공헌으로 남을 보람된 일이 될 것이다.

제2부

사후세계의 진실

신선들의 나라 천상궁전

나는 국내 모든 명산의 최고봉에 올라 천제를 올렸고, 일본의 후지산, 황궁, 명치신궁, 금강산, 두만강, 백두산, 발해, 경박호, 장춘, 용정, 훈춘, 만리장성, 자금성을 두루 다니면서 하늘과 조상님들이 내리신 명을 집행하였다.

나(하늘의 대행자이자 인류의 심판자 인황)는 남들과 다른 하늘의 명과 조상님들의 명을 받고 이 땅에 태어남으로써, 하늘의 원과 조상님들의 한을 함께 겪어야만 했다. 그 시간들이 인간으로서는 감내하기 힘든 인생길이었다.

눈물, 아픔, 고통 없이는 이룰 수 없는 험난하고도 힘든 길이었고, 그 메시지로 둘러싸인 나의 인생길은 암흑속의 안개길 인생이었다.

시작과 끝이 보이지도 않는 하늘과 조상님들의 눈물의 메시지와 함께 인내의 힘든 과정을 통하여 그분들의 원과 한을 알게 되었고, 원과 한을 통하여 그분들의 애절하고도 간절한 소원이 무엇인지도 알게 되었다.

나는 이 힘든 과정을 통하여 조상님들과 자손들을 고통의 질곡에서 해방시켜 모두가 고통 아픔 없이 부귀영화 누리며 잘사는 세상을 이 땅에 세우고자 한다.

나라를 개국하신 72위 나라조상님들과 각자의 조상님들이 후손들에게 전하는 애절한 메시지와 함께 우리 모두가 잘 살 수 있는 비결을 책 속에 수록했다.

무심코 지나쳤던 각자의 조상님에 대하여 우리 모두는 깊이 생각하고 깊이 반성함으로써 조상님의 의미도 좀 더 정확히 알아야 한다. 살아 있는 우리 모두는 언젠가는 죽음의 길로 가야 하기에 우리 모두는 어쩔 수 없는 예비 조상(귀신)이다.

죽음 이후의 길.

여러분 각자는 어디로 갈 것이고, 어느 세계에 머물 것인가?

허공중천인가? 구천세계인가? 아니면 꽃피고 새 우는 근심걱정 없는 신선들이 사는 이상향의 나라 천상궁전 자미천궁으로 갈 것인가?

천상궁전 자미천궁!

그곳은 신선의 나라이다. 입천제를 행하여 천상궁전으로 오르면 하늘의 백성으로 다시 태어나게 되는 영광을 누리게 되며 하늘의 주인(태상천존 자미천황님)께서 조상님들에게 신분과 서열을 정해 주신다.

천상궁전에 올라간 조상님들이 스스로 공부하여 일반백성에서 1등급 신하가 되기까지는 12단계를 올라야 하는데 그 시간은 수억만 년의 세월이 걸린다.

사람은 죽음과 동시에 인간사의 모든 것을 잃어버리게 된다.

인간사의 모든 것을 잃어버림으로써 사후세계에 다시 태어나게 된다. 죽은 영혼 모두는 사후세계에 다시 태어남으로써 처음 와보는 사후세계에 대하여 낯설기만 하다.

쉽게 표현해 갓난아기가 된 조상님들 스스로는 아무것도 행할 수가 없기에 후손들이 조상님들을 구원해 주지 않으면 조상님들의 힘으로는 아무것도 행할 수가 없다.

지옥세계나 구천세계를 조상님들 스스로는 떠날 수 없으므로 반드시 인간사를 살고 있는 어른(자손)들이 갓난아기(조상님)들을 구원해주어야 한다.

사후세계에 다시 태어난 조상님들 모두의 소원은?

춥고 배고픈 허공중천의 구천세상이 아닌, 또한 힘들게 찾아가도 왔는지조차도 몰라주어 설움받을 수밖에 없는 자손들의 몸이 아닌, 신선들의 세계 천상궁전 자미천궁으로 하루빨리 올라가서 힘들고 지쳤던 인간사의 모든 것을 잊고 새롭게 태어나고 싶은 것이 조상 영혼영가들 모두의 한결같은 바람이고 이들의 소원이다.

하늘과 조상님의 말씀으로 가득한 신서. 책을 읽는 도중 온몸으로 조상님들의 기운(설움과 아픔, 원과 한)을 느끼게 될 세계 최초의 신서이자 천서가 될 것이다.

우리와 의사소통의 방법이 다른 각자의 조상님들께서는 자손이 이 책을 읽는 도중 자손의 머리, 어깨, 가슴, 눈, 귀, 코, 입, 허리, 배, 다리, 손, 발, 여러 곳을 통하여 조화를 내려주심으로써 자신들의 존재를 자손들에게 전달하게 될 것이다.

각자의 마음으로 그동안의 조상님들의 원과 한이 전달되어 본인들 본마음과 상관없이 서러움의 마음을 느끼는 독자들도 많이 있을 것이다.

또 한편으로는 아팠던 몸이 갑자기 좋아지는 이적을 보게 될 독자분도 있을 것이고, 갑자기 슬퍼 눈물이 나오면서 본인 스스로도 제어할 수 없는 설움에 대성통곡이 나기도 할 것이며, 지난날의 모든 일들이 진심으로 참회되면서 희로애락이 교차하기도 할 것이다.

하늘, 신, 조상님이 인류에게 전하는 천도경, 이 책은 인간의 마음과 인간의 정신을 초월할 세계 최초의 신서이자 천서로 길이길이 남아, 지치고 힘든 각자의 인생을 행복의 길로 인도해 줄 인생 행복의 비결서가 될 것이다.

지금까지 수많은 종교 서적과 불경, 성경이 이 땅에 존재하고 있었지만 이 책과 같이 읽는 도중 본인들 스스로가 직접 몸으로 보이지 않는 하늘의 기운, 조상님의 기운을 진정으로 느낄 수 있는 책은 지구 역사상 단 한 권도 없었을 것이다.

하늘과 조상님이 인류에게 내리신 '천도경'.

이 책은 여러분 각자의 인생을 즐겁고 행복하게 살 수 있도록 지도해 줄 것이고 길을 가르쳐줄 것이다.

보이지 않고 들리지 않아 인간으로서는 감히 알 수조차 없었던 조상세계의 뜻과 조상님들의 말씀을 전달하여 산 자손들은 행복과 기쁨, 건강의 길로 인도하여 주고 죽은 영혼에게는 그들 모두의 소원인 영혼의 안식처로 인도하여 주는 것이 내가 하늘께 받은 사명이고 조상님께 받은 사명이다.

우리 인간들 모두가 근심걱정 없이 하루빨리 잘 살기를 원하며 바라고 있듯이, 사후세계에 계신 각자의 모든 조상님들도 자손들처럼 근심걱정 없이 행복해지고자 천상궁전으로 입천되시고 싶어 자손들이 찾아주기를 어제도 오늘도 지금 이 순간도 손꼽아 기다리고들 있다.

살아서의 삶은 무엇을 의미하고?

죽음 이후의 삶은 무엇을 의미하는 것일까?

우리 모두는 죽음 이후에 어디로 가야 하는 것인가?

또한 이미 가신 분들은 도대체 어디에 가 계신 것이며 무엇을 하고 계신 것일까?

우리의 의지와 상관없이, 우리 산 사람 모두가 언젠가는 가야 할 사후세계가 분명하건만, 아무것도 모른 채 사후세계로 돌아들 갈 것인가? 또한 그 길이 어느 길인지도 모른 채 넋 놓고 있다가 갈 것인가?

인생은 길어야 80세에서 100세이지만 죽음 이후의 세상은 장구하고도 장구한 세월이다. 그 장구한 세월에 대하여 아무런 대책들도 없으니 실로 답답한 일들이다.

지금까지 수많은 사람들이 이 땅을 다녀갔지만 이 진실 자체를 아는 이가 없었다. 진실 자체를 아는 이가 없다 보니 밝힐 수도 없었고 가르쳐주는 이도 없었다.

하지만 나는 많은 고통의 시간을 통하여 어느 누구도 몰랐던 하늘의 진실, 조상세계의 진실을 알게 되었다. 하늘의 진실, 조상세계의 진실을 알게 됨으로써 그들 모두가 원하고 바라는 뜻도 알게 되었고 그 해법도 알게 되었다.

그들 모두의 해법을 알게 되면서 우리 인간이 신과 조상님으로부터 자유로워져 우리 사람들도 인간사를 사는 동안 근심걱정 없이 잘살 수 있는 방법도 알게 되었고, 사후세계에서도 행복해질 수 있는 방법을 알게 되어 이들 모두의 뜻을 책으로 집필하여 전하고 있다.

이 책을 통하여 하늘과 조상님과 산 사람 모두가 행복하였으면 하는 것이 나의 간절한 바람이고 진리의 길을 찾아 행복의 길을 살았으면 하는 것이 나의 간절한 바람이다.

이제 우리 모두는 바로 알아야 한다.

왜? 사람으로 태어났는가?

희로애락 그 속에 담겨진 숨은 뜻은 무엇인가?

나는 누구인가?

현재의 생은 무엇을 의미하고, 보이지도 들리지도 않는 다음 생은 무엇을 의미하는 것일까? 이 한 권의 책은 그동안 여러분 스스로가 궁금히 여겼었던 많은 부분에 대하여 해법을 제시해 줄 것이고 정답을 내려줄 것이다.

생소한 용어들이 책 속에 있긴 하지만 정독을 하면 자신도 모르게 신비한 기운을 각자의 몸으로 체험하게 될 것이다. 각자의 가정과 가문의 운명까지도 바꾸어줄 인생 행복의 비결서.

지금 이 순간도 허공중천 구천세계를 방황하고 또는 자손들의 몸 안에서 구원해 주기만을 바라며 울고 있는 자신의 조상님들을 생각 해 보라.

본인들 각자 인생의 불행(사기, 배신, 고소고발, 사업실패, 금전고통, 가정의 파탄, 자손의 가출, 정신병, 우울증)은 어느 누구의 탓이 아닌, 원과 한이 쌓인 본인들 각자 조상님들의 눈물과 아픔이다.

주위 사람 원망하지 말고, 세상 원망하지 말고, 낳아주고 길러주신 육신의 조상님들을 구원 못한 각자의 죄이니, 각자의 조상들을 구원 못한 본인들 스스로를 원망하라.

옛날부터 "안 되면 조상 탓"이라고 했다.

지금까지 속고 속은 천도재나 굿, 기도가 아닌, 하늘의 의식!

입천제 의식을 통하여 조상님도 구원하고 우리 산 사람도 구원되어야 한다.

조상님 입천제 의식은 조상영혼, 악령, 악신 등을 영원히 우리 산 사람과 구분되게 하여 산 사람은 지상에서 사람답게 살고, 영혼은 구천이 아닌 가장 높은 곳 천상궁전 자미천궁에서 살게 해주는 의식이다.

조상님 입천제 의식은 일생에 한 번으로 끝나는 것이며 영원히 사람과 조상영혼 각자의 길을 편히 가게 인도해 주는 의식으로써 인류 역사상 자미국에서만 최초로 행해지는 고귀하고 신성한 하늘의 의식이다.

조상님 입천제 의식은 모든 종파, 종교에 얽매이지 않아도 된다. 영혼세계를 구원하고 인류를 구원하고자 종교의 세계가 아닌 하늘의 본 세계가 이 땅에 열리고 있다.

모든 것은 때가 되면 원래대로 돌아가게 되어 있다.

인간으로서 인간이 만든 모든 종교 이론에 속박되어 더 이상 방황하지 말고 천지부모이신 태상천존 자미천황님의 품으로 돌아가 우리 모두는 다시 태어나야 한다.

종교의 이론이 선량한 사람의 마음과 불쌍하고 억울하게 죽은 영혼들을 속여 잠시 잠깐 그들을 현혹시켜 인간의 배를 채웠을지는 모르나, 종교의 거짓된 이론으로 하늘을 능멸하고 진정한 진실을 왜곡시킬 수는 없다.

거짓이 강하다 하지만, 거짓이 진실을 이길 수는 없다.

때가 되면 거짓은 물러나고 진실이 자리 잡게 되는 것이 세상이치이다.

이 책을 쓰는 나의 마음은 너무 쓰리고 아프다.

진실이 감추어져 있는 동안 많은 산 사람들과 죽은 영혼들이 거짓의 세계에서 배신의 상처로 그 얼마나 마음이 아프고 괴로웠을까를 생각하니 그들 모두가 느끼는 배신의 고통이 나의 마음에 전해져 이 내 마음이 그들과 함께 천 갈래 만 갈래 찢어지는 고통이다.

진실의 세계가 이 땅에 하강함으로써 거짓의 세계는 자연히, 소리 소문 없이 스스로 사라지게 된다.

진정한 진실 앞에 어떠한 거짓이 통하랴?

진정한 진실 앞에 어떠한 변명이 통하랴?

자미국(지상 자미천궁)은 진실이 모여 진실의 세계가 그 얼마나 위대한지 진실의 실체를 이 땅에 보여주게 될 것이다.

현혹, 회유, 강요, 협박의 이론이 아닌 진실의 말과 행동을 통하여 본인들 스스로가 판단하여 선택할 수 있도록 해서 종교세계가 아닌 하늘 본체의 뜻을 이 땅에 전하고 이 땅에 펼치게 될 것이다.

더 이상 종교의 굴레에서 산 사람과 죽은 영혼들이 배신의 아픔으로 방황하며 괴로워하는 모습을 이제 더 이상은 지켜볼 수 없고, 또한 이 책을 읽어보는 수많은 독자들 역시도 나와 같은 생각일 것이다.

진실의 진리 앞에 우리 모두는 행복해질 권리가 있고, 우리 모두는 행복해져야만 한다.

우리에게 영혼을 주신 태상천존 자미천황님도, 우리의 육신을 주신 조상님들도, 또한 이 땅을 살고 있는 우리 모두도 이를 간절히 원하며 바라고 있다.

태상천존 자미천황님의 뜻에 따라, 조상님들의 뜻에 따라 순응하여 우리 모두가 잘 살아야 진실이 거짓을 이길 수 있다.

자미국(지상 자미천궁)은 진실이 밝혀지는 그날까지 최선을 다하여 수많은 조상님들을 구원하고자, 수많은 산 사람들을 구원하고자 최선에 최선을 다할 것이다.

길을 잃어 울고 있는 슬픈 영가의 모습

이 세상의 그 무엇과 비교할 수 없을 정도로 예쁘고 사랑스러운 것이 있다면 그것은 아마도 이 세상의 아이들일 것이다.

복잡하고 어지러운 세상을 편안하고 행복하게 정화시켜 주어 우리의 지친 영혼에게 한 줄기 웃음을 선사해 주는 이들도 아이들일 것이다.

이 땅의 모든 아이들은 엄마 아빠 사랑의 결정체이다. 사랑의 결정체 모두는 엄마 아빠의 축복을 받으며 이 땅에 탄생한다.

인간 탄생의 신호 '응애!'

아기들이 이 땅에 탄생할 때 왜 하필이면 응애! 하고 태어나는지 그 속에 담긴 진실은 무엇일까? 이 책을 보시는 독자들께서는 한 번쯤 생각해 본 적이 있는지 궁금하다.

어떤 만생만물도 하나의 생명으로 탄생함에 응애! 하면서 태어나는 생명체는 하나도 없다. 우리 사람만 유일하게 응애! 하면서 태어난다.

신의 세계, 조상세계에 대하여 아무것도 몰랐을 때, 이 부분에 대하여 나 역시도 대수롭지 않게 생각하며 살았었다. 하늘의 공부, 조상세계의 공부를 열심히 하던 어느 날.

하늘의 말씀, 조상님의 말씀을 통하여 이 속에 담긴, 하늘이 감추어놓은 하늘의 진실, 영혼세계의 진실을 알게 되었다.

이 세상에 올 때만 응애! 하는 것이 아니라, 인간의 삶이 다하여 사후세계로 돌아갔을 때, 우리 모두는 사후세계에서 응애! 하며 다시 태어나 인간사처럼 아기가 된다는 진실이 숨어져 있었다. 우리 모두는 지금까지 이 사실을 알지 못했다.

우리 대한민국 국민뿐만이 아니라, 세계인 모두가 알지 못했다. 이 세상에 태어난 아기들은 엄마 아빠가 사랑으로 지켜주고 지극 정성으로 보호하여 줌에도 무엇이 무섭고 무엇이 두려운지 어느 정도의 시간이 지날 때까지는 응애, 응애! 하며 수시로 운다.

말을 할 줄 모르는 아기들의 응애! 라는 울음소리에는 많은 뜻이 내포되어 있다.

응애!의 울음소리.

인간 탄생의 의미와 더불어 본인들의 뜻을 부모에게 전달하고자 할 때, 부모의 도움이 필요하여 부모를 부를 때, 또한 자신의 몸이 아플 때, 각자의 뜻을 응애,라는 한 마디 말로 그 모든 것을 다 전달하고 있다.

아기의 응애 소리가 들리면 엄마 아빠는 하던 일을 뒤로하고 아기에게 달려간다. 의사소통이 안 되는 아기가 무엇이 불편한 것은 아닌지? 어디가 아픈 것은 아닌지? 걱정이 되어 이곳저곳을 정신없이 돌보면서 아기에게 말을 걸어본다.

배고파? 어디 아파? 쉬했어? 일어나고 싶어? 목말라?

수없이 많은 말을 걸어보지만 아기들은 여전히 아무런 말도 하지 않는다.

아니, 정확히 표현하자면 말을 안 하는 것이 아니라, 어떻게 말을 하는 것인지 몰라 말 대신에 불편하면 그냥 울어버리는 것이다.

이와 같이 아기 본인들 스스로는 아무것도 할 수가 없다.

인간사의 아기들이 이러하듯이, 인간사의 삶을 마치고 사후세계에 아기로 태어나 있는 각자의 조상님들 모두도 마찬가지이다.

조상님들 각자 스스로 모든 것을 다 행할 수 있다면 어찌 아기이겠는가?

각자의 모든 조상님들은 인간사의 아기들처럼 본인 자손들의 손길을 빌리고자, 구천세계에서 구원하여 달라고 응애! 응애! 하며 울고 있고, 불편하고 힘든 상황을 전달하고자 절규의 응애를 외치고 있건만 산 자손들의 귀에는 조상님들의 응애 소리가 들리지 않는다.

아니, 정확히 표현을 하자면 안 들리는 것이 아니라, 조상님들이 이러고 있다는 사실 자체를 지금까지는 어느 누구도 알 수가 없다 보니 감히 산 자손들은 조상님들이 아기가 되어 응애의 소리로 자신들을 부르고 있을 것이라고는 어느 누구도 상상해 본 적이 없었을 것이다.

각자의 조상님들은 처음 와보는 사후세계에 대하여 두렵고 무서워 어떻게 해야 할지 몰라 어리둥절해 있건만, 이 사실을 모르는 자손들은 각자의 인생이 본인들의 뜻대로 풀리지 않아 힘이 들고 답답하다.

그러면 절에 찾아가 천도를 하며 본인들의 소원을 빌고, 무당집에 찾아가 굿을 하면서 본인들의 소원을 빌고, 교회나 성당에 찾아가 각자의 소원을 빌고 있으니 이를 지켜보는 하늘과 조상님들은 통탄에 눈물을 흘릴 수밖에 없다.

사후세상에서 아기가 되어 본인 영혼들 하나도 구원받지 못하여 구원받고자 응애 하고 있는 조상님들에게 산 자손들은 도와달라 빌고 있으니 기가 막힌다.

어른(산 자손)이 아기를 돌봐주어야지, 아기(조상)가 어떻게 어른(산 자손)을 돌봐줄 수 있겠는가? 어른은 어른의 역할이 있고, 아기는 아기의 역할이 있다. 입장 바꿔 갓 태어난 아기에게 어른들의 인생사 답답한 사연을 얘기한다면 이를 지켜보는 모든 이들이 비웃을 것이다.

또한 우리 어른의 인생이 답답하니 "아가야, 그렇게 누워 있지만 말고 얼른 일어나 나 좀 도와주고 내 문제들 좀 해결해 줘"라고 한다면 주위에서는 미쳤다고 손가락질을 할 것이다.

이제 우리 모두는 바로 알아야 한다.

아기 본인들 스스로는 아무것도 행할 수가 없다. 그렇기 때문에 위대하신 하늘 태상천존 자미천황님께서는 가정을 이루게 하시어, 부모는 아기를 사랑으로 보살피게 하시었다. 시간이 지나면서 아기는 점점 성장하여 어른이 된다.

부모의 보살핌과 사랑을 받아 성장한 자손들은 부모에게 수십 년의 세월 동안 본인들이 부모에게 받은 큰 사랑과 은혜를 보답하기 시작한다.

참으로 아름다운 모습이다. 부모는 자손을 사랑으로 돌보아 하나의 사람으로 완성시키고 자손은 부모에게 사랑의 은혜를 보답한다.

이 땅의 모든 사람들은 각자의 부모가 없었다면 우리 모두는 이 땅에 올 수 없었을 것이고, 부모의 사랑과 보살핌이 없었다면 이 땅에 태어났을지라도 고아가 되었거나 나쁜 사람으로 인하여 이 세상을 하직하였을지도 모른다.

또한 자손이 없다면 나이 먹어 누군가의 절실한 도움이 필요할 때 도와주는 이 없어 나이 먹은 할아버지 할머니들은 이 세상을 지탱 못하고 일찍 세상을 떠날 수밖에 없었을 것이다.

하지만 아이는 부모가 지켜주고, 나이든 할아버지 할머니들은 성장한 자손들이 지켜주고 서로의 도움과 보살핌이 있어야 우리 인간은 살 수 있다.

그렇다면 사후세계에 있는 본인들 각자의 조상님들은 누가 지켜 줄 것이고 누가 보호해 줄 것인가?

또한 누구의 도움과 누구의 보살핌을 받아야 각자의 조상님들은 영원히 행복할 수 있을지? 이 부분에 대하여 독자들은 마음 깊이 생각해 본 적이 있는가?

있으셨다면 그분이 본인들 스스로는 누구였으면 좋겠는가?

또한 어느 분이 본인들의 조상님을 지켜줄 때 본인들 마음이 편하겠는가?

어떤 분은 예수나 하느님, 또는 부처님, 상제님…

각자의 생각이나 각자의 종교관에 따라 서로 다른 의견들을 말하겠지만, 본인들의 조상님들을 영원히 구원해 줄 수 있는 분은 단 한 분 하늘 태상천존 자미천황님이시다.

씨를 뿌린 자만이 거둘 수 있다 하였듯이, 우리의 영혼을 창조하신 분만이 우리의 영혼을 구원하여 주실 수 있다. 우리의 영혼을 창조하신 분이 부처님, 상제님, 예수님이 아니라는 것은 많은 사람들이 다 알고 있는 사실일 것이다.

우리가 대단하다고 생각했던 부처님, 상제님, 예수님, 그 밖에 이 세상에 이름을 알리지 못했던 수많은 모든 사람들의 영혼을 창조하신 분이 하늘 태상천존 자미천황님이시었다.

물론 현 세상을 살고 있는 우리 모두의 영혼을 창조하신 분도 태상천존 자미천황님이시고, 이 세상을 떠난 모든 조상님들의 영혼을 창조하신 분도 태상천존 자미천황님이시다.

남녀가 만나 사랑하여 한 가정을 이룸으로써 한 가정 안에서 새로운 생명이 태어난다.

하나의 생명을 성장시킴에 있어서는 많은 고통의 시간과 많은 시련도 따르지만 많은 부모들은 그것을 고통과 시련이라 생각하지 않는다. 부모로서 자손을 성장시키는 일은 '당연한' 일이라 생각하며 꿋꿋이 그 일을 해낸다.

본인들 스스로는 고통이 따를지라도, 자신의 고통스런 시간을 통하여 자손들이 즐거워하고 행복해하면 부모들은 모든 고통을 잊고 그 자손들의 웃음에 더 즐거워하며 흐뭇해하고 뿌듯함을 느낀다.

그 이유가 무엇일까? 왜 자손의 행복을 위해서라면 고통도 감내해 내는 것일까? 그것은 본인이 낳은 본인의 자손이기에 가능한 일이다.

다시 말해 내가 뿌린 씨이기에 나의 씨에게 희생하는 것은 당연한 일 아니던가? 또한 나의 씨에게 지극정성 다함은 당연한 일 아니던가?

자손은? 제 2의 본인들 생명이다.

반대로 누군가가 어느 날 갑자기 본인들을 찾아와 낯선 아이를 데려다 주면서 "이 아이를 본인의 아이 보살피듯 지극정성으로 보살피고 본인의 삶을 희생하라" 한다면 세상 대부분의 사람들은 못한다 할 것이다.

이 또한 당연한 일이다.

본인의 자손은 본인들이 뿌린 씨이기에 이를 악물고 자손을 위해 희생할 수 있으나 남의 자손은 본인들의 씨가 아니기에 그렇게 희생 할 이유도 없고, 우선 희생하고픈 마음 자체도 생기지 않기에 행할 수도 없을 것이다.

남의 자손을 위하여 희생 안 하는 누군가에게 세상사람 모두는 뭐라 할 수가 없다.

그것이 인간사의 보이지 않는 법칙이다.

바로 이것이다.

"씨는 뿌린 자만이 거둘 수 있다"는 말처럼 인간사에도 이러한 법칙이 있거늘 높고 높은 천상세계, 하늘세계에 어찌 법칙이 없으랴.

부처님 앞에, 예수님 앞에, 상제님 앞에 앉아 기도를 올리지만 본인들의 소원이 이루어지지 않음과 본인들의 조상님이 구원받지 못함은 이와 같다.

부처님이나 예수님, 상제님 입장에서 보았을 때 우리 모두는 그들의 자손이 아니며 그들의 창조가 아니다.

그분들께서는 우리 영혼의 주인이 아니시다 보니 우리 사람들이 울면서 소원을 빌어도 그분들은 우리들의 그런 모습이 하나도 애처롭지가 않다.

애처롭지가 않다 보니 힘들어하는 우리들을 위해 본인들을 희생할 이유도, 희생하고픈 마음도 전혀 없으시다.

부처님이나 예수님, 상제님 입장에서 보면 우리 모두는 남의 자손들이다.

우리 모두는 부처님, 예수님, 상제님의 자손들이 아니라 하늘 태상천존 자미천황님의 자손들이었다.

뜻이 이러하다 보니 수많은 사람들이 절을 통하여 각자의 조상님들을 구원하고자 천도재를 올리지만 각자의 조상님이 극락세계, 선경세계로 오르지 못함의 이유가 여기에 있었다.

쉽게 표현해 부처님, 예수님, 상제님께서는 산 우리들과 죽은 영혼을 그분들이 책임지고 구원해 줄 필요가 없다. 또한 책임지고 구원 안 한다고 누가 뭐라 하지도 않는다.

처음부터 산 우리 사람들과 죽은 영혼들의 주인은 부처님, 예수님, 상제님이 아니고 하늘 태상천존 자미천황님이시다 보니, 산 사람의 구원과 죽은 영혼 구원의 권한은 원래부터 대우주를 창조하신 태상천존 자미천황님의 고유 권한이었다.

태상천존 자미천황님의 고유 권한이시거늘 부처님, 예수님, 상제님께서 산 우리들과 죽은 영혼들을 위하여 본인들 스스로가 희생할 필요까지는 없었을 것이다.

뜻이 이러하다 보니 천도재를 올리고 굿을 해보아도 아무 소용이 없었을 것이다. 또한 산속에서 수행을 하고 도를 닦아도 교회나 성당에서 오랜 세월 열심히 기도정진을 하였음에도 각자의 인생에 변화가 없고 각자의 조상님이 구원되지 못함은 이처럼 많은 이유가 숨겨져 있었다.

자미국(지상 자미천궁)의 조상님들을 위한 입천제의식 행사는 기존에 속고 속았던 절이나 무속세계에서 행했던 천도재나 굿의 의식이 아닌, 그렇다고 기독교에서 행한 아무 대답도 없는 기도의식이 아닌, 하늘 태상천존 자미천황님의 명에 따라 하늘께서 가르쳐주시고 지시해 주시는 말씀과 뜻에 따라 행하는 존귀하고도 신성한 하늘의 의식이다.

이곳 자미국(지상 자미천궁)은 세상 그 어느 누구도 알지 못한 하늘의 진실, 조상세계의 진실을 낱낱이 밝히어 하늘, 조상, 우리 산 사람 모두가 아픔 없는, 고통 없는 이상향의 무릉도원 세계를 살 수 있도록 거짓이 아닌 진실에 귀를 기울이며 여러분의 크고 작은 사연들의 실체와 병마의 실체를 각자가 진정으로 알게 함으로써 아름다운 삶을 살아갈 수 있도록 지도해 주고 있다.

이제 이 땅의 모든 자손들은 새롭게 알아야 한다.

본인들의 수많은 조상님들은 사후세계에서 아기로 다시 태어나 자손들에게 도움의 손길을 목 놓아 기다리고 있다.

조상님 영혼이 자손의 손길로 인하여 구원받고자 "응애" 하면서 슬피 울고 있으니 각자의 조상님들을 이제 각자 모두는 구원해 드려야 한다.

인간사에서도 아기가 매일 울면 그 집은 "되는 일이 없다" 했다. 하물며 각자의 많은 조상님들이 구천에서 매일 울고 있다면, 각자의 가정과 각자의 인생은 과연 어떠하겠는가?

아기가 울지 않고 방긋방긋 웃어야 집안이 잘 풀린다.

구천세계에 계신 각자의 조상님들도 이제는 힘들고 외로운 구천세계를 떠나 천상궁전 태상천존 자미천황님의 궁전으로 입천되시어 언제 힘들었냐는 듯이 조상님들이 모든 근심걱정 잊고 천상세계에서 방긋방긋 웃으시는 그날에 각자의 인생에도 각자의 가정에도 웃음꽃이 활짝 피게 될 것이다.

이 세상의 모든 것을 우리 사람들 마음대로 모두 행할 수 없듯이 조상님들도 사후세계에서 모든 것을 조상님들 마음대로 모두 다 행할 수 없다.

우리 인간이 행하고 싶은 대로 모두 행하고, 조상님들이 행하고 싶은 대로 모든 것을 다 행할 수 있다면 인간과 죽은 영혼들이 세상만사 무슨 걱정이 있겠는가?

인간세계에도 엄연한 법도가 존재하고 있듯이 천상세계에도 천상법도가 존재하고 있다.

천상세계!

죽은 영혼들이 오르고 싶다 하여 하늘의 주인이신 태상천존 자미천황님의 허락 없이 본인들 마음대로 함부로 올라갈 수 없는 하늘의 궁전이다.

뒷부분에서 아무도 몰랐던 하늘의 진실, 조상세계의 진실을 더 구체적으로 밝히기로 하고, 이 부분은 이쯤에서 정리하고 다음 단계로 가야 할 것 같다.

빈손으로 왔다 빈손으로 가는 인생

무심코 지나쳤던 말.

“빈손으로 왔다 빈손으로 가는 인생” 누구나 한 번쯤 들어본 말이기에 이 말이 낯설지는 않을 것이다. 이 말 속에 숨어 있는 또 다른 하늘의 진실, 사후세계의 진실은 무엇일지 독자 여러분은 생각해 본 적이 있나요?

또한 불교계에 몸담고 계신 분이나, 기독교에 몸담고 계신 선각자 여러분 중에서는 생각해 본 적이 있는지요? 생각해 본 적이 있다면 정답을 찾으셨는지요?

나는 하늘의 말씀, 원 맺힌 조상님들 말씀과 조상님들 통곡의 눈물을 통하여 정답을 찾게 되었다.

“빈손으로 왔다 빈손으로 가는 인생”

‘빈손으로 왔다 빈손으로 가는 인생’은 인간세계, 현 세상의 탄생을 의미한다.

우리 모두는 이 세상에 올 때, 잘났든 못났든 어느 누구를 막론하고 아무것도 없는 빈손의 상태인 아기로 이 세상에 탄생했다.

“빈손으로 가는 사후세계”는 죽음의 길을 상징한다.

우리 모두가 이 세상을 떠날 때 현 세상에서 재산이 많았든 적었든 어느 누구를 막론하고 아무것도 가져갈 수가 없다. 또한 가져갈 방법도 없다.

물론 부자들은 관 안에 고급 물건들이나 살아 있을 때 본인들이 소중히 여겼었던 물건들을 넣어간다는 말도 있긴 하지만 그렇게 한다고 해서 죽은 영가가 실제로 가져 갈 수 있는 것은 아니다.

'왔다'와 '가는'이라는 말은 탄생의 길과 죽음의 길을 상징하는 서로 반대의 언어이다. 그러나 이상하다.

서로 반대되는 언어 안에 공통된 언어가 있다.

바로 '빈손'이라는 언어이다.

우리 사람들이 인간세계에 올 때 빈손으로 오고 싶어 빈손으로 온 사람은 아무도 없을 것이다.

우리 사람의 의지와 상관없는 하늘의 이치, 천지자연의 이치이기에 그렇게 되었을 것이다. 하지만 이 세상의 모든 사람들은 이 부분에 대해서 불평불만이 없다.

불평불만이 없다는 얘기는 하늘의 뜻, 천지자연의 뜻에 순응한다는 뜻도 있을 것이고, 또 하나의 이유는 우리 인간이 이 부분에 대하여 하늘께, 천지자연께 따지고 불평불만을 말한다 한들 이루어질 수 없는 무모한 짓인 줄을 미리 알기에 포기하였는지도 모른다.

맞다. 우리 인간이 하늘께서 행하시는 일에 불평불만을 어찌할 수 있으랴? 또한 우리 인간이 불평불만을 말한다고 위대하신 하늘께서 우리 인간이 원하고 바라는 그 모든 것을 주시지도 않는다.

올 때도 빈손, 갈 때도 빈손.

우리 모두는 왜 빈손들일까?

올 때는 아기였으니깐 어쩔 수 없이 빈손으로 올 수밖에 없었다 하지만, 갈 때는 올 때와 반대로 우리 삶에 무엇이라도 남아 있을 텐데 왜, 무엇 때문에 빈손이어야 하는가?

그 이유는?

아기이기 때문이다. 갓 탄생한 아기에게 왜 인간세상에 아무것도 안 가지고 태어났어? 라고 따지는 사람은 한 명도 없다. 세상사람 모두는 빈손으로 탄생한 아기들을 질책하기 이전에 사랑으로 그들의 탄생을 축복해 준다.

왜 세상사람 모두는 '아기'에게 관대한 것일까?

그 이유는?

아기니깐. 아기 앞에서 관대해지는 데는 이유가 필요 없다.

아기! 라는 존재 앞에 우리 모두는 순수해지고 그들의 실수에 관대해질 수밖에 없다.

왜?

아기이니깐. 아기라는 뜻에는 '이 세상에 처음 옴'이라는 뜻도 함축되어 있을 것이다. 이 세상에 처음 왔기에 그들은 어른이 아닌 아기일 것이다.

인간사가 이와 같듯, 우리의 삶이 다하여 우리가 사후세계로 돌아갔을 때 우리 모두도 사후세계의 길에 처음 가게 되는 것이고, 사후세계에 태어나게 되는 것이니 우리 모두도 사후세계에서는 아기가 되는 것이 당연이치 아니랴?

이것을 몰랐던 세상사람들은 인생사 본인들의 뜻대로 이루어지지 아니할 때, 천도재와 굿을 통하여 각자의 조상님들에게 복을 달라, 인생사 힘든 일들 해결해 달라 하면서 빌고 있으니 이 모습을 지켜보시는 하늘 태상천존 자미천황님께서는 우리들의 못난 행동에 통탄하실 수밖에 없다.

각자의 조상님들은 아기가 되어 어른인 자손의 도움을 원하고 있는데, 산 자손들은 아기가 되어 아무것도 행할 수 없는 각자의 조상님에게 도와달라고 빌기 바쁘다.

우리 모두는 새롭게 알고, 새롭게 배워, 새롭게 태어나야 한다.

우리 모두는 아기 앞에서 관대하지 않던가?

이젠 하늘의 진실을 통하여 사후세계에서 아기가 되어 있는 각자의 조상님들에게 관대해지자.

왜? 본인들의 힘들고 답답한 인생사의 일들 안 도와주느냐고 아기인 조상님들 붙들고 하소연하지 말고 우리 모두가 조상님들에게 관대해져 사랑을 드리자.

자미국(지상 자미천궁)에서 하늘 태상천존 자미천황님을 통하면 본인들의 모든 조상님들을 태상천존 자미천황님의 궁전인 천상궁전으로 입천(승천)시켜 드릴 수 있다.

각자의 모든 조상님들께서 구천세계가 아닌 하늘 천상궁전에 입천되시어 하늘의 자손으로 다시 태어났을 때 각자의 인생과 각자의 조상님들은 영원무궁 행복할 수 있다.

태상천존 자미천황님께서 각자의 모든 조상님들을 보호하고 살펴주셔야 아기였던 각자의 조상님들은 성인의 조상님으로 성장할 수 있다.

각자의 조상님들이 천상궁전에서 성인으로 다시 태어났을 때, 각자의 인생도 실수와 실패, 배신, 질병으로 얼룩진 아기의 인생에서 벗어나 인생을 안락하고 평안하게 마음먹고 뜻 먹은 모든 일들을 소원성취 이루어가며 잘 살 수 있게 된다.

한 번뿐인 소중한 인생.

길어 보이지만 짧은 인생이다.

언제까지 실수와 실패를 거듭하는 아기의 인생을 살 것인가?

이제 우리 모두는 각자의 인생을 책임질 수 있는 성인의 삶을 살아야 한다.

배신당하고 싶어 배신당하는 사람, 이 세상에 한 명도 없다.

못 살고 싶어 못 사는 사람, 이 세상에 한 명도 없다.

몸 아프고 싶어 아픈 사람, 한 명도 없다.

자손들의 실패를 원하는 사람, 한 명도 없다.

우리 사람들은 인생을 살면서 고통과 아픔을 원하지 않지만, 우리 사람의 의지와 상관없이 각 가정과 사회에서는 고통의 일들이 인간의 상상을 초월하여 일어나고 있다.

인생사의 고통들을 우리 사람들은 피하려 하고 막아보려 하지만 인간의 힘으로는 피할 길도 막을 길도 없다.

신과 조상님은 인간의 눈에 보이지 않고, 귀에 들리지 않기에 피할 길도 막을 길도 없다.

하늘과 신이 인간의 눈과 귀에 보이지 않고, 들리지 않아 우리 인간이 피할 수 없고, 막을 수 없다면 차라리 하늘과 신께 우리 인간 모두가 굴복하여 그분들께 힘든 우리 인간의 삶을 도와달라고 비는 것이 행복의 지름길이 아닐까? 하고 나는 당당히 결론을 내린다.

보이지 않는 하늘과 신께 우리 인간이 대적한다는 것은 무모한 짓이다. 대적을 하면 할수록 각자의 삶은 더 힘들어지고, 각자의 삶은 깊은 늪 속으로 빠져 나중에는 아주 영원히 벗어날 수 없는 고통의 삶이 된다.

우리 산 사람도, 각자의 조상님들도 영혼의 부모님이신 하늘 태상천존 자미천황님의 자손으로 다시 태어날 때 각자의 인생도 각자의 조상님도 행복해질 수 있다.

더 이상 남의 나라 수입 조상인 부처님, 예수님, 상제님께 본인들의 삶과 본인 각자 조상님의 구원을 의지하지 말고, 우리 본래의 영혼의 부모님이신 태초의 하늘 태상천존 자미천황님께 각자의 인생, 각자의 조상님 구원을 의지해야 우리 모두가 영원히 행복해질 수 있다.

앞에서도 말했듯이 “씨는 뿌린 자만이 거둘 수 있다”고 했다.

우리의 영혼을 창조하신 태상천존 자미천황님만이 산 사람과 죽은 영혼을 구원하여 주실 수 있다.

영혼의 부모님이신 태상천존 자미천황님의 존재를 무시하고 살아온 우리의 삶.

산 영혼(사람), 죽은 영혼, 모두의 삶이 힘들고 아프다.

옛날부터 “역천자는 망한다” 했다.

하늘의 뜻대로 행하지 않아 역천자가 되어 하늘의 벌을 받지 말고, 하늘의 뜻대로 행하여 하늘의 순천자가 되어 광대한 하늘의 천복 억만복을 받아야 우리 모두가 행복할 수 있다.

부모자식 간의 인연을 천륜이라 한다.

천륜을 어기면 하늘의 재앙이 따른다는 말이 있다.

인간사의 인연인 천륜을 어겨도 하늘의 재앙이 따른다고 하였거늘 하물며 영혼의 어버이를 몰라보고, 어버이의 뜻에 거역한 죄는 살아서도 죽어서도 영원히 용서받지 못할 커다란 대죄에 해당할 것이다.

이제 우리 모두는 육신을 주신 각자의 조상님과 영혼을 주신 하늘 태상천존 자미천황님 전에 그동안 우리가 지은 죄를 용서 빌어야 살아서나 죽어서나 영원히 행복할 수 있다.

조상님들이 가장 싫어하는 것! 굿, 천도재, 기도

지금까지 세상사람들이 잘못 알고 있었던 부분에 대하여 순서대로 진실을 밝히고자 한다. 이 책을 보시는 독자들 중에는 불교인, 무속인도 있을 것이고 기독교인, 천주교인, 도교인도 있을 것이고 무신론자도 있을 것이다.

불교계에서 행하는 천도재는 무엇일까?

물론 조상구원의 뜻이 내포되어 있다. 독자들도 조상님들의 극락왕생을 위한 천도재를 지낸 분이 많이 있을 줄 안다.

그러나 조상님들이 정녕 극락왕생하였는지 못 하였는지 알 방법은 없다. 또한 확인할 방법도 없다.

각자의 조상님 천도가 잘 되었는지, 안 되었는지 인간의 눈으로 확인할 방법은 없고, 또한 안 되었다 해도 입증할 방법은 없다.

이 나라에는 조상님들의 천도에 자신 있다고 스스로 말하는 스님들도 몇 분 있고, 만인들의 입으로 소문이 나서 유명세를 타고 있는 스님들도 더러 있다.

그러나 이상하다.

절에 가면 조상님 천도를 올림에 있어 한 번으로 끝나는 것이 아니라 대부분 몇 번씩 하거나 아니면 해마다 한다.

조상님의 극락왕생이 목표인 천도재!

반복해서 해야 한다는 것, 해마다 해야 한다는 것.

이는 뭐가 잘못된 것 아닌가?

조상님이 극락왕생 못하였으니 또 하라는 것이 아닌가?

스님들의 말대로 각자의 조상님들이 극락왕생한 것이 사실이라면 왜 또 하라 하는 것이고 왜 또 해야만 하는 것인가?

또 하라는 자체는 각자의 조상님들이 극락왕생 못하였다는 스님들의 말이 숨겨져 있는 것이 아닌가?

스님들은 스님들 스스로 각자의 조상을 구원 못했음을 실토하고 있었다.

앞에서도 설명 드린바 있듯이, 사후세계에 계신 모든 조상님들은 춥고 배고픈 인간세상에 하루도 더 있기 싫어하신다.

모든 조상님들은 하루라도 빨리 인간세계에 알려져 있는 극락세계, 천국세계, 천궁세계가 있다면 그 세계에 하루라도 빨리 오르고 싶은 것이 모든 영가들의 간절한 소원이건만 절의 스님들은 도대체 무엇을 하고 있단 말인가?

그리고 영가들을 왜? 무엇 때문에?

긴긴 세월 동안 절 법당에 붙잡아두고 있단 말인가?

그리고 천도재로 인하여 극락왕생했다면서 극락왕생한 조상들을 해마다, 때마다(백중, 초파일, 초하루, 보름행사 등등) 왜 불러 대접하는 것인가?

극락세계에는 인간세계보다 더 좋은 것이 그 얼마나 많은데 또한 천도재를 올린 각자의 인생은 왜? 풀리지 않는 것일까? 아니 정확히 말하자면 조상님 천도재 올리고 각자의 인생이 더 힘들어지지 않는 것만 해도 다행일지 모른다.

나도 하늘 태상천존 자미천황님 존재를 알기 전에 절에서 천도를 몇 번 행했었다. 하지만 나는 조상님 천도를 하면 할수록 인생이 더욱 힘들어졌고, 하는 일마다 꽉꽉 막혀 미치고 팔짝 뛸 이상한 일만 내 현실로 일어났다.

사후세계에 있는 모든 영가들.

좋은 세계로 가고 싶지 않아 인간세계에 있는 조상님들 하나도 없다.

극락세계, 천국세계, 천궁세계.

그곳이 어느 곳인지 알아야 갈 것 아닌가?

이 책을 보시는 독자들도 입장 바꿔 생각해 보시길 바란다.

본인이 죽었다고 가정할 경우,

본인 스스로는 어디로 갈 것인가?

본인 스스로는 극락세계, 천국세계, 천궁세계가 어디인지 알겠는가? 혹시 알았다 한들 그 멀고 먼 천상세계를 본인 스스로는 어떻게 갈 것인가?

인간세계나 같아야 버스를 타고 가든, 비행기를 타고 가든 할 것 아닌가?

사후세계에 대하여 아무런 준비도, 아무런 대책도 없이 살다 사후세계에 훌쩍 와 보니 인간세계와 너무도 다른 세계에 대하여 모든 것이 낯설기만 하고, 한 치 앞도 보이지 않는 암흑 속의 길에서 모든 조상님 영가들은 답답하기만 하다.

이것이 영가세계의 진실이건만, 이 뜻을 아는 사람 이 세상에 하나도 없다.

모든 영가들은 서로 살려달라며 구원해 달라고 아우성들인데, 절의 스님들이 행하는 천도재 의식으로 이 영가들이 구원될 수 있다면 사후세계에 있는 영가들 무슨 걱정이겠는가?

영가들은 스님과 자손들에게 말한다.

그 길이 도대체 어느 길인데?

어떻게 가는 것인데? 하면서 스님과 자손들을 붙들고 아우성을 치지만 천도재를 올리는 스님의 귀와 조상님을 구원하러 온 자손들의 귀에는 조상님들이 아우성치는 소리가 들리지를 않으니, 이를 지켜보시는 각자의 조상님들은 스님의 행동과 자손들의 행동에 속이 새까맣게 타들어 갈 수밖에 없다.

스님들이 조상님을 위한 극락왕생경과 조상경, 해원경 그 밖의 경을 통하여 조상님들이 구원될 수 있다면 조상님들께서 무슨 걱정이겠는가?

그렇게 쉽게 극락왕생할 수 있어 극락세계, 천국세계, 천궁세계에 들어갈 수 있었다면 이 세상에 모든 영가들 춥고 배고픈 인간세계를 떠나 벌써 좋은 세계에 올라가 있었을 것이다.

하지만 극락세계, 천국세계, 천궁세계에 오르는 것은 하늘의 별 따기만큼이나 어려운 일이다.

하늘의 별을 인간 스스로가 딸 수 있었다면 벌써 땄을 것이다.

하늘의 별, 인간이 따고 싶다 하여 딸 수 없다.

이와 같이 하늘세계 입천. 하늘세계 입문.

영가들이 오르고 싶다 하여 오를 수 없고, 스님들의 독경에 의해, 무당들의 굿에 의해, 교회당과 성당에서 하는 기도에 의해 어느 영가도 그 소원을 이룰 수 없다.

우리 인간사 모든 집에는 주인이 있다.

독자들 중에서 본인의 집에 본인의 허락 없이 낯선 사람이 집에 들어왔을 경우, 본인은 그 낯선 사람에게 어떻게 하겠는가? 남의 집에 들어감에 있어서 주인의 허락이 반드시 있어야 들어갈 수 있다.

주인의 허락 없이 남의 집에 들어가면 도둑이나 무단침입자로 몰려 경찰에 잡혀가 죄의 대가를 치러야 한다.

하물며 영가들이 오르고자 하는 극락, 천국, 천궁세계에 어찌 주인이 없겠는가?

하늘의 궁전, 태상천존 자미천황님의 궁전, 하늘의 주인이신 태상천존 자미천황님의 허락 없이 영가들 마음대로 올라갔을 경우, 태상천존 자미천황님께서는 그들에게 어떤 처벌을 내리실 것이라 생각하는가?

조상님 구원을 위해 그동안 행했던 천도재나 굿, 기도로 인하여 각자의 조상님들은 그동안 더 힘들었던 것은 아닐지 의문이 간다.

천도재, 굿, 기도로 인하여 각자의 조상님들은 하늘에 무단침입자가 되었으니 산 자손들은 이 죄들을 어찌해야 할까?

또한 자손들의 행위로 인하여 하늘의 무단침입자가 되신 각자의 조상님들은 지금 어느 세계에서 무엇을 하고 있을지 각자 생각해 보길 바란다.

이 모든 진실을 알고 나니, 내가 그동안 조상님을 위한 천도재와 굿을 하고나면, 왜 인생이 뒤집어지고 더 힘들어 질 수 밖에 없었는지 이제는 정확히 알 것 같다.

내가 천도와 굿을 행하면 행할수록, 나의 조상님들은 하늘의 무단침입자가 되어 하늘에서 내리시는 벌을 받을 수밖에 없었던 것이다.

나의 조상님이 하늘의 벌을 받고 있으니 그 자손인 나 역시도 벌을 받고 있는 조상님의 기운을 받아 더 힘들어지고 어려워질 수밖에 없었던 것이다.

스님, 무당, 성직자들이여!

종교의 선각자들로 인하여 수많은 조상님들이 하늘의 무단침입자가 되어 있다.

하늘의 세계, 조상의 세계에 대하여 아무것도 모르는 일반인들은 당신네들을 믿고, 당신네들이 시키는 대로 모든 것을 행했건만, 그 행위가 잘못되어 하늘의 벌을 받고 있는 산 사람들과 영가들의 슬픔을 어찌할 것이고, 무엇으로 수많은 조상님과 자손들에게 변상할 것이던가?

육신을 버린 뒤, 구천을 헤매면서 극락, 천국, 천궁의 세계로 오르고자 학수고대하고 있는 불쌍하고 가련한 영가들을 더 이상 아프게 해서는 안 된다.

또한 조상님들을 생각하는 마음이 지극하여 조상님들을 구원하고자 찾아오는 산 자손들을 아프게 해서도 안 된다.

산 자손과 죽은 영가들을 올바른 길로 인도하고 행복의 삶으로 인도함이 제자의 도리이다.

또한 일반인들도 이제는 정신을 바짝 차려야 한다.

종교의 선각자들이 정신을 못 차린다면 일반인들이라도 정신을 차려야 한다. 언제까지 종교의 굴레(속박)에서 벗어나지 못하고 헤매며 살아갈 것인가?

종교는 하늘의 뜻이 아니다.

각자의 조상님들도 종교가 아니다.

또한 우리 산 사람들도 종교가 아니다.

이제 우리 모두는 속고 속은 종교의 굴레에서 벗어나야 한다.

속고 속은 천도재, 굿, 기도의 방법에서 벗어나야 한다.

잘못된 종교의 굴레에 갇혀서 조상, 신, 산 사람들이 정신을 못 차리고 있어서 세상도 정신이 없다.

모든 종교의 굴레에서 벗어나 하늘의 뜻에 순응하였을 때 신의 세계, 조상세계, 인간세계 이 모두가 행복해진다.

언제까지 반복될지 모르는 한도 끝도 없는 천도재와 굿, 기도에

만 매달려 있을 것인가?

자미국에서 행하는 조상님 입천제의식은 기존의 천도, 굿, 기도 차원이 아닌, 하늘의 주인이신 태상천존 자미천황님의 허락에 의해서만 행해지는 하늘의 신성한 의식이다.

모든 영가들이 태상천존 자미천황님의 궁전으로 오르고자 하지만, 영가들이 오르고 싶다 하여 오를 수 없다. 하늘의 주인이신 태상천존 자미천황님께서 각자의 조상님들을 심판하신 뒤, 입천(천상입궁) 여부가 결정된다.

산 자손들이 돈이 있다 하여 행할 수 있는 입천제의식이 아니다. 죽은 조상님 영가들의 죄가 용서받지 못할 정도로 너무나 크면 태상천존 자미천황님의 궁전에 오를 수 없다.

태상천존 자미천황님의 허락으로 입천이 되시는 모든 영가들은 태상천존 자미천황님의 궁전으로 입천되시기 전, 그들이 전생과 현생에서 지은 그들 모두의 죄를 태상천존 자미천황님께서는 용서하시고 사면해 주신다.

그렇기 때문에 그들이 태상천존 자미천황님의 궁전에 입천하셨을 때 그들 모두는 죄인이 아닌 맑고 깨끗한 하늘의 신성한 하늘의 백성(천손)이 되어 있다.

인간세계를 예로 들어본다.

인간이 지은 죄의 사면 권한은 대통령에게 있듯이, 영혼들이 지은 죄의 사면 권한은 태상천존 자미천황님의 권한이다. 산 자손들이 절이나 교회, 산속에서 열심히 빌고 빈다고 죄가 사면되는 것이 아니다.

우리의 영혼을 태초로 창조하신, 우리의 영혼의 주인이신 태상천존 자미천황님만이 우리의 죄를 심판하고 우리의 죄를 사면하실 수 있다.

예수님이나 부처님, 상제님이 우리 산 사람의 죄, 죽은 영혼의 죄를 사면할 수 있었다면, 벌써 사면하시어 우리 산 사람 모두와 죽은 영혼 모두를 구원하여 주셨을 것이다.

태상천존 자미천황님께서는 우리 모두를 창조하신 우주의 주인이시다. 예수님, 부처님, 상제님도 태상천존 자미천황님께서 창조하시었다.

뿌리 없는 나무 없다 하였듯이,

예수님, 부처님, 상제님도 뿌리가 있을 것이 아닌가?

예수님, 부처님, 상제님의 뿌리는 바로 태상천존 자미천황님이셨다.

예수님, 부처님, 상제님을 이 땅으로 보내신 분은 바로 태상천존 자미천황님이셨고 예수님, 부처님, 상제님의 어버이는 위대한 태상천존 자미천황님이셨다.

어버이(태상천존 자미천황님)가 잘나고 위대하시니 그 자손들(예수님, 부처님, 상제님, 그 밖의 모든 신과 인간) 역시도 잘나고 훌륭했던 것 아니던가?

하지만 자손이 제아무리 잘났다 하더라도 어버이의 모든 것을 따라 할 수는 없다. 또한 자손이라 하더라도 어버이의 권한을 마음대로 침해할 수 없다.

예수님, 부처님, 상제님도 태상천존 자미천황님(어버이)의 허락 없이 그들 마음대로 사면 권한을 행사할 수 없고 태상천존 자미천황님의 권한을 침범할 수도 없다.

이들 모두도 천상세계에서 태상천존 자미천황님의 명에 복종하며 말씀대로 행하고 있을 뿐이다.

하지만 이 사실을 몰랐던 우리들 모두는 죄 사면권자도 아니고 구원자도 아닌 예수님 앞에, 상제님 앞에, 부처님 앞에 앉아 각자의 죄와 소원을 빌고 조상구원을 빌었었다.

하늘이 웃을 일이었고 예수님, 부처님, 상제님, 조상님이 통탄할 일이었다. 이제 우리 모두는 육신을 주신 조상님 구원과 영혼을 주신 영혼의 부모를 찾아야 한다. 우리 모두는 그동안 영혼의 어버이를 잃어버린 채 이 땅에서 외롭게 쓸쓸하게 고아들의 인생을 살아 왔었다.

항상 열심히 일을 하고 주위에 가족 친구들이 있어도 각자의 마음은 항상 외롭고 허전하고 뭔가 빠진 것 같고, 때로는 이 세상에 나 홀로인 듯 허전함이 자리 잡고 있었던 것은 영혼의 어버이를 잃어버린 허전함이었다.

조상님 구원을 통하여 각자의 영원한 영혼의 어버이이신 태상천존 자미천황님을 찾았을 때, 각자의 인생은 더 이상 외롭지도 힘들지도 않은 안락한 삶이 될 수 있다.

굿도 더 이상 행해서는 안 된다.

굿 역시도 하늘의 뜻이 아니다.

또한 조상님들의 뜻도 아니다.

각자의 조상님들은 구천세계에서 아기의 모습으로 불쌍하고 가련하게 자손들 구원의 손길을 눈물로 기다리고 있건만, 시끄러운 징을 치며, 북을 치며, 장구를 치며, 무당춤을 춘다고, 창(노래)을 한다고 하여 각자의 조상님들이 구원되지 않는다.

구천세계에 계신 각자의 조상님들은 눈물로 얼룩져 있건만 이렇게 시끄럽게 한들 무슨 소용이 있으랴?

입장 바꿔 생각해 보라.

우리들이 구천에서 울고 있는 죽은 영가들이라면 이 상황(천도재,

굿, 교회당, 성당에서의 기도들)을 보고 각자 어떠한 생각이 들지?

구천세계에 있는 각자의 조상님들은 이 광경들에 기가 막힌다.

조상님들은 속이 터져 미치겠는데, 무당들은 일어나 춤을 추고 있으니, 흔한 말로 불난 집에 부채질하는 꼴이다.

또한 조상님들은 극락세계, 천국세계, 천궁세계에 입문하지도 못했는데, 조상님들이 좋은 세계에 올랐다고 의식(천도재, 굿, 치성, 기도)들을 끝낼 때 조상님들은 구천세계에서 미치고 팔짝 뛸 일들이다.

사실이 이러하다 보니 천도재나 굿을 하고 나면 잘되는 것이 아니라 더 힘들어지고, 안 좋은 일들이 각자의 인생에 생길 수밖에 없는 것은 당연한 이치이리라.

지금까지 우리 인간들은 하늘세계, 조상세계를 잘 몰라 그들이 시키는 대로 행했다.

행하기 이전에 그들이 권하는 것(천도재, 굿, 치성, 기도, 미사)에 대하여 한번쯤 깊이 생각들을 해보았다면 하늘과 조상님 전에 죄인이 안 되었을지도 모른다.

그러고 보면 우리 인간은 그동안 하늘세계, 조상세계에 대하여 아무것도 모르는 바보들이었나 보다. 그렇지만 하늘과 각자의 조상님들은 바보들이 아니시다.

자손들이 행한 그 대가를 하늘과 조상님들께서는 각자의 자손들에게 그대로 내려주셨다. 고통은 고통으로, 배신은 배신으로, 눈물은 눈물로 주셨다. 각자의 삶이 배신의 고통, 금전 풍파의 아픔, 몸의 질병으로 힘든 것은 사후세계에 있는 그대 조상님들의 아픈 모습이다.

열매는 뿌리의 영향을 받을 수밖에 없다 보니 조상님이 편하면 자손도 편하고, 조상님이 불편하면 자손도 불편하다. 조상님이 구천에서 울고 있으면, 산 자손도 울 일만 생기고, 조상님이 배신을 당하면 자손도 배신당할 수밖에 없다.

또한 구천에 계신 조상님이 참을 수 없을 정도의 고통을 당하고 있다면, 산 자손은 스스로 목숨을 끊는 일도 생긴다.

원 맺히고, 한 맺힌 조상님들이 산 자손들에게 보내는 메시지들은 이토록 무섭다.

반대로 조상님이 천궁세계에서 편안하시다면, 이 기운을 받은 이 땅의 자손들은 과연 어떠하겠는가?

당연히 천궁의 조상님 기운받아, 이 땅의 자손도 근심걱정 없이 마음먹고, 뜻 먹은 일들 소원성취 이루어가며 마음 편히, 몸 편히 살아갈 수 있음은 만고의 진리이리라.

세상의 모든 일들이 잘됨에도 이유가 있고, 안 됨에도 분명한 이유가 있다. 성공과 실패, 우연히 일어난 일이 아니다.

인간의 삶을 사는 동안 영혼의 부모인 태상천존 자미천황님과 육신의 부모인 조상님께 기본 도리를 다하는 자손은 이 세상을 사는 동안 실패할 수 없다.

하늘이 도와주고 조상님이 도와주는데 어찌 실패하겠는가?

반대로 하늘의 존재를 몰라보고, 조상님의 존재를 몰라보는 자손은 이 세상을 사는 동안 고통의 굴레에서 벗어날 수 없다.

하늘이 안 도와주고, 조상님이 안 도와주는데 본인들 스스로가 누구의 도움을 받아 잘살 수 있겠는가?

조상님 입천제의식을 통하여 조상님은 구천세계가 아닌 가장 높은 곳, 태상천존 자미천황님의 천상궁전에서 영원히 편안하게 살고, 그 자손들은 자미국의 백성과 천인으로 영원히 편안하게 살 수 있도록 인도해 주고 있다.

이 의식은 살아생전에 한 번으로 끝나는 의식으로써 영원히 사람과 조상님 영혼 각자의 길을 편히 가게 인도하는 하늘의 고귀한 의식이다. 이 의식을 행함에 있어 모든 종파, 모든 종교에 얽매이지 않아도 된다.

각자의 조상들은 원래부터 종교가 아니었다. 모든 것은 때가 되면 원래대로 돌아가야 한다. 조상님은 천상의 영혼세계로 가고, 우리 인간은 자미국 세계로 다시 태어나야 한다.

조상님이 인간세계에 머물러 있으면 조상님도, 인간도 모두가 힘들고 아프다. 이제 우리 모든 사람들은 각자의 몸에 있는 죽은 조상님의 기운을 소멸해야 한다.

각자의 조상님들은 영혼의 부모가 계신 천상궁전 태상천존 자미천황님의 품으로 보내드리고, 우리 산 사람들은 산 사람 자체로 남아 있어야 인생을 기쁘게 살 수 있다.

신 내림은 하늘, 조상님의 뜻이 아니다

짧은 인생을 살아가는 동안 근심걱정, 아픔 없이 인생을 살 수만 있다면 그 얼마나 좋을까? 하지만 우리의 삶은 그렇지가 않다. 우리 인간의 상상을 초월한 불행한 일들은 예전에도 지금도 현실로 일어나고 있다.

병명 없는 병마와 싸워야 하는 사람들, 때로는 병명은 있지만 병원의사의 치료와 약으로도 호전이 되지 않아 고생하는 사람들, 불면증으로 고생하는 사람들, 우울증으로 고생하는 사람들, 정신병으로 고생하는 사람들, 사업실패, 가정파탄, 자손가출, 가정폭력, 자살, 살인, 사기, 배신 등등.

지금 우리가 살고 있는 현재의 세상에서는 인간의 상상을 초월한 불가사의한 일들이 각자의 인생과 각자의 가정, 사회에 이르기까지 우리 인간이 걷잡을 수 없을 정도의 무시무시한 일들이 일어나고 있다.

그들 역시도 사람이 분명하건만, 왜 그들은 인간의 본성을 잃어버리고 자기 자신을 잃어버린 채 살아가고 있는 것일까?

이 세상에 올 때부터 악한 사람 없었고, 그렇게 되고 싶어 그렇게 된 사람 하나도 없다.

이 모든 불가사의한 일들은 우리 산 사람의 정신을 누군가에게 빼앗겼기 때문이다.

우리 산 사람의 정신을 누군가 지배하고 있기 때문에 각자의 의지와 상관없는 고통의 일들이 자신들의 삶에 나타나는 것이다.

그렇다면?

우리 산 사람의 정신을 누가 지배하고 있는 것일까?

인생의 반복되는 아픔과 시련 앞에 그 아픔에서 벗어나보고자 어떤 사람들은 불교로, 어떤 사람은 교회와 성당으로, 어떤 사람은 산속으로 들어가 많은 방법을 동원해 보지만 현실의 아픔을 풀어줄 해결책은 어느 곳에도 없다.

많은 갈등과 많은 고민 끝에 인간의 자존심 모두 버리고 마지막으로 선택하게 되는 것은 어쩔 수 없는 무속의 길.

하지만 인생의 마지막 기로에서 선택한 무속의 길도 결코 쉽지만은 않다.

계속되는 인생의 풍파와 가정의 풍파, 주위의 배신과 몸의 질병, 불면증, 우울증 그 모든 고통들은 식을 줄을 모르니 그야말로 산 넘어 산이고 강 건너 강의 인생이다.

인생의 마지막 기로에서 눈물을 머금은 채 힘들게 결정한 무속의 길.

하늘의 뜻, 조상님의 뜻이 맞았다면 무속의 길을 선택한 그들은 하늘의 복을 받고, 조상님의 복을 받아 인생의 고통과 질병에서 벗어나 행복해질 수 있었을 것이다. 하지만 무속의 길은 정녕 하늘의 뜻, 조상님의 뜻이 아니었다.

하늘의 뜻, 조상의 뜻이 아니었기에 무속의 길을 선택하고도 각자의 인생은 여전히 힘들고 아플 수밖에 없었던 것이다.

앞에서도 설명드린 바 있듯이 각자의 조상님들은 사후세계에 다시 태어났기에 각자의 조상님들은 하나의 아기에 불가하다.

그런 아기인 조상님들을 무속인들은 각자의 몸으로 조상을 받아 그들과 함께 동고동락하고 있으니 그들의 인생이 뒤집어지는 것은 당연 이치 아니랴.

아기가 되어 있는 각자의 조상님들이 어떻게 살아 있는 자손을 도와줄 수 있으랴.

또한 남들의 인생을 어떻게 도와줄 수 있으랴.

종교가 하늘의 원뜻이 아니었다 말했듯이, 무속 또한 하늘의 원뜻이 아니었기에 하늘의 원뜻이 아닌 무속제자의 길을 가는 그들을 하늘에서 도와줄 리 없다.

그러하다 보니 무속의 길을 가도 조상님과 하늘께서 도와주지 않으니 더 힘들어질 수밖에 없다.

이제는 조상님과 하늘의 원뜻이 아닌 무속의 길을 선택하여 한 번 아팠던 인생, 두 번 아파하며 남모르게 눈물짓지 말고 각자의 조상님들을 천상궁전으로 빨리 입천시켜 드려야 한다.

자미국에서는 조상님을 위한 입천제의식을 행한 후, 하늘의 명이 내려지는 자손에 한하여 산 자손과 하늘의 고급 신명이 하나 되는 천인합체의식을 행한다.

천인합체의식은 무속세계처럼 조상신을 받는 것이 아니라, 하늘 태상천존 자미천황님의 궁전에 계시는 맑고 깨끗한 고급 신명과 하나 되는 의식을 말한다.

이 천인합체의식을 통하면 반신반인이 되어 하늘의 신이 각자의 몸에 있으면서 각자의 인생을 도와준다. 우리 인간이 제아무리 잘났다 해도, 인간들 스스로는 한 치 앞도 알 수 없기에 불의의 사고를 피할 수도 막을 수도 없다.

하지만 천인합체의식을 행하여 반신반인이 되면 천상의 고급 신명님이 항상 각자의 몸 안에 있으면서 각자들을 불의의 사고에서 구원해 주고, 인간사 고통의 길에서 항상 밝혀주고 지켜주어 행복한 삶으로 각자를 인도해 준다.

많은 도교단체에서 이 뜻을 이루고자 100여 년의 세월 동안 도를 닦고 있지만 아직까지 이 뜻을 이루었다고 말하는 도교단체, 종교단체는 없다.

하지만 자미국에서는 이 뜻을 현실로 이루어 행하고 있다. 천인합체의식은 대한민국 국민뿐만이 아니라 전 세계인이 모두 원하고 바라는 고귀한 의식이다.

불교, 기독교, 천주교, 도교, 무속, 유교 어느 종교를 막론하고 모든 종교단체에서 이 위대한 뜻을 이루고자 나름대로 최선을 다하고 있지만 어느 종교단체도, 세계인 어느 나라도 이루지 못하였다.

그러나 자미국에서는 자랑스럽게 이 뜻을 현실로 이루어 현실로 행하고 있다.

천인합체의식은 조상님 입천제의식을 행한 후 태상천존 자미천황님의 명에 따라 행하면 본인들 스스로가 이 의식에 감탄에 감탄을 하게 될 것이며 그동안 각자 스스로가 궁금히 여겼었던 "나는 누구인가?"를 이 의식을 통하여 속 시원히 밝혀내는 뜻깊은 의식이 될 것이다.

자미국은 설법이나 이론이 아닌 본인들의 조상구원 입천제의식과 천인합체의식을 통하여 스스로 모든 것을 알게 되는 신비의 의식이다.

이 의식을 행한 뒤, 무속세계처럼 법당을 차려 점을 보고, 손님을 상담하며 점을 보는 것이 아니라, 각자의 현 직업이나 기존 사업에 전념하면 된다.

어느 종교단체, 세계 어느 나라도 이루지 못한 천인합체의식을 자미국에서 이룰 수 있음은 내가 잘나서가 아니라 대우주 천지인 창조주 태상천존 자미천황님의 전지전능하신 대능력으로 가능한 일이다. 인간의 능력은 미약하나 하늘의 능력은 인간의 상상을 초월한다.

예수님, 부처님, 상제님 또한 현 세상에 살고 있는 우리 모두의 산 영혼과 사후세계에 있는 많은 영가들을 하늘의 태상천존 자미천황님께서 창조하셨거늘 이 위대하신 하늘께서 어찌 천인합체의 뜻을 이룰 수 없으랴.

태상천존 자미천황님의 능력은 무소불위하시기에 인간사의 크고 작은 일들과 그 어떠한 것들도 불가능은 없다.

독자 여러분 중, 이 책을 보신 후 조상님을 위하여 입천제의식이나 천인합체의식에 관심이 있으신 분들은 예약한 후 방문하여 정중히 친견하기 바란다.

어떤 독자들은 전화하여 다짜고짜 "조상님 입천제 의식이 얼마예요?" 하고 물어보는 사람들이 있는데 이 말을 듣는 각자의 조상님들은 속 터진다.

자미국 지상 자미천궁!

물건을 사고파는 그런 곳이 아니다.

자미국은 하늘 태상천존 자미천황님의 명을 받아 각자의 조상님들을 천상궁전으로 입천(구원)시켜 드리고, 각자의 삶을 구원하여 주는 하늘의 일을 대행하고 집행하는 곳이지 물건을 파는 곳이 아니다.

또한 각자의 조상님들도 물건이 아니다.

각자의 조상님이 물건이 아닌데 "얼마예요?" 하고 물어본다면 자미국에서는 뭐라고 대답해 주어야 하는 것인가?

"입천제 의식이 얼마예요?"라는 질문은 "내 조상님 얼마예요?"

라는 말과 똑같은 말이다.

정말로 조상님을 생각하는 마음이 남다른 자손이라면 이제는 그런 실수를 하지 말고 정중히 예약한 후 방문하여 조상님이 편히 계시나 불편하신가를 먼저 여쭤볼 수 있는 자손이 진정한 하늘의 자손이 아닐까? 하고 나는 생각한다.

"얼마예요?" 하고 물어볼 때 각자의 조상님들은 가슴이 미어터진다. 반대로 그렇게 물어보는 상대는 "당신 얼마예요"라고, 누군가 당신에게 물어온다면 당신은 과연 뭐라고 대답하겠는가?

입장 참 곤란할 것이다.

우리 모두는 인간의 육신을 지니고 살아가고 있다.

인간의 육신을 지닌 이상 모든 것을 완벽하게 행할 수는 없겠지만 행동하고 말하기 이전에 한 번 더 깊이 생각해 보고 상대의 입장이 되어 생각해 본다면 앞으로 인생 살아가면서 성공의 삶이 될 수도 있다.

무심코 던진 한 마디 말에 상대는 상처를 받고, 상대에게 상처를 준 본인들의 인생도 상처가 따른다.

각자의 조상님들을 생각하는 마음이 조금만 더 진실했다면 이런 실수는 하지 않았을 것이라 생각한다.

조상님들을 귀하게 생각함은 바로 자신들 스스로를 귀하게 여김과 진배가 없다. 조상님을 천하게 여김, 자신 스스로를 천하게 여김과 진배가 없다.

이 세상에 모든 것은 공짜 없다 하였듯이 각자 스스로가 뿌린 대로 거두는 것이 천고의 이치이다.

본인 스스로들은 하늘과 조상님 전에 아무런 것도 행하지 않고, 자신들만 잘되기를 바란다면 그 뜻은 살아서도 죽어서도 이룰 수 없다.

그것은 바로 도둑놈 심보와 진배가 없기 때문이다. 하늘 태상천존 자미천황님은 바보가 아니라 하시었다.

지금 이 시간도 하늘의 태상천존 자미천황님께서는 각자의 일거수일투족 모든 것을 감시하고 계시며, 본인들의 숨은 마음까지도 다 지켜보시며 천상장부에 우리들의 일거수일투족 모든 것을 행한 대로 기록하고 계신다.

어제라는 시간!

우리 모두는 과거의 일처럼 잊은 채 오늘을 살고 있지만, 천상장부에는 어제 우리가 했던 행동과 말들이 그대로 기록되어 있다.

과거의 시간 속에서 우리들이 지은 죄.

우리 산 사람은 기억 속에서 지우면 잊혀진다지만, 천상장부에 기록된 우리들의 죄는 어찌 지울 수 있을까?

천도재, 굿, 교회, 성당에서의 기도로 이 죄를 지울 수는 없다.

이 죄를 지워줄 수 있는 분은 하늘 태상천존 자미천황님 단 한 분밖에는 아니 계신다. 살아 있는 우리 모두가 피할 수 없는 길이고, 언젠가는 우리 모두가 가야 할 사후세계이다.

죽은 후 땅을 치며 통곡하지 말고, 살아생전에 조상님 구원과 천인합체의식을 통하여 살아서도 죽어서도 하늘의 보호를 받을 수 있는 길을 선택하는 사람들이 인생의 승리자가 될 수 있고, 사후세계의 승리자가 될 수 있을 것이다.

각 종교의 구심점 소멸!

이제 하늘을 거역하는 모든 종교 행위는 용납될 수가 없다 하신다. 인간구원, 조상구원, 신명구원은 대우주를 창조하신 하늘만이 하실 수 있는 고유 권한이라 말씀하시었다.

인생의 구심점

조상의 구심점

신명의 구심점

하늘의 구심점이신 대우주 천지인 창조주 태상천존 자미천황님! 위대한 하늘의 진실 앞에서는 그 어느 종파의 종교지도자들도 함부로 고개를 들고 하늘에 반박할 수 없으리라.

허허공공한 파란 창공이 하늘이 아니고, 이미 그 하늘께서는 인간 육신의 몸을 빌려 강림하시었다.

기독교의 하나님이 아니라 하나님의 어버이이시고, 천지만생만물을 창조하신 위대한 대우주 창조주 태상천존 자미천황님께서 오시었다.

기독교인들이 하나님이라고 받들었던 도리천주님은 천상세계 자미천궁의 천상천감님으로 승진하시었고, 천감님께서는 대우주의 천지주인이신 태상천존 자미천황님을 인간세계로 하강하시게끔 수많은 세월 많은 노력에 노력을 하시었다.

기독교 하나님께서 선천시대의 잘못된 종교 역사에 대해서 잘못을 인정하시고 참회하시었다.

진정한 하늘을 올바로 세우시기 위하여 자미국 지상 자미천궁으로 하늘을 강림하시라고 밤낮을 가리시지 않고 열심히 하늘 태상천존 자미천황님을 설득하신 분이시다.

그 누가 알았으랴!

세계인류의 32%가 믿고 따르는 기독교, 천주교의 예수님과 하나님 위에 그분들을 인간세계로 내려보내신 또 다른 하늘의 존재가 계시었음을 세계 그 어느 나라 종교지도자들이 알고 있단 말인가?

참으로 경천동지할 하늘의 진실이 지금 수도 서울 한복판에서 밝혀지고 있다. 기독교의 하나님께서도 이제 어버이에게 잘못을 용서 빌며 선천시대의 잘못된 종교 교리에 대해서 진정으로 참회하시고 기독교의 모든 기득권을 포기하시었다.

이분 역시 하늘로부터 기독교와 천주교 그리고 예수와 하나님을 받드는 모든 종교를 멸하라는 하늘의 지엄한 명을 받으시었고 천상공무 집행에 들어가시었다.

그동안 모든 종교의 구심점을 멸하고, 오직 하늘이 친히 지상에 세우시는 국가 자미국 하나만이 존재하고, 위대한 만생만물의 천지주인께서 세상에 우뚝 서시게 된다고 하시었다.

하늘 태상천존 자미천황님을 이 땅에 세우시고자 신명님이신 천상선감님, 기독교 하나님이신 천상천감님, 미륵님이신 천상도감님이 2007년 5월 6일 15:00부터 세계 모든 종교와 무속의 기운을 일체 거두어들이시는 천상공무집행에 들어가시었다.

그리고 5월 23일 늦은 밤 시간.

옥상에 올라 밤하늘을 바라보았다.

별들도 없는 밤하늘의 모습은 칙칙해 보인다. 높으신 하늘께서 뭔가 답답하신 모습이다. 인간세계에 대하여 뭔가 불편하신 모습이다. 태상천존 자미천황님과 짧은 대화를 나눈 후 잠자리에 들었다.

오늘은 천기 7년 양력 5월 24일, 음력 4월 8일 석가모니 탄신일이다. 절의 스님들과 절의 신도들은 금일 석가 탄신일 행사로 무척 바쁠 것이다.

하지만 나의 마음은 아침부터 왠지 모르게 우울하다. 나의 이 우울한 마음이 하늘 태상천존 자미천황님의 마음 같아 나의 마음은 더욱더 무겁고 착잡했다.

오전의 시간이 지나고 오후로 접어들 시간.

하늘 태상천존 자미천황님께서는 인간들의 답답한 행동에 더 이상 참을 수가 없으셨나 보다.

비가 쏟아지기 시작했다.

석가 탄신일에 반대라도 하시듯이, 못 깨달은 중생들에게 깨달음을 주기라도 하듯, 빗줄기는 점점 굵어졌고 곧이어 천둥번개까지 치기 시작하였다. 전국적으로 굵은 비가 내렸고 천둥번개도 전국으로 확산되었다.

4월 8일에 이렇게 많은 비가 쏟아진 적은 거의 없었다.

그리고 양력 5월에 이렇게 많은 비가 내린 적도 거의 없었다.

독자 여러분!

그날 전국적으로 내린 비와 전국에 친 천둥번개는 우연히 일어난 일이 아닌, 하늘 태상천존 자미천황님의 뜻이었고 천지대능력이시었다.

그리고 우리 산 사람들에게 보여주고 들려주는 하늘 태상천존 자미천황님의 말씀이셨다.

하늘 태상천존 자미천황님께서는 더 이상 어떠한 종교도 원하지 않는다 하셨듯이 하늘께서는 석가 탄신일을 선택하여 절의 스님들과 부처님을 따르는 중생들에게 보여주셨다.

앞으로도 태상천존 자미천황님께서는 인간세계로 하늘의 많은 뜻을 보내실 것이니 모두들 정신 차리길 바란다.

또한 태상천존 자미천황님께서는 불교, 기독교, 천주교, 도교, 무속단체의 모든 기운을 순서대로 거두신다 하셨다. 물론 그 종교단체에 가고 안 가고는 각자의 자유다.

태상천존 자미천황님의 뜻에 거역하여 하늘의 벌을 받음도 각자의 운명이고, 태상천존 자미천황님의 뜻에 순응하여 하늘의 복을 받음도 각자의 운명이다.

나는 하늘을 대신하여 태상천존 자미천황님의 뜻을 만 사람들에게 전달할 뿐이다.

몸에 조상님들이 살고 있다

아이고, 골이야!

두통!

누구나 흔히 겪는 짜증스런 통증이다.

갑자기 머리가 깨질 듯 아프다.

열이 심하게 난다.

골이 흔들린다.

뒷골이 당긴다.

우선 약국으로 달려가 두통에 잘 듣는 진통제를 산다.

약을 먹고 나니 조금 나아진 듯싶다. 통증도 사라지기 시작한다.

이런 일이 자주 발생하니 상비약으로 갖고 다닌다.

두통은 갑자기 왜 오는 것일까?

아무도 두통의 실체에 대하여 관심 있게 생각하지 않고 자연스레 약국의 진통제로 그 고비들을 넘기고 있다.

두통의 원인?

놀라지 마시라.

바로 본인의 조상님들이었다.

아픈 그곳에 조상이 들어왔다는 증표였다.

약을 먹은 후 통증이 사라졌다고 안심하지 마라.

잠시 잠깐 본인들의 몸에서 외출했을 뿐이다.

본인의 몸을 떠나, 남편의 몸으로, 부인의 몸으로, 자손의 몸으로 잠시 잠깐 외출 중이다.

각자의 조상님들이 자손들의 몸으로 찾아오면, 두통 증상뿐만이 아닌, 부부 사이에 다툼이 자주 일어나게 되고,

성격이 신경질적으로 변하게 되며,

매사 일이 꼬이고,

사업이 잘 안되며,

금전으로 고통받게 되고,

불면증에 시달리게 되며,

자꾸만 우울해지고,

갑자기 질병에 걸리게 되며,

자살하고 싶은 마음이 본인도 모르게 들게 되며,

차 접촉사고가 자주 발생하게 되는 등,

몸과 현실에서 이상징후가 계속 일어나게 된다.

이런 고통의 파장을 보냄으로써 조상들은 각자의 존재를 자손들에게 전한다.

때로는 유주무주 떠돌이 귀신도 있고, 잡신에 해당하는 요괴, 악신, 악령, 마귀, 사탄도 숨어 있다. 두통(감기몸살 포함)을 앓고 난 후 자신의 생활이 어떻게 변하고 있는지 각자 체크해 보도록 하라. 두통을 앓고 난 뒤 각자의 인생에 무슨 일이 일어났는지 말이다.

나 역시 두통의 실체에 대하여 깊이 생각해 본 적은 없었다. 2007년 5월 21일 차 운행 중 갑자기 하늘께서 계시를 내려주셨다.

사소한 일로 생각하였던 두통!

조상영가가 산 자손의 몸으로 들어왔다는 메시지라고 하시었다. 그때부터 사람들은 알 수 없는 인생의 많은 풍파를 겪기 시작한다 하시었다.

몸에 들어온 그 존재를 어찌할 것인가?

무시하고 그냥 살아갈 것인가?

아니면 대비책을 세울 것인가?

인간의 능력으로는 방법이 없다.

오직 하늘만이 할 수 있고, 하늘의 능력이 있어야 가능한 일이다. 머리의 통증은 잠시 진통제를 복용함으로써 해결할 수 있다 하지만 인생의 통증들은 어떻게 해결할 것인가?

몸에 들어와 있는 각자의 조상님들.

진통제가 아닌 각자의 조상님들이 원하고 바라는 천상궁전으로 입천제의식을 통하여 승천시켜 드려야 한다.

자미국은 종교가 아닌 하늘과 신명과 조상님들의 원뜻을 지상에 전하는 무릉도원이며 자미천황님의 나라이다.

배신의 아픔으로 고통받는 모든 조상과 자손들은 그대들의 부모이신 하늘의 품 안으로 들어오라!

그대들의 진짜 어버이이신 하늘은 그대들의 인생을 고통의 길로 인도하지 않을 것이며, 그대들의 조상 또한 그대들을 고통의 길로 인도하지 않을 것이다.

산 사람과 죽은 영혼 모두의 어버이이신 하늘 태상천존 자미천황님의 하늘 백성이 되면 각자 고통의 삶이 행복의 삶으로 바뀌게 되며, 구천에서 방황하던 각자의 모든 조상님도 구원받아 천상궁전으로 오르시게 된다.

신기(神氣) 때문에 고생하고 계신 분들도 조상신을 받지 않아도 되므로 무당이 되지 않아도 된다.

또한 몸의 질병 역시 병원에서는 병명이 없다 하였을지 모르지만 원인 없는 결과 없듯, 병명 없는 질병은 이 세상에 하나도 없다. 태상천존 자미천황님과 함께하면 병명의 이유와 해결법도 알게 된다.

사업실패와 인생의 우환, 우울증으로 고생하는 사람들은 본인들의 조상님을 구원하라.

모든 사람들 몸에는 천상궁전에 오르지 못한 원과 한이 많은 각자의 조상님들이 들어와 살고 계신다.

이곳에서는 세계인류와 종교를 하나로 통합할 대단한 자미국을 세우는 일 이외에 말 못하는 각 조상영가들의 원과 한을 풀어드리고, 천상궁전 자미천궁으로 인도해 주어 그분들을 구원해 주는 일을 행하고 있다.

조상님들이 구원됨으로써 각자의 조상님들은 천상궁전에서 하늘의 백성으로 다시 태어나게 된다. 또한 천상에 있는 고급 신명들을 인간 육신의 몸으로 천인합체시켜 줌으로써 하늘을 통하게 해 준다.

천인합체의식을 통하여 각자의 신을 구원함으로써 신과 조상, 인간 서로서로가 공존공생하여 행복과 평화를 추구하는 이상향의 세계를 이루게 되어 신명, 영혼, 인간 모두가 삶의 질곡에서 벗어나게 된다.

인생사 이상향의 목표

1. 사업성공 금전풍요

1. 질병과 우환 소멸

1. 출세와 권력. 명예 성취

1. 가정화목 행복한 삶의 영위

1. 불로수명 장생 소원성취

1. 생전과 사후 천상궁전 자미천궁 입궁

1. 인생의 정신적 구심점 옹립

1. 인류의 정신적 구심점 옹립

1. 마음 안정

1. 초조공포 불안 해방

1. 결혼성사 및 불임해소

1. 이혼 및 별거 예방

이 모든 것은 인간의 노력에 의해 이룰 수 있는 것이 아닌 하늘의 권한, 조상님들의 권한이다.

자신들 각자는 무엇 때문에 고통의 늪에서 아파하고 있는가?

자신들을 괴롭히는 보이지 않는 존재의 실체는 무엇인가?

몸에 들어와 있는 정체불명의 존재는 누구인가?

꼬이기만 하는 인생 무엇 때문인가?

굿과 천도재를 해도 효과가 없는 이유는 무엇인가?

이 모든 의문들의 정답과 진실은?

각자의 조상님들이 천상궁전으로 못 올라갔다는 각자 조상님들의 보이지 않고 들리지 않는 대답이었다.

고정관념을 버리고 종교의 굴레에서 벗어나 진실의 소리에 귀를 기울이고, 마음의 문을 열면 인생 행복의 길이 보인다.

몸에 신과 귀신이 살고 있다

때로는 존재를 나타내기도 하고, 때로는 그 존재를 숨기며 각자의 몸 안에 신과 귀신들이 살고 있다. 신과 귀신의 존재는 하늘과 땅이다.

신!

사람이 죽은 뒤 수십만 년의 세월을 통하여 천지이치를 깨달아 천계로 승천되어 신명의 반열에 올라 있는 분들을 말한다.

대우주 천지인 창조주 태상천존 자미천황님께 신명으로 명을 받은 상태이고, 신명세계 명호(신의 관직)를 부여받음으로써 이분들의 능력은 인간의 상상을 초월한다.

어떤 신들은 천상궁전에서 태상천존 자미천황님의 천상업무를 돕기도 하고, 어떤 신들은 직접 태상천존 자미천황님 대신 천상업무를 주관하기도 하며, 어떤 신들은 인간세계 사람 몸으로 하강하여 하늘이 내리신 명을 소리 없이 수행하기도 한다.

귀신!

죽음의 세계에서도 인간의 마음을 버리지 못하고, 깨달음의 경지에 오르지 못하여 산 사람들의 행복보다는 고통을 즐거워하며, 산 사람들에게 갖은 고통의 일을 행하고, 자신들의 잘못이 무엇인지조차도 모르고, 그 잘못을 인정하려 들지 않는 깨달음이 없는 영가들을 말한다.

우리 모두는 자연의 일부분일 뿐이다.

천지자연을 무시하고는 그 어느 것도 이루어낼 수 없다.

혼자서는 아무것도 행할 수 없는 우리 산 사람의 인생.

혼자서는 아무것도 행할 수 없는 영가들의 세계.

부모 없이 이 세상에 혼자 올 수 없고, 부모 도움 없이 혼자서 성장할 수 없는 우리의 삶.

사후세계의 조상님들도 자손의 도움 없이는 천상세계로 오를 수 없다. 이 책의 내용에 공감한다면 고통받고 있는 자신의 조상님들을 구원해 드려야 한다.

저승길을 두려워하는 조상님들은 자손들의 몸에 들어와 살고 있다. 조상영가를 구원해 드리는 길만이 인생 성공의 비결이다.

산 자손들은 이미 가신 조상님들의 절박한 고통을 실감할 수가 없기에 수수방관하며 고통의 삶을 살아가고 있다.

인간세계가 존재하듯이 신명세계, 영혼세계도 존재한다.

의식을 행하여 본인 스스로가 하늘의 기운, 조상님의 기운을 체험해 보면 나의 말이 무슨 말인지 본인 스스로들이 알게 될 것이다.

사람 몸에 조상님들과 신이 함께 살고 있다.

눈에 보이지 않고, 귀에 들리지 않지만 이분들과 함께 살아간다는 것은 우리 산 사람들의 인생이 언제 터질지 모르는 시한폭탄을 안고 늘 불안과 초조, 공포 속에 사는 것과 같다.

갑자기 일어나는 불행한 일들은 원한 혼령의 조상님들이 각자의 자손들에게 자신의 존재를 알리고자 몸부림치는 각자 조상들의 모습들이다.

이분들이 원하고 바라는 천상궁전으로 입천시켜 드리면 불행한 일들이 예방된다. 찾아온 신과 조상님들에게 산 사람들이 지금까지 대처한 방법들이다.

1. 조상굿을 한다.

1. 눌림굿을 통하여 신과 조상을 내쫓는다.

1. 무속인을 통하여 신을 받아 무당이 된다.

1. 도교단체에 들어가 수행을 한다.

1. 마음수련원에 들어가 명상을 한다.

1. 조상영가 천도재를 올린다.

1. 절과 교회나 기타 종교단체에 들어간다.

위에 열거한 방법들이 지금까지 행한 보편적인 방법들이었다.

많은 방법을 통해 인생의 변화를 시도해 보지만, 자신의 몸에 내려와 있는 분들의 진정한 실체는 찾을 수가 없다.

지상 자미국 자미천궁은 고차원적 천인합체의식으로 참 자신들의 진실을 밝힌다.

신과 조상님, 참 '나'의 진실을 찾았을 때 평화롭고 행복한 삶이 각자의 인생에 열리게 된다.

명절 차례와 제사 문화가 새롭게 열린다

조상님 구원하는 입천제의식을 행하고 나면 명절 차례 및 제사, 산소 이장 및 화장 문제, 모든 고민이 일시에 해결된다.

언제까지 이런 문제로 고민할 것인가?

특히 주부들은 누구나 한 번쯤 심각하게 고민해 보았을 것이다.

기독교에서 제사 지내지 말라.

조상님에게 절하지 말라!

맞는 말이다.

조상님들이 원하던 천당, 극락, 천궁세계에 확실히 올라가셨다면… 하지만 하나만 알고 둘은 몰랐다.

조상님들이 모두 자손의 몸에 들어가 있는 상태에서는 어림도 없는 이야기이다.

산 사람들의 행동이 바로 구천에 있는 본인 조상님들의 행동이다. 한 조상님만 자손 몸에 들어와 있는 것이 아니라 많은 조상님들이 함께 들어와 있다.

때로는 천상신명들도 들어와 있다.

모든 조상님 영혼들은 천상궁전에 어떻게 올라가는지 그 방법을 몰라 허공중천에서 추위, 굶주림과 싸워야 하다 보니 어쩔 수 없이 자손들 몸으로 들어가 함께 기거할 수밖에 없다.

직계 조상님들 모두가 천상궁전으로 입천되시면, 더 이상 명절 차례와 조상 제사를 지내지 않아도 된다. 직계 모든 조상님들께서 꿈의 세계 무릉도원 천상궁전 자미천궁으로 입천되시면 명절 차례와 제사 문제로 고민하지 않아도 된다.

물론 이 문제로 인하여 가족 간에 찬반양론이 첨예하게 대립될 수도 있겠지만, 우리 모두의 영혼을 보내주신 분, 천상궁전 자미천궁에 계신 태상천존 자미천황님의 품으로 돌아가는 것이기에 그 문제에 대해서는 걱정하지 않아도 된다.

천도재는 죽은 사람의 명복을 빌어 극락으로 보내기 위해 행하는 불교의식으로 자손들이 망자와 상봉하여 대화를 나눌 수도 없고 법문독경에 의해서만 명복을 빌어주는 의식이다.

가장 잘 알려진 것이 49재이고 그 밖에도 100일재, 소상, 대상 등이 있다. 사람이 죽으면 7일째 되는 날부터 49일째 되는 날까지 매 7일마다 그리고 100일째와 1년째, 2년째 되는 날 모두 합하여 10번을 행해야 한다.

그러나 현대생활은 급속도로 많이 바뀌었다.

그런 복잡한 천도재 절차에 따라 수많은 사람들이 귀찮아하거나 번거로워한다.

여러 번 천도재를 올렸어도 조상님들은 극락으로 올라가지 못하고 법당이나 자손들 몸에 그대로 머물러 있다. 유족이나 자손들 역시 조상님과 대화를 나눌 수 없어 가족은 가족대로, 조상님은 조상님대로 서로 답답해할 수밖에 없다.

하늘의 명을 받아 입천 윤허가 내려져 조상님 입천제의식을 행하면 천상궁전에 올라가 각자의 조상님들은 하늘의 백성(천손)으로 다시 태어나게 되어 천상장부에 하늘의 태상천존 자미천황님 천손으로 등재된다.

이렇게 하늘의 허락 하에 천상궁전에 올라가신 조상님들에 대해서는 명절 차례와 제사를 평생 지내지 않아도 상관이 없다. 천상궁전은 춥고 배고프지 않으며, 근심걱정이 없는 무릉도원의 이상향 세계이다.

자미국 자미천궁에서 조상님 입천제의식을 행할 때, 천상궁전으로 올라가시기 전 모든 조상님들께서는 자손들에게 말한다.

"이제 꿈에 그리던 천상궁전에 올라가게 되었으니 너희들 몸으로 더 이상 찾아가지 않을 것이고, 나는 산소의 관 속에도, 허공중천에도 있지 않을 것이다.

그러니 이제부터 산소에 찾아오지도 말고, 제사도 지내지 말고 산소는 모두 화장하라"고 하신다.

자신의 직계 조상님 모두를 천상궁전으로 입천시켜 드린 자손들은 평소 자미국 지상 자미천궁에 찾아와서 인사를 드리면 된다고 입천되어 천상궁전으로 올라가시는 모든 조상님들께서 이구동성으로 말씀하신다.

명절 차례와 제사!

천상궁전에 오르지 못하고 허공중천에서 추위와 배고픔의 고통을 받는 망자들에게 필요한 의식이다.

자신의 모든 조상님들을 청배하여 일반 및 벼슬 입천제를 올려서 구원한 하늘의 백성들은 더 이상 과거의 풍습에 얽매여 차례와 제사를 지낼 필요가 없다.

수천 년 내려온 민족의 고유풍습이라 바꾸기는 쉽지 않을지도 모른다. 마음의 짐이 된다면 지내고 싶은 사람은 예전처럼 지내도 상관은 없다.

하늘의 천상궁전에 계시던 우리 모두의 영혼의 어버이이신 태상천존 자미천황님께서 불쌍한 영가들을 구원하시고자 인간세상에 친히 강림하셨다.

조상님들 모두가 원하는 세계는 자손의 몸이 아니었다. 허공중천의 춥고 배고픈 구천세계도 아니었다. 그들 모두는 무릉도원 천상궁전 자미천궁의 세계를 원했다.

평생 단 한 번의 입천제의식으로 직계 모든 조상님들께서 자손몸과 허공중천을 떠나 천상궁전으로 올라가시게 된다.

천상세계 가려면 그냥 가는 것이 아니고 일정한 천상의 법도에 따라서 벼슬 입천제의식이나 일반 입천제의식을 행해 드리면 품계에 따라 천상궁전 자미천궁으로 올라가신다.

이제 기독교인들도 더 이상 하나님의 어버이께 죄짓지 말고 내 부모조상님부터 잘 받들어 모시자.

조상님이 편해야 후손들이 편함은 만고의 진리이다.

종교의 노예에서 어서 벗어나야 자신 조상님들이 하나님의 어버이이신 태상천존 자미천황님으로부터 구원받아 천상궁전 자미천궁으로 입천되시는 영광을 누리신다.

정성들인 만큼 받는 것이 천지이치이다

하늘, 신명, 조상님들은 산 사람 몸을 통하여 우리의 일거수일투족 모두를 지켜보며 모든 일을 행하고 있다.

이런 사실들을 어서 깨달아야 하리라.

하늘은 정성들이는 사람들의 속마음까지도 모두 알고 계신다.

하늘과 신과 조상님들을 감동시키지 않고는 자신들이 바라는 어떤 일들이 장벽에 가로막히게 되어 성사되지 않는다.

본인들의 욕심과 꿈은 태산보다도 더 높고 크건만 하늘에 올리는 정성(조공과 천공)이 쥐꼬리만 하다면 우습지 않던가? 자기 마음먹은 대로 모든 것이 이루어진다면 이 세상에 가난한 국민들 단 한 명도 없을 것이다.

본인들 스스로가 신을 어찌 대우하느냐에 따라 각자에게 내려지는 천지기운의 복록도 달라진다.

대우주를 천지창조한 위대하신 태상천존 자미천황님을 일반적 수준의 하나님, 예수님, 부처님, 상제님, 산신님, 용왕님, 터신 정도로 생각한다면 각자 본인들도 그리 생각하고 예우한 만큼의 기운밖에 못 받게 된다.

하늘과 신들께 진정으로 감사하고 존경하는 마음으로 아깝다는 마음 없이 정성을 올려야 하늘께서 감응 감동하시어 자신의 소원이 하늘에 닿아 뜻이 이루어진다.

모든 물건에는 특, 대, 중, 소가 있고 특, 상, 중, 하가 있다.

그러므로 정성들이는 데도 차등은 있다.

특단(벼슬)입천제, 상단입천제, 중단입천제, 하단입천제, 일반입천제가 있고 어떤 단계로 입천제를 올리는가에 따라서 조상님들과 본인들의 신분이 정해진다.

입천제를 행하면 조상님들은 천상 자미천궁에 올라가서 천손(하늘의 자손)이란 신분으로 재탄생하고 어떤 등급의 입천제를 행하였는가에 따라서 특단천손, 상단천손, 중단천손, 하단천손, 일반천손의 신분이 주어진다.

입천제를 올린 사람들은 자미국의 백성 신분이 주어지는데 특단백성, 상단백성, 중단백성, 하단백성, 일반백성의 신분이 차등으로 부여된다.

그래서 입천제는 평생 단 한 번만 행할 수 있기 때문에 어떤 등급으로 입천제를 행할지 선택을 잘해야 한다. 조상님의 신분이 낮으면 높은 상전들이 많아서 조상님들이 기를 펴지 못할 수도 있기 때문이다.

인간세상의 신분과 계급사회 서열과 똑같다고 보면 된다.

귀신을 부르는 온갖 신물을 버려라

살아가는 동안 노력 없이 잘 사는 길은 없다.

하지만 노력을 해도 매사 일은 풀리지 않고 점점 더 어려워져만 가는 인생들은 도대체 이유가 무엇일까?

그 원인은 자신의 몸에 들어와 살고 있는 신과 귀신(조상님)들의 보이지 않는 기운이었고, 또한 우리 모두의 생로병사와 길흉화복을 주관하고 계시는 만생만물의 주재자이신 하늘의 태상천존 자미천황님께서 존재하심을 몰라본 우리들의 죄였다.

불행 끝, 행복 시작의 인생을 원하는 독자들은 모든 종교의 노예에서 과감히 벗어나야 한다.

평생을 다녀도 운명이 변하지 않는 종교에 미련을 버리고 종교의 울타리에서 과감히 벗어나야 한다. 책을 읽고 방문했던 한 남자의 사례이다. 이 남자는 오십 평생 동안 가지고 있던 불교서적들과 목탁, 염주 등이 1톤 트럭 1대의 분량이었다 한다.

이 남자는 나와 친견한 후 집으로 돌아가 그동안 자신이 가지고 있던 그 물건들을 모두 소각시켰다 한다. 예전 같으면 이 모든 것들을 소각시킴에 겁이 났을 텐데, 자미국에 다녀간 뒤로는 어떠한 두려움도 없었다 한다.

한편으로는 부처님께 벌받는 것은 아닌가?

많은 걱정도 되기는 했지만 하늘 태상천존 자미천황님을 믿고 모두 소각하고 나니 오히려 마음이 홀가분해지고 가벼워졌다고 자랑했다.

종교 관련 물품들은 귀신들을 불러들인다.

나를 만나는 사람들은 그동안 자신들이 가지고 있었던 신주단지나 불교서적, 염주, 목탁, 승복, 신복, 달마도, 부적, 무속용품, 성경, 도교 경전 등 종교와 관련된 모든 물품들을 스스럼없이 모두 버린다.

그러고 나면 그동안의 모든 묵은 기운이 사라져 기분 또한 상쾌해짐을 느낀다 한다. 그럼으로써 그때부터 하늘의 태상천존 자미천황님 기운을 새롭게 받기 시작한다.

자미국에 하늘 백성으로 입문되고 나면, 기존의 어떠한 종교에도 나가고 싶지 않다. 대단하신 하늘의 천지능력이 자신들의 몸으로 내려옴을 스스로 느끼기에 더 이상 어떠한 종교에도 관심이 없게 된다.

수천 년 동안 종교의 구심점 역할을 해오셨던 기독교의 하나님과 불교에서 기다리던 용화세존 미륵존불님께서도 태상천존 자미천황님(어버이)의 부름을 받아 손에 손을 마주 잡고 자미국으로 함께 오시었다.

나의 말을 못 믿겠으면 각자들 스스로가 의식을 행하여 그 진실여부를 확인해 보면 된다.

수많은 종교와 무속인들이 이 땅에 있다 하지만, 자미국에서 일어나는 이런 신비의 일들은 어떠한 종교에도 없었다.

지장보살님께서도 절에서 천도재 올릴 때 더 이상 '지장보살' 당신의 명호를 부르지 말라 하셨다.

지장보살님의 말씀 부분이다.

"일반인들은 하늘 태상천존 자미천황님의 명호를 함부로 부르지 마라.

일반인들이 함부로 편하게 부를 수 있는 명호가 아니니다. 우리들 조차도 위대하신 태상천존 자미천황님을 함부로 부르지 못하는데 일반인들이 어찌 함부로 부를 수 있다더냐?

또한 위대하신 태상천존 자미천황님 앞에서 더 이상 '지장보살' 나의 명호도 부르지 마라.

더 높은 하늘이 계시건만 위대한 하늘 앞에서 너희들이 나의 명호를 부르면 위대한 태상천존 자미천황님 전에 너무 부끄러워 내가 고개를 들 수 없으니, 나를 더 이상 태상천존 자미천황님 전에 부끄럽게 하지 말라" 하시는 아주 단호하고 강력한 말씀이 있으셨다.

지장보살님은 물론 천상의 모든 하나님(천주)들께서도 자미천황님 명호를 함부로 부를 수 없다고 전해주시었다.

이렇게 지장보살님이나 도리천 하나님(기독교), 도솔천 미륵존불님, 석가모니 부처님, 극락도사 아미타불 부처님께서도 어려워하시며 지극지존으로 받들어 모시는 대단하신 하늘 태상천존 자미천황님께서 이 땅에 2007년 5월 6일 공식 강림하시어 즉위식을 거행하시었다.

그러니 어찌 이 땅에 종교가 존재할 수 있겠는가?

기독교의 하나님과 불교에서 기다리던 미륵님께서 하늘의 명을 받아 강림하시어 모든 종교를 멸하신다고 하셨다. 진정한 하늘의 참 주인이신 태상천존 자미천황님을 동방 땅에 우뚝 세우고자 하나님과 미륵님께서 합의하시었다.

인류가 기다리고 원하던 행복의 천지개벽 세상을 이룩하시고자 하늘 태상천존 자미천황님께서는 미륵님과 하나님의 축하를 받으시며 공식으로 하강하시어 즉위식을 거행하시었다.

하늘 태상천존 자미천황님을 진정으로 인정하고 받들면 꿈같은 지상낙원의 인생이 자신의 삶에 꽃이 핀다.

가난, 금전, 질병, 우환, 사업, 번민과 고뇌에서 벗어나고, 약소국가의 비애를 씻고 초강대국으로 발돋움하여 신의 종주국으로 세계 속에 우뚝 서게 될 것이다.

지구촌 인류를 영도할 천인 탄생의 보고이고, 세계 모든 인류의 생자와 망자의 영원한 정신적 안식처이며 구심점이 될 것이다.

하늘의 백성!

자신과 가정을 편안하고 행복하게 만드는 지름길임과 동시에 가문을 구하는 일이다. 말로 형언할 수 없는 엄청난 천지조화가 많은 행사 의식 중에 일어나고 있다.

힘과 지혜는 하늘에서 내려주시는 것이며 하늘 백성이 되어 태상천존 자미천황님께서 내려주시는 지혜로 가정과 기업, 국가를 이끌어간다면 국민들이 고통에서 빨리 벗어날 수 있다.

단순한 조상님 구원의식이 아니라 자신을 구하고 가문, 기업, 국가를 구하는 중차대한 일이다.

더 이상 고통스럽게 살아야 할 하등의 이유가 없다.

벼슬 입천제의식의 힘은 정말 위대하고 대단하다.

하루아침에 마음이 편해지고, 가벼워지며 인간의 생각과 마음까지도 바꾸어준다. 몸에 머물러 있던 조상님들이 모두 천계로 승천하였다는 증표이다.

인류 모두에게 희망의 길이 여기 자미국에 있다. 두려워하지 말고, 부정하지 말고, 있는 그대로를 믿고 따르면 된다.

가문과 기업, 국가의 흥망성쇠, 그리고 인간 개개인의 생사여탈권은 하늘에서 행사하고 계신다.

각자 편안한 인생을 원하면 조상님들을 지극정성으로 구원하고, 하늘에 머리 숙여 하늘이 내리신 명에 따라야 한다.

이제 하늘 태상천존 자미천황님께서 축복의 땅 한반도에 내려오시어 하늘과 땅이 함께하는 자미국을 세워 세계 역사를 바꾸시겠다고 하신다.

하늘의 천지능력을 받는 자미국 백성(국민)이 되면 각자의 운세는 물론 회사의 사운, 나라의 국운도 새로운 상승국면으로 진입하게 된다.

지금 나라의 어려운 경제난국을 가장 빨리 회복시켜 주실 분은 하늘 태상천존 자미천황님뿐이시다. 개인이든 기업이든 성공과 행복을 원하면 태상천존 자미천황님의 천지능력을 받고 사는 백성으로 하루속히 태어나야 하리라.

하늘의 천인과 백성이 되어야 보람과 즐거움이 가득한 신명나는 아름다운 꿈의 세상이 현실로 이루어진다. 또한 죽어서도 태상천존 자미천황님의 영원한 천인과 백성으로 다시 태어나는 것이니 개인과 가문의 영광이다.

재물이 온데간데없이 흩어져

책 집필도 하늘 태상천존 자미천황님과 자미황후님을 비롯한 천상선감님, 천상도감님, 천상천감님과 조상님들께서 수시로 알려주시는 내용을 그분들의 손이 되어 그대로 써드리고 있을 뿐이다.

태상천존 자미천황님께서는 지구의 만생만물 모두를 창조하셨다. 나의 육신과 영혼(마음)을 창조하여 주신 태상천존 자미천황님께 나의 육신과 영혼을 드림은 당연한 일 아니던가?

어차피 인생이라는 것은?

인간 육신을 빌려 이 세상에 잠시 잠깐 소풍 왔을 뿐이다.

때가 되면 언젠가는 돌아가야 할 사후세계.

육신의 삶이 다하여 다시 사후세계로 돌아갔을 때 나를 인간으로 잠시 잠깐 보내주신 영혼의 어버이 태상천존 자미천황님을 찾아뵈었을 때 떳떳한 자손이 되어야 하지 않는가?

인간 육신의 몸으로 이 세상을 사는 동안, 영혼의 어버이이신 태상천존 자미천황님의 명을 얼마나 성실히 수행하였는가의 여부에 따라 사후세계에서 고통의 길과 행복의 길이 결정지어진다.

때가 되면 우리 모두는 이 세상을 떠나가야 한다.

어차피 가야 할 길.

살아생전 하늘과 신명과 조상님들이 각자에게 내리는 명에 따름은 살아서도 사후세계에서도 천복을 받는 지름길이다.

우리 모두는 이 세상의 삶이 다한 후에 춥고 배고픈 구천세상에 머물러 있으면 안 된다. 편안하고 근심걱정 없는 이상향의 무릉도원 천상세계 자미천궁으로 올라가야 한다.

현실세계에서 비참할 정도로 어렵게 살고 있는 사람들 그들 역시도 처음부터 가난하지 않았다.

한때는 큰 재산도 있었다.

하지만 큰 재산을 모음에 조상님의 도움과 보살핌 몰라보고 하늘의 고마움을 몰라보니 조상님과 하늘의 진노로 인생이 완전 역전되어 버린 것이다.

인간의 고통!

이것이 바로 자연의 법칙이었고, 보이지 않는 깨달음의 응징이었다. 하늘과 조상님이 우리 인간에게 보내는 보이지 않는 응징은 너무 무섭다.

사업의 연속 실패
직장에서 해고, 파면
신용불량자 전락
관재구설로 구속수감
중병으로 병원 신세
교통사고로 불구자 신세
약물 및 투신자살
대형 사건에 연루 감옥행
병명 없는 질병으로 고통
배우자와 자녀 가출
잦은 가정불화
다단계에 빠져 거액 날리고
종교에 정신 팔려 가정 파탄 나고

거액을 사기 당하고

빚보증으로 집 날리고

돈 빌려줘 못 받고

주식투자로 실패하고

선물옵션으로 전 재산 날리고

경마, 포커, 카지노 도박에 빠져 전 재산 잃어버리고

마약 중독자 되고

날마다 술에 빠져 살고

폭행과 폭언을 행하고

납치되거나 피살되고

빙의되어 귀신의 정신으로 살고

우울증으로 고생하다 자살하고

밤마다 가위눌리고

모함과 배신으로 마음에 상처입어

세상을 비관하며 자살한다.

돈 자랑하던 거부도

이와 같은 과정을 몇 번만 겪으면

어렵고 힘든 삶으로 전락하고 만다.

그렇기 때문에

'있을 때 잘해'야 한다.

보이지 않는 '하늘과 조상님께'

영혼의 어버이이신 하늘 태상천존 자미천황님과 조상님들의 존재를 무시하면, 인정하고 깨달음을 얻을 때까지 인간을 향한 하늘과 땅의 징벌은 멈추지 않는다.

지금 행복하다고 자만할 필요 없다.

1년에 3~4회 제사와 차례, 굿, 천도재를 올려드렸다고 도리와 효도를 다한 것으로 알아서는 안 된다.

인생의 행복 앞에 웃고 있는 자들이여!
각자의 인생길에 조상님의 분노, 하늘의 분노 내리니
각자의 재물은 온데간데 흔적이 없고
각자의 육신과
각자의 마음 안에는 상처투성이구나.
영혼의 달이 뜨니 부귀영화 덧없도다.
그날이 오니 부귀공명 모두 허망하여라.
소 잃고 외양간 고치지 말고
하루아침에 몰락하여
고난의 가시밭길 가지 않으려면
부귀영화 누리며 잘살 때
허공중천 떠도는
내 슬픈 부모형제 영혼 위로하고
슬피 울고 있는 조상영혼 돌보고 살피어
허공중천의 고통에서 구원해 드리고
자신의 영혼을 주신 하늘 태상천존 자미천황님께
영혼을 창조해 주심에
진정으로 감사함 잊지 말고
하늘을 받들고 섬기되 종교에는 빠져들지 마라.
이 세상 모든 종교는 하늘의 기운이 끊어져
스스로 소멸하여 설 곳이 없어진다.
이제 영혼의 어버이이신
하늘의 태상천존 자미천황님께서

하늘의 국가를 이 땅에 세워 모든 종교의 기운을 걷어
새로운 자미천황님의 나라!
무릉도원 자미국 자미천궁 세우시리라.

병마의 실체와 사고의 실체

어느 날 갑자기 병에 걸려 병원 침대에 누워 있는 인생.

무엇이 문제였나?

왜 병에 걸렸을까?

건강관리를 잘못해서일까?

이 시대의 지식인들인 하이칼라 세대!

두뇌에 인간세상 지식으로 가득 찬 사람들은 병에 걸리면 병원부터 찾아간다. 눈으로 확인할 수 있으니까 말이다.

확인되면 무엇하겠는가?

그 병의 존재는 형상으로 보일지라도 한 많은 조상이 들어와서 발병된 질병인 것을 의사들이 어찌 고치겠는가? 의사도 우울증에 걸려 목매 자살했다.

눈에 보이지 않는다고 무시하고 살 것인가?

원한 조상들의 기운 때문에 모든 질병이 발생하고 있다.

유전적이란 말, 신경성이란 말 많이 들어보았을 것이다.

유전적, 신경성 모두 아니다.

자신의 조상들 중에서 원과 한이 많아 그 자손 몸에 들어와서 생전에 앓았던 질병이 발생한다는 사실을 의사들이 알 수 있겠는가?

모든 사람 몸에 조상님들이 살고 있다.

그 존재가 神인 경우와 조상인 경우로 나뉜다.

神인 경우 참신이냐 아니면 잡신, 악신이냐이다.

조상인 경우 나의 조상이냐 남의 조상(원혼귀신)이냐.

아니면 동물의 혼령인 악령이 들어와 있느냐가 규명되어야 한다. 원한 귀신과 악령이 들어온 경우는 심각하여 정신병원으로 가야 하지만 치유방법은 거의 없다.

천하장사의 힘을 소유하고 있기 때문에 주위 사람들이 순간적으로 피해를 당한다. 조상님들이 단순히 자손들에게 구원해 달라고 몸에 들어와 있는 경우는 조상님 입천제를 행하여 천상궁전으로 보내드리면 완치되는 경우가 많다.

신이 왔을 경우에는 조상 입천제의식으로는 치유가 안 되고, 몸에 들어온 저급 신을 천상궁전으로 올려드려서 고급 신으로 전환시켜 주는 천인합체의식을 행하면 무당이 아닌 하늘의 천인으로 태어나 새로운 인생을 살아갈 수 있다.

귀신들 중 자신의 직계는 조상님이라 부르고 남의 조상들은 귀신이라 부른다. 모든 질병은 대부분 자기 조상님으로 인해서 발생하고 있다.

이런 과정을 깨닫는 데까지는 수많은 고난의 세월이 있었다.

환자든 아니든 사람들 몸에 조상들이 들어가 살고 있다.

때로는 모습을 나타내고 때로는 감추면서 말이다.

각자의 몸에 원한 조상님들이 살고 있는지 확인할 수 있는 간단한 방법이 있다.

병명이 있든 없든 질병이 있는 사람.

몸에 통증을 느끼는 사람.

무기력하고 삶의 의욕을 잃은 사람.

우울증으로 시달리는 사람.

환청, 환영이 있는 사람.

사업이 뜻대로 안 되고 성공과 실패가 반복되는 사람.

자동차 사고가 자주 일어나는 사람.

불면증으로 시달리는 사람.

포악한 성격으로 바뀐 사람.

신경질적이거나 짜증을 잘 내는 사람.

폭력을 함부로 휘두르는 사람.

술을 입에 달고 사는 사람.

사치와 낭비가 정도 이상으로 심한 사람.

정량을 훨씬 초과하여 과식하는 사람.

아무리 많이 먹어도 돌아서면 배고파하는 사람.

정도 이상으로 비만인 사람.

도박, 마약에 중독된 사람.

공부하기 싫어하는 학생.

학교에서 아이들과 늘 싸움하는 학생.

공부는 잘하는데 시험만 보면 떨어지는 학생.

취직이 안 되는 사람.

부부싸움이 끊이지 않는 사람.

이혼하였거나 별거 중인 사람.

이혼을 준비 중인 사람.

크고 작은 사고가 자주 일어나는 사람.

자주 미끄러지거나 넘어지는 사람.

임신이 안 되는 사람.

아들을 못 낳는 사람.

기타 정상적이지 않은 말과 행동을 하는 사람 등등이다.

일반적인 사고가 되었든 자동차 사고가 되었든 그것 또한 사람

눈에 보이지 않는 원한 많은 조상님들로 인해서 일어나고 있다는 사실을 알린다.

놀라지 마시라.

자동차에도 원한 귀신들이 살고 있다!

자주 사고 나는 자동차는 한 맺힌 귀신들이 타고 있다.

그래서 목숨을 잃는다.

급발진 자동차 사고!

현대과학으로 밝힐 수 없는 미스터리.

이것이 원한 조상(귀신)들이 일어나게 만드는 사고인데 아직도 그 원인을 밝히지 못하고 있다.

원한 조상님들이 기계를 오작동하게 만들고 있다는 사실을 아무도 인정하지 않고 있다. 급발진 자동차 사고는 귀신들의 해코지로 발생한다.

도로에서 자동차 사망사고가 발생한 곳에는 반드시 교통사고로 비명횡사 당해 죽은 귀신들이 우글거리고 있다.

졸음운전으로 사고 나는 것도 귀신들이 깜빡 졸게 만들어서 일어나고 있는데 수면 부족 때문이라고 생각하고 있다. 인생 살아가면서 각종 질병과 모든 사고로부터 자신을 안전하게 지킬 수 있는 길은 사실 없다.

귀신들이 사람 눈에 보이지 않기 때문이다.

이런 보이지 않는 귀신으로부터 자신의 생명을 안전하게 지키려면 하늘의 보호가 유일한 길이다.

천계의 신명님들이 원한 귀신들로부터 자신의 생명과 안전을 지켜주는 방법 외에는 없다. 가장 확실한 방법은 하늘의 천인이 되어 24시간 동안 천계의 신명님들로부터 자나 깨나 보호받는 길이다.

이것이 하늘이 인류에게 내리시는 가장 큰 축복이다.

귀가 열린 사람들은 하늘이 내리는 명에 따라 남은 인생을 근심 걱정 없이 하늘의 보호를 받으며 살아갈 것이고, 하늘의 백성이나 천인이 될 자격이 없는 사람들은 이 책 내용을 황당하다며 사이비로 몰아 부정할 것이다.

이 책을 읽는 독자들 중에서 책 내용에 대하여 부정적인 사람, 비판적인 사람, 사이비라 하는 사람, 황당하다고 하는 사람들은 하늘의 백성으로 탄생할 수 없다.

이런 생각이 드는 사람들은 이미 하늘 백성의 자격이 없기 때문에 하늘에서 그런 비판적 시각을 갖게 메시지를 보내시어 자미국 자미천궁과 인연을 맺지 못하게끔 하고 있다.

부정적인 사람들은 이곳에 방문하지 않을 뿐더러 설사 방문했더라도 마음이 변하여 인연이 맺어지기 어렵다.

하늘의 백성(천손민족)은 아무나 되는 것이 아니다.

한민족이라고 해서 무조건 하늘의 백성이 아니다.

하늘의 명을 받들어 대우주 천지인 창조주이신 태상천존 자미천황님의 아들딸로 탄생되어야 천손의 후예가 되는 것이다.

천지신명님과 나라조상님들을 받든다고 천손민족인 줄 생각하며 살아가고 있지만 그건 각자의 착각이다.

태상천존 자미천황님의 명에 따라서 하늘 백성으로 탄생한 사람들만이 천손민족이 될 수 있다.

신과 조상님의 존재는 우리 인간의 마음(정신)과 같다.

인간의 마음이 분명히 존재는 하나

'마음'이라는 이 부분은 인간의 눈과 귀에는 보이지도 들리지도 않지만 분명히 존재하고 있다.

이와 같이 신과 조상님.

분명히 존재는 하나 인간의 눈에는 신과 조상님이 보이지 않고, 인간의 귀에는 신과 조상님의 말씀이 들리지 않는다.

하지만 안 보이고 안 들린다 하여 존재 자체가 없는 것은 아니다. 신과 조상님의 존재를 빨리 깨달아 그분들의 뜻에 따르는 자가 인생의 승리자가 된다.

보이지 않고 들리지 않는 천지대능력

불확실한 미래에 대한 공포와 불안, 죽음, 단명, 돌연사, 우울증, 자살, 이혼, 가정불화, 신병, 빙의, 사업실패, 금전고통, 사건사고, 우환, 질병, 비명횡사에 대한 불안 요인들을 제거하여 삶을 편안하게 살아갈 수 있는 행복의 길이 지상 자미국 자미천궁에 있다.

신의 존재와 신의 바람? 조상님과 원한 귀신들이 사람들에게 미치는 영향? 인류가 오랜 세월 갈망했던 육신의 영생과 장생의 방법은? 문제가 주어진 이상 그 답은 반드시 만물의 정기 속에 숨겨져 있다.

하늘의 신과 사람이 하나 되는 천인합체의식을 통해 천인(天人)으로 탄생함으로써 신명들의 소원을 우리 사람이 이루어줌으로써, 인간과 신이 함께 공존공생하는 무릉도원의 이상향 세계 건설이 천지인 모두의 소망이다.

누구나 겪게 되는 길흉사는 모두 예고되어 있었건만 무심코 지나치다 큰 재앙을 당해 불행하게 살아가고 있다.

자연을 무시하고 인간의 고집대로 살아가는 세상이지만 자연에 도전하는 것은 시간과 금전과 정력을 낭비하는 무모한 일이다.

모든 생명체는 때가 되면 죽어야 하지만 죽음 이후의 세상이 어떤지 아무도 모른 채 죽어가고, 죽으면 모든 것이 그만이라는 착각 속에 살아가고 있다.

인간 육신의 몸은 부모조상님의 뼈와 살을 빌려 태어났고, 영혼은 대우주 천지인(天地人) 창조주 태상천존 자미천황님의 은공으로 태어났다.

자신과 배우자, 자식, 형제, 부모의 육신으로 사람들 눈에는 보이지 않지만 신명과 조상님이 들어와 함께 살고 있다. 각자의 삶에 어떤 동반자가 있는가에 따라 인생이 즐겁기도 하고 상상 못할 불행한 일들이 생기기도 한다.

행운의 동반자냐 위험한 동반자냐 그것이 매우 중요하다.

그 동반자가 신명이라면 천인합체의식을 행해야 하고, 조상님이라면 원과 한을 풀어주어 그분들이 원하는 천상궁전 자미천궁으로 보내드려야 살아 있는 사람들이 고통에서 하루빨리 벗어날 수 있다.

반대로 사탄, 마귀, 귀신, 원귀, 악령들이라면 왔던 곳으로 되돌려 보내야 한다.

인간은 보이지 않는 신과 조상님의 기운으로부터 그 어느 누구도 자유로울 수가 없다. 이분들과는 떨어질 수 없는 유착 관계이고 또한 싸워봐야 승산이 없으므로 맞서는 자체가 무모한 일이라 세월과 막대한 금전낭비만 따른다.

사람들은 자존심과 고집 때문에 실패한다.

모두가 천상천하 유하독존이라는 고집을 꺾지 못해 큰 재산 손실과 마음의 상처, 그리고 육신의 불구라는 엄청난 불행의 결과를 낳는다.

인간의 육신은 양이고 모든 신들은 음이다. 인간사에서도 양과 음이 결합되었을 때 조화가 일어나고, 양인 인간과 음인 신이 결합되었을 때 커다란 변화작용이 발생한다.

천둥, 번개, 벼락이 발생하는 것도 음전기와 양전기가 부딪쳐 일어나고, 남녀가 음양합궁을 통하여 아이를 잉태하고, 음선과 양선이 만나야 전깃불이 켜지듯 천지만물의 모든 조화는 음과 양이 결합했을 때만 모든 생명체가 탄생되고 존재하며 소리 나고 변화하고 창조되며 생멸(生滅)을 거듭한다.

그러므로 천지간의 모든 음양 결합은 곧 창조이다!

그러므로 이 책의 내용들은 나의 생각만으로 집필된 것이 아니라 대우주를 창조하시고, 우리 모두의 영혼의 어버이이신 태상천존 자미천황님께서 나에게 계시를 내려주시어 원대한 하늘의 뜻을 수록한 천계의 비결서이다.

이는 내가 잘났기 때문이 아니라 다른 제자들과 달리 보이지 않고 들리지 않는 천령정기와 천지대능력을 태상천존 자미천황님께서 내려주셨기 때문이다.

억조(億兆)에 이르는 수많은 천지신명들 중에서 대우주의 최고신이신 '태상천존 자미천황님'의 지엄한 명을 받아서 하늘의 뜻을 글로 집필한 것이다.

인간의 힘은 미약하지만 하늘의 힘은 위대하시다.

대부분의 사람들이 무조건 부정적 시각으로 하늘세계를 바라보고 신들의 참다운 신비 능력조화를 외면함으로써 상상을 초월하는 불행을 앉아서 당하고 있다.

비명횡사, 사업실패, 금전고통, 질병, 단명, 우울증, 가정불화 등등 불가사의한 불행들이 발생하는 것은 보이지 않는 신과 조상님들의 기운 때문이다.

신이든 조상님(귀신)이든 그 자체만으로는 아무런 조화를 부릴 수 없으며 모든 것은 사람 몸을 매개체로 하여 발생한다.

인간 몸과 하나로 결합될 때 길흉사가 상상을 초월하여 일어나게 된다.

나는 육신으로 있는 잠시 잠깐 동안 하늘과 신과 조상님들의 강력한 메시지를 인류에게 전달해 주고 있을 뿐이다.

또한 태상천존 자미천황님의 인간세계 화신으로서 하늘이 내려주신 무소불위하신 천지대능력의 천권과 천력으로 남북통일과 종교통일은 물론 전 세계를 하나로 통일하여 자미국 연방국가로 귀속시킬 것이다.

모든 종교를 하나로 흡수 통일하여 종교가 아닌 자미천황님의 나라 자미국 자미천궁을 이 땅 위에 세우고, 만 인류와 만 조상님과 만 신명님들의 원과 한을 풀어드릴 지상 무릉도원 세상을 이 땅에 세운다.

제3부

조상님들을 구원한 입천제 사례

벼슬 입천제 올리고 이혼한 남자가

이제 갓 40세가 되는 패기 넘치는 한 남자가 조상 벼슬 입천제의식을 행하는 날이다. 호탕한 목소리와 쾌남형의 얼굴, 화끈한 성격과 좋은 매너까지 겸비한 정치가 스타일이다.

그의 꿈은 국회의원 선거에 출마하여 당선된 다음 광역시장에 출마하여 시장이 된 후 정치수업을 쌓고 대선에 도전하여 대통령 되는 것이 야망이었다.

패기 넘치는 참신한 젊은이였고, 천상세계에 대해서도 해박한 지식을 갖고 늘 하늘에 기도를 드리는 야심가였다. 자신이 천자(天子)이며 미륵이라고, 800여 명을 모아놓고 기자까지 참석시켜 시내 모처에서 선포식을 행했다 한다.

그러나 그는 몇 달 전에 부인과 이혼을 하였다.

이혼 사유는 기가 막혔다.

자신이 어려서부터 꿈꾸어 왔던 이상향의 여자가 본인의 현실로 나타났다. 그랬기에 그 남자는 그 여자를 보는 순간 반할 수밖에 없었다.

겸양지덕과 미모를 겸비했고 수많은 고위정치인과 인맥이 많았으며 각 대학원 과정을 모두 마친 지식인으로서 본인의 왕비 감으로 손색이 없었다 한다.

장모와 부인 앞에서 제발 이혼을 허락해 달라고 간청하게 되었고, 몇 달 동안 장모와 부인을 설득해 결국 합의 이혼을 하게 되었다 한다.

그리고 강남에 아파트 하나를 얻어 그녀와 동거는 하지 않았으나 가족들의 관리대상에서 벗어나 자유의 몸이 되었다.

나에게 사진까지 꺼내 보여주면서 그녀를 칭찬하며 자랑하고 있었다.

티 없이 맑은 40대 초반의 여성이었다. 부인과 처가 식구들은 그를 정신병자로 취급할 수밖에 없었다. 사랑하는 여자가 생겨서 이혼해 달라고 하니 그럴 만도 하였다.

조상님 벼슬 입천제의식을 하기 위하여 비용을 마련해야 했는데 어디 가서 돈을 빌릴 데가 없다 보니 이혼한 부인에게 다시 찾아가 체면 불구하고 자존심 버리며 사정하는 수밖에 없었다.

이혼한 남편이 찾아와 돈을 빌려달라고 하니 부인은 이혼한 남편의 행동에 어이가 없었다 한다.

하지만 남편이 제정신으로 이혼한 것이 아니라는 사실을 아는 부인은 이런 남편이 측은하였다 한다. 혹시 이번 조상님 벼슬 입천제의식으로 남편이 제정신을 찾지 않을까 하는 기대감으로 부인은 남편에게 돈을 빌려주기로 했다 한다.

그러면서 조상님 벼슬 입천제 올리는 비용이 생각보다 많으니 조금 깎자고 부인이 말했단다.

그 말에 남편은,

"하늘, 신, 조상님께 들이는 정성은 물건 사듯 깎는 것이 아니야"라고 부인을 타일러 조상님 벼슬 입천제의식에 필요한 돈을 빌리게 되었다고 뒷이야기를 전해주었다.

덧붙여 부인이 돈을 건네주면서 하는 말이 "당신이 조상님 벼슬 입천제의식을 행하고 당신 제정신만 돌아올 수 있다면 그 돈 하나도 아깝지 않아!"라고 말하며 건네주었다 했다.

그런 우여곡절 끝에 오늘 주인공의 남자는 조상님 전에, 조상님 벼슬 입천제의식과 하늘의 대우주 천지인 창조주이신 태상천존 자미천황님께 의식을 행할 수 있게 되었다.

조상님 벼슬 입천제의식이 진행되었다.

1부 순서가 끝나고 2부.

2부는 조상님과 자손의 상봉시간이다.

조상님 중에서 어떤 조상님이 자손 몸에 들어가 천자(미륵)라고 자청하면서 산 자손의 정신을 모두 지배하여, 산 자손을 제정신이 아니게 만들었는지를 알아보기 위하여 하늘의 명 수행자 사감 몸으로 자손의 몸에 계시는 조상님을 청배하게 되었다.

그러자 그의 조상님께서 사감 몸으로 들어오시어 왜 천자라고 말을 하게 되었는지 자초지종을 말하기 시작하셨다.

천자(天子)!

말 그대로 하늘의 아들이 되고 싶으셨다 하신다.

천자의 본래 어원은 하늘을 대신하여 천하를 다스리는 제왕을 말한다.

어찌 되었든 그의 조상님들은 하늘의 아들(자미천황님의 백성)이 간절히 되고 싶으시어 자손의 몸에 들어와 매일같이 천자 타령을 하시며 세월을 보내고 계셨기에 가족들과 대화도 통하지 않게 되었고 결국 이혼까지 결행하게 된 것이다.

그의 조상님들은 자미국에서 출간된 책을 자손이 보도록 하였다. 자손이 책을 읽는 동안 조상님들께서는 자손의 몸 안에서 "맞아 맞아" 하시면서 맞장구를 치고 있었다.

주인공 남자는 책을 읽으면서 책의 한 구절, 한 구절 내용이 자신의 이상과 똑같아 많은 감명을 받았다 한다. 그러나 알고 보니 이 주인공 남자가 감명을 받은 것이 아니라, 그 자손의 몸 안에 계시는 그의 조상님이 감명을 받았던 것이다.

책을 다 읽은 주인공 남자는 자미국에 방문하여 조상님 벼슬 입천제의식을 행하게 되었다.

그러나 후에 알고 보니, 신문광고에 난 자미국에서 출판된 책을 자손의 눈에 보이게 하여 구입하게 한 것도, 책을 읽게 만든 것도, 감명 받게 한 것도, 자손이 자미국에 오게 된 것도, 돈을 빌린 것도, 벼슬 입천제의식을 올리게 된 것, 이 모든 것이 조상님의 뜻이었다 한다.

대한민국은 물론 지구촌 어디를 가보아도 조상님들에게 벼슬을 하사받게 해주는 의식은 자미국 자미천궁 외에는 어느 곳에도 없다는 것을 그의 조상님들은 알고 있었던 것이다.

조상님 벼슬 입천제의식은 종교단체에서는 감히 행할 수 없는 의식이다. 통치권자 즉, 천상국가 원수(태상천존 자미천황님)만이 영혼들에게 벼슬을 하사해 줄 수 있다.

그의 조상님들은 자손을 데리고 자미국에 들어오시어 꿈에도 그리던 하늘의 아들인 천자로 천상궁전에 다시 태어나시었다.

천계의 높은 벼슬인 재상(총리급)과 도독(장관급)으로 관을 쓰고 입천되시는 영광을 누리시었다.

하늘의 명을 받아 천하를 다스리는 제왕은 아니지만 천상궁전에 계신 태상천존 자미천황님으로부터 높은 벼슬을 하사받아 하늘의 백성으로 다시 태어나시어 소원을 성취하셨다.

벼슬 입천제의식을 행하여 천상궁전 자미천궁으로 올라가서 자미천황님의 아들딸로 다시 태어나셨으니 천자 즉, 하늘의 아들이란 신분을 얻으신 것이다.

영안에 보이는 그의 모든 조상님들 모습은 천상궁전에 입천되시어 너무도 기뻐하며 즐거워했고 파안대소하시는 모습이 텔레비전 화면 보이듯 하였다. 자손은 감동의 눈물을 흘리면서 너무도 후련하고 만족스럽다고 말했다.

조상님 벼슬 입천제의식이 끝난 후, 그의 얼굴 모습은 많이 바뀌었다.

밝은 모습에 한없이 평온함 그 자체였다.

그는 돌아갔고 이틀 후에 전화가 걸려왔다.

하늘의 명 대행자님이신 인황님!

생명의 은혜 너무너무 감사합니다!

저와 가정, 그리고 제 조상님들 모두를 구해 주셨습니다. 이 은혜 영원히 잊지 않겠습니다. 벌어서 100억을 건공(자미국 건립기금)으로 올려드리고 싶습니다.

저는 입천제 올리고 난 바로 다음 날 옷가지를 챙겨서 이혼한 부인과 아이들이 기다리고 있는 집으로 다시 들어갔습니다.

집사람이 너무도 좋아합니다.

어쩜 이런 신기한 조화가 일어날 수 있느냐고 말입니다

그의 이틀 동안 변화된 심경은 이루 다 말로 표현할 수 없을 정도였다. 완전히 딴 사람이 되어 있었고, 마음이 그렇게 편안할 수가 없으며 날아갈 것 같은 기분이라며 좋아했다.

하늘과 조상님들의 조화가 이렇게 신기하다.

집에서 부인과 이혼하고, 자손을 끌고 나간 것은 조상님들이시었고, 제정신 들게 하여 다시 집으로 들여보낸 것은 하늘의 태상천존 자미천황님께서 내리신 천지조화였다.

조상님들이 하늘의 명을 받고, 자손의 몸에서 모두 천상궁전으로 떠나가시자 그가 제정신이 돌아온 것이다.

너무도 명랑하고 자신감에 가득 찬 기분 좋은 목소리였다.

그의 부인이 남편에게 돈을 건네주면서 했다는 말이 생각난다.

"당신이 제정신으로 돌아온다면 그 돈 하나도 아깝지 않아!" 그 말이 씨가 되어 남편이 정말 집으로 돌아왔다.

정말 꿈만 같은 실화 이야기이다.

이 사연은 그가 전해준 말을 그대로 집필한 실화이며 다른 대목들 역시 모두 실제 일어났던 이야기들이다.

조상님들은 천상궁전에서, 자신은 지상 자미국 자미천궁에서 하늘의 백성 즉, 천손의 후예로 다시 태어났다.

짧은 시간 동안에 한 남자와 가정과 조상님을 구원한 감명 깊은 이야기였다.

구원받은 어느 조상님

모든 직계 조상님들을 청배하여 하늘의 윤허로 조상님 입천제의식을 행했다. 오십 중반을 넘어서는 여성은 아직도 결혼을 못하고 혼자 살아가고 있으며 조상님 생각하는 마음이 남다른 사람이었다.

이 여성은 수십 년을 절에 다닌 착실한 불자였고, 절에 다니기 전에는 성당과 교회에도 한동안 다녔다.

입천제의식 진행과정 중 조상님을 청배하면서 또 다른 하늘세계와 영혼세계의 진실을 알게 되었다. 그것은 다름 아닌 인간이 알지 못하는 하늘세계였다.

이 여성은 조상님들을 위해 절에서 수많은 세월 동안 부처님 전에 불공을 아주 열심히 드리면서 조상님들이 생전에 지은 업보를 닦아 드리기 위해 천도재를 수없이 많이 올렸었다.

책을 보고 자미국과 14개월 동안 인연을 맺었지만 이런 저런 이유로 입천제의식을 행하지 못하다가 드디어 오늘에서야 불효자의 신세를 면하게 되었다. 조상님을 청배하여 입천제의식을 행하게 되자 하늘의 말씀이 있으셨다.

하늘에 계신 태상천존 자미천황님께서는,

"전에 다니던 절로, 왔던 길로 되돌아가라"고 진노하시었다.

"너희 조상들에게는 천상궁전의 문을 열어주지 않겠다"고 하시면서 막무가내로 돌아가라 하셨다.

그 이유인즉,

수많은 세월 동안 많은 하늘의 메시지를 보내주었는데도 깨닫지 못하고 절에만 다녔다고 대로하신 것이었다. 이미 죽어 조상이 되었지만 영혼을 잉태시켜 주신 하늘의 태상천존 자미천황님 존재를 몰라보고 부처님 전에만 성불하고 다녔다면서 역정을 내셨다.

조상님들은 힘이 없어 모기만 한 소리로 자손에게 하늘의 말씀을 전해주고 있었다. 태상천존 자미천황님께서 하시는 말씀인즉 이제까지 부처에게 열심히 빌었으니 절에 가서 부처에게 구원받으라고 떠미신다는 것이었다.

난감해서 내가 중재에 나섰다.

영혼의 부모를 몰라본 죄에 대하여 조상과 자손 모두가 하늘의 태상천존 자미천황님 전에 손발이 닳도록 빌라고 가르쳐주었다.

그러자 조상님께서 대성통곡하면서 하늘을 몰라본 죄에 대하여 통한의 눈물을 흘리시면서 잘못을 빌었다.

한 시간을 애절히 울면서 잘못을 빌고 빌자 하늘께서도 진정으로 참회하고 반성하는 조상들의 진심어린 마음을 보시고는 마침내 천상궁전 자미천궁으로의 입천을 윤허하시었다.

조상님은 너무 기뻐 눈물 콧물 범벅이 되었다.

그의 조상님들이 천상궁전 자미천궁으로 오르기 전 자손에게 들려주신 말씀이다.

"스님들이 아무리 불경을 열심히 독송하여도 하늘에서는 문을 열어주지 않습니다.

천상궁전 입궁도 허락해 주지 않기에 조상들은 천상궁전 입구까지 갔다가 다시 자손 몸으로 내려올 수밖에 없었습니다.

이런 지경인데도 스님들이 뭐라 말하는지 그들이 하는 말 좀 들어보십시오."

"이제 모든 조상님들이 극락세계 좋은 곳으로 올라가시었습니다"라고 하면서 의식을 마치니 기가 막혀 미치는 줄 알았습니다.

그래도 분이 풀리지 않으셨는지 한숨을 내쉬면서 분노에 찬 목소리로 하소연하시었다.

"돈이 아깝다. 피땀 흘린 자손의 돈만 갖다 버렸다. 다시는 천도재 올리지 마라" 하면서 신신당부했다. 매번 천도재 올릴 때마다 스님들은 똑같은 말만 되풀이하였다 하면서 어이가 없었다고 했다.

그러던 중 자미국에 인연을 맺어 찾아는 왔지만 절에서 너무 많이 속았던 조상님들은 또다시 속지 않기 위해서 그들 나름대로 자미국은 진짜인가? 가짜인가? 조상님 나름대로 지켜보았다 한다.

혹시 속고 속았던 절의 천도재와 똑같은 것은 아닐까? 하면서… 그 시간이 무려 14개월이나 시간이 걸렸다.

절에서 만난 수많은 동료 영가들은 아직도 절 법당에서 대책 없이 부처님 얼굴만 쳐다보면서 허송세월을 보내고 있다 하면서, 그 영가들을 걱정하고 있었다.

조상영가 구원은 하늘의 태상천존 자미천황님 한 분밖에 하실 수 없다는 사실을 세상 그 어느 누구도 알지 못한다고 하소연하였다.

자신들은 천상궁전에 올라가기에 한없이 기쁘고 좋지만, 그동안 절 법당에 있으면서 함께했던 영가들은 갑자기 없어진 자신들의 존재에 대하여 "어디 갔지? 어디 갔지?" 하면서 궁금해할 것이라 했다.

자손과 절에 인연을 맺기 전에, 자손과 성당과 교회도 나가 보았지만 성당과 교회에 가면 조상들인 우리들을 마귀나 사탄 취급하며 박대하기에 발을 들여놓았다가도 다시 나올 수밖에 없었다고 하면서 하소연하였다.

그 뒤 자손과 함께 절로 가기는 하였지만, 천상궁전에는 오르지 못하고 지금까지 구천세계 자손의 몸 안에 함께 있었다고 하소연하였다.

교회에서는 마귀니 사탄이니 하면서 조상을 박대하여 쫓아내고, 절에서는 극락세계로 보내준다고 거짓말만 시키고…

사실이 이러하다 보니 진짜 하늘이신 태상천존 자미천황님을 찾아오는 시간이 이렇게도 오래 걸렸다고, 죄송하다면서 참회를 하였다.

영혼의 어버이를 몰라본 불효자를 용서하여 달라고 하면서 지난날들을 후회하며 참회의 눈물을 떨어뜨렸다.

이제 모든 종교의 굴레에서 과감히 벗어나 진정한 참하늘을 찾아야 각자 모두와 각자의 조상님들이 구원받을 수 있다.

용감하게 종교에서 벗어난 인생

경남 창원에서 방문한 50대 남자의 이야기이다. 그는 한 사찰에서 오랜 포교사 생활을 하면서, 절의 천도재 의식이 있을 때는 참가를 하여 천도재 일도 도왔다 한다. 수십 년 동안 사찰에 있으면서 그가 사들인 불교서적과 불교용품들, 도교서적들은 1톤 트럭으로 한 차가 된다고 했다.

자미국에서 출간된 책을 읽은 후, 그동안의 모든 불교용품들과 도교서적들을 태웠다고 했다. 그 서적들 중에는 값나가는 3천 페이지짜리 귀중한 불교서적도 있었다 한다.

주인공 남자는 그 많은 분량의 용품들을 태움에 있어서 "혹시 천벌받아 급살로 죽는 것은 아닌가" 하고 잠시 잠깐 두려운 마음이 들기도 하였다.

하지만 책에 있는 태상천존 자미천황님의 존재를 진정으로 인정하며 '태상천존 자미천황님께서 도와주시겠지?'라는 생각을 하고 나니 마음이 가벼워짐과 함께 어떠한 자신감이 몸 안에서 샘솟아 오름을 느낄 수 있었다 한다.

또한 3천 페이지의 책은 너무 두꺼워 태우는 데 시간이 걸릴 줄 알았는데, 태상천존 자미천황님의 보살핌이신지 예상외로 너무 잘 타서 놀라웠다 한다.

맞다. 위대하신 하늘의 태상천존 자미천황님께서 이 땅에 자미국 인황의 육신으로 하강 강림하시었다.

이제 더 이상 어떤 신명도 태상천존 자미천황님께서 행하시는 일에 반대를 할 수 없다. 지금까지는 불교용품, 도교용품, 무속용품, 기독용품들을 함부로 다루고 소각을 시킴에 있어 각자의 인생에 불행이 따랐을지도 모른다.

하지만 위대하신 하늘 태상천존 자미천황님께서 하강하신 지금 이 시간 이후부터는 반대로 불교용품, 도교용품, 무속용품, 기독용품을 지니고 있으면 각자의 인생에 크고 작은 재앙들이 따르지도 모른다.

하늘 태상천존 자미천황님 앞에서는 어떠한 종교도 이제는 통하지 않는다. 오로지 진실만이 통할 뿐임을 각자 모두는 새롭게 상기하여야 한다.

수십 년을 사찰에 몸담아 오면서 절에서 시키는 모든 것들을 진심으로 행하며 기도도 열심히 했지만, 그의 생활은 시간이 지날수록 나아지는 것이 아니라, 그의 생활과 그의 인생은 점점 힘들어져만 갔고 몸도 천근만근이고 그야말로 생활도, 마음도, 육신도, 어느 것 하나도 편하지 않은 답답함과 고통만이 그의 삶에 남았다 한다.

우연한 기회에 그는 자미국 책을 접하게 되었고 그동안의 지긋지긋했던 모든 종교적 고정관념을 과감히 버리고 자미국에 입문하여 자미국의 백성으로 새롭게 태어났다.

절의 사찰에 오래 있었던 그는 자미국을 만나는 순간, 대단한 자미국이 '진짜'인지 '가짜'인지 한눈에 알아볼 수 있었다 한다. 어려운 형편에도 불구하고 그는 조상님을 속히 구원하고자 하는 지극 마음으로 어렵게 돈을 마련하여, 그의 조상님들 모두를 천상세계 자미천궁으로 승천시켜 드리는 조상 입천제의식을 행하였다.

자미국에 인연을 맺고 20일 후에 그는 직계 모든 조상님들을 천상궁전 자미천궁으로 승천시켜 드리는 조상 일반 입천제의식을 동생과 함께 거행했다.

의식 진행 중, 사후세계에 계시는 선친(아버지)의 영혼을 불러 자손과 상봉하는 시간이 되었다. 하늘의 명 수행자 사감의 몸을 빌려 돌아가신 아버지가 오시자 두 형제는 아버지를 부르며 대성통곡하였다.

아버지 임종 때, 두 형제는 아버지의 곁에 없었기에 항상 가슴이 아팠다 한다. 하지만 이제라도 다시 아버지 혼령과 만나게 되자 그동안 맺혔던 서러움들을 부자(父子) 모두는 참지 못했다.

이 광경을 지켜보던 나의 눈가에도 이슬이 맺히었고 끝내는 소리 없는 눈물이 흘러내렸다. 다른 천인들 모두도 함께 울었다.

산 자와 죽은 자의 만남의 시간.

실로 감동적이었고 실로 슬픈 장면이었다.

자손들이 조상님들을 위하여 그동안 수많은 천도재와 굿을 해드렸건만, 조상님들은 천상세계에 오르지 못하고 자손의 몸 안에서 오랜 세월 자손과 함께 생활하고 있었다.

나이 50세에 아버지를 부르며 어린아이처럼 목 놓아 우는 모습이 얼마나 아름다운 모습이던가?

세상에 아름다운 모습이 많다 하지만 자손과 부모의 사랑보다 더 아름답고 값진 장면이 어디 있으랴.

이들의 이 아름다운 마음에 하늘 태상천존 자미천황님께서 어찌 감응 감동 안 하시랴?

하늘 태상천존 자미천황님께서 이들의 마음에 감응 감동하셨는데 어찌 죽은 영혼과 산 자손을 구원 안 하시랴? 하늘 태상천존 자미천황님께서는 독한 사람을 싫어하신다. 또한 모진 마음을 지닌 사람도 싫어하신다.

하늘의 마음처럼 맑고 깨끗한 마음을 지닌 영가와 사람을 좋아하신다. 그러기에 태상천존 자미천황님께서는 맑고 깨끗한 마음을 지닌 영가와 사람만 구원하신다.

태상천존 자미천황님께서는 조상을 몰라보는 자손을 싫어하신다. 자손이 조상을 몰라보고, 조상 귀한 줄을 모르는 것은 인간의 마음이 악마나 사탄의 마음이라 하신다.

태상천존 자미천황님께서는 악마나 사탄은 구원하시지 않는다 하신다. 태상천존 자미천황님께서는 악마나 사탄을 구원하시는 분이 아니다.

맑고 깨끗한 마음을 지닌 죽은 영가의 영혼과 산 사람의 영혼과 육신을 구원하여 주시는 한 치의 오차도 없으신 대단한 태상천존 자미천황님이시다.

"하늘은 스스로 돕는 자를 돕는다" 했다.

각자의 몸에 들어와 불쌍하게 울고 있는 각자의 조상님들이 원하고 바라는 것을 자손들은 행하지 않으면서, 각자의 행복과 부귀영화만 이루려 한다면 그 뜻을 어느 누가 이루어주겠는가?

자기가 세운 인생의 목표를 성취하려거든 몸 안에 들어와 있는 신과 조상님들의 소원부터 이루어드려야 가능한 일이다.

벼슬을 하사받아 천계로 간 조상님

한 중년 남자가 조상 벼슬 입천제의식을 행하는 과정의 일이었다. 사후세계에 계시는 할아버지께서 하늘의 명 수행자 사감 몸을 빌려 하강하시었다.

〈자손〉

"할아버지. 벼슬이 마음에 드세요?"

〈할아버지〉

"나는 하늘의 벼슬을 받을 자격이 하나도 없는데, 이렇게 높은 벼슬을 하늘의 태상천존 자미천황님께서 저에게 내려주시니 감사하고 감사할 따름입니다" 하면서 눈물을 하염없이 흘리셨다.

할아버지는 벼슬 입천제의식을 행해주는 자손을 부여안고 고맙다고 하면서 계속 기쁨의 눈물을 흘리셨다.

하늘의 태상천존 자미천황님께서는 할아버지에게는 재상(정1품. 총리)의 자리를, 할머니에게는 재상부인의 자리를 주시어 천상궁전 자미천궁으로 오르게 해주시었다.

또한 천상궁전으로 입천되어 올라가시는 직계 모든 조상님들 또한 태상천존 자미천황님의 은혜에 기뻐하며, 영혼의 어버이이신 태상천존 자미천황님께 감사하여 "황은이 망극하나이다"라며 일제히 예를 올리고 있었다.

조상님들께서는 자손에게 하늘의 말씀을 전해주셨다.

"불쌍한 우리들을 위하여 벼슬 입천제의식을 행해주어 너무너무 고맙다. 네가 우리들을 지극히 생각하는 그 마음이 하늘 태상천존 자미천황님의 마음을 움직였구나.

너의 착하고 고운 마음에 하늘의 태상천존 자미천황님께서 죽은 우리들에게 하늘의 벼슬을 내려주시니 너에게 고맙고, 태상천존 자미천황님께 감사하여 우리들 모두 몸 둘 바를 모르겠다.

우리들 모두는 지금 이 순간부터 너희들 몸과 산소에 머물러 있지 않고 천상궁전으로 승천한단다.

천상궁전에 오르면 추위와 배고픔 모든 근심걱정이 없어진단다. 그러니 더 이상 산소에 찾아오지 마라. 우리들은 이제 산소에 있지 않을 것이다. 또한 제사도 지내지 마라. 천상궁전에는 인간세상에서 상상도 못하는 그 모든 것들이 다 준비되어 있기에 더 이상 제사 밥 먹으러 찾아가지 않을 것이다.

이제부터는 명절 차례와 제사 그 모든 것을 신경 쓰지 않아도 된다. 그 모든 의식들은 우리들이 천상궁전에 오르지 못하고, 자손들 몸과 허공중천 구천세계 있을 때 필요했던 의식들이었다.

우리들 모두는 꿈에 그리던

그리운 나의 고향

영원한 나의 고향인

천상궁전 자미천궁에 올라 하늘의 백성(천손)으로 다시 태어나기에 그 모든 것들은 이제 아무 소용없으니 이제는 우리 걱정하지 말고 너나 잘 살도록 하여라.

대신에 우리들 제사 안 지내면 형제들끼리 만날 기회가 없어져 서로 멀어질 수도 있으니 가정 화합 차원에서만 지내도록 하여라.

우리 모두는 영혼의 어버이가 계신 천상궁전으로 올라가게 되니 인간세상 아무런 미련도 없단다.

그리고 앞으로의 너의 인생 아무것도 두려워 말고 겁먹지 마라! 너와 우리들 모두는 금일 대능력을 지니신 영혼의 어버이를 만났으니 태상천존 자미천황님께서 앞으로 너의 인생을 지켜주실 것이니 힘내라" 하시는 말씀을 전해주시었다.

할아버지의 긴 말씀을 들은 자손은 조심스럽게 할아버지께 여쭤보았다. "할아버지! 그럼 할아버지는 그동안 어디에 계셨어요?" 라고.

자손의 말을 들은 할아버지는 한 말씀하시었다.

"너의 몸 안에 있었지. 내가 갈 곳이 어디 있더냐.

다른 자손 몸에 찾아가면 잡신 왔다고 우리들을 다 내쫓아버리기에 너에게는 미안하지만 우리들도 어쩔 수 없었단다" 하시는 말씀을 전해주시었다.

자손은 "할아버지, 제 몸에 들어오셔서 뭐하고 계셨어요?" 하고 여쭤 보았다.

할아버지 말씀은 "뭐하고 있긴, 우리들이 왔다는 것을 너에게 쉼 없이 가르쳐주고 있었지. 오랜 세월 우리들의 존재를 가르쳐주는데도 우리들 존재를 네가 몰라주어, 어느 날은 답답한 마음에 네 머리를 한 번 쥐어박았지.

그랬더니 갑자기 골이 깨질 듯 아프다고 두통약 사러 약국으로 쪼르르 뛰어가는 네 모습을 보니 속이 터지기도 하고, 한편 그런 너의 모습이 측은해 보이기도 했단다.

너의 어깨에 올라가 있으면 갑자기 어깨가 무겁다고 아이들에게 어깨 좀 주물러라, 허리도 아프니 발로 밟아라 했지.

가슴에 들어가 있으면 먹은 것이 얹혔나 하면서 소화제를 찾았고, 배에 머물러 있으면 갑자기 배를 쥐어잡고 아프다 하면서 화장

실로 달려갔다.

이 방법 저 방법으로 가르쳐주어도 못 알아들어 하루는 내가 너의 귀에 대고 큰소리쳤더니 누가 내 말 하나? 하면서 귀가 간지럽다고 하고 있으니, 이런 너의 모습을 바라보면서 조상들 모두 답답해 미치는 줄 알았단다" 하시면서 그동안의 사연을 모두 말씀하시면서 눈물을 흘렸다.

계속 이어지는 말씀은

"그동안 너의 인생사의 근심걱정, 네 인생사의 아픔과 슬픔들은 네 마음이 아닌 사후세계에서 방황하던 죽은 우리 조상들의 마음이었다. 이런 우여곡절 끝에 너와 우리들은 영원한 안식처인 태상천존 자미천황님을 만났으니 이 얼마나 큰 영광이고 행운이더냐?

태상천존 자미천황님 궁전에 오르는 자체만으로도 기쁜데, 하늘의 벼슬까지 하사받게 되었으니 너와 나의 영광이고 우리 가문의 영광이다.

그동안 네가 우리들 때문에 참으로 고생 많이 했다.

네 몸에서 우리가 빠져나가니 너의 얼굴은 혈색이 변할 것이고, 너의 아팠던 부위가 모두 건강해질 것이며, 금전고통에서 또한 벗어날 것이니 근심걱정하지 마라" 하시는 긴 말씀을 전해주시었다.

할아버지 말씀에 자손은 눈물을 흘리며 한 말씀 올렸다.

"예, 감사합니다. 할아버지!

천상궁전 잘 올라가시어 영원히 편안하시고 행복하세요.

또한 태상천존 자미천황님의 일등 백성으로 다시 태어나시어 태상천존 자미천황님 사랑 많이 받으세요.

할아버지 축하드립니다.

천상궁전으로 편히 올라가세요!" 하면서 의식은 끝났다.

'조상 벼슬 입천제의식'

태초 이래 지구 역사상 아무도 해내지 못했던 신비의 하늘의식이다. 죽은 영가를 사랑하심에 죽은 영가에게 벼슬을 하사하여 주시는 하늘의 태상천존 자미천황님의 영가 사랑의 마음에 무한한 감사를 드린다.

조상님을 생각하는 자손의 정성이 너무 지극하여 태상천존 자미천황님께서는 그의 조상님들 모두를 천상궁전으로 입궁을 윤허하시었다.

태상천존 자미천황님의 존재를 인정하고 믿는 사람들의 조상님들께만 천상궁전으로 벼슬 입천제의식을 행하여 주신다. 조상님들에게 벼슬(계급)을 하사할 수 있는 특권은 하늘의 화신인 '명 대행자 인황'의 고유 권한이다.

천상궁전 자미천궁으로 입천되는 조상님들에게 태상천존 자미천황님의 화신으로서 벼슬하사의 명을 내릴 수 있는 천권(天權)을 태상천존 자미천황님께서는 인류의 심판자이자 하늘의 명 대행자 인황에게 주셨다.

이 의식은 흉내낸다고 하여 아무나 행할 수 있는 의식이 아니다.

하늘의 명을 받아 하늘의 명대로 집행하였을 때만 이루어지는 아주 귀한 인류 최고 의식이다.

입천제(入天祭)의식도 사회에서나 종교 단체에서는 전혀 알지 못한 하늘의 신성한 의식으로서 태상천존 자미천황님께서 가르쳐 주신 그대로 자미국 자미천궁에서만 행하고 있다.

절에서 행하는 천도재는 영혼들의 명복을 빌어주는 위령 행사이다. 하지만 입천제(入天祭)는 영혼의 명복을 비는 것이 아니라 하늘의 궁전 천상 자미천궁으로 승천시켜 드리는 하늘의 의식을 말한다.

천주교인의 눈물

영혼을 주신, 영혼의 어버이 태상천존 자미천황님이 참부모인 줄 모르고 살아온 죄. 자신을 낳아준 육신의 부모와 조상님들이 세상을 떠났다고 그분들을 사탄, 마귀, 악마로 몰고 박대하여 모두에게 상처를 준 죄.

독자 여러분!

하늘의 참뜻을 모른 채 교리에 얽매여 열심히 종교에 나가 기도를 올리는 각자의 행동, 하늘에 덕을 쌓는 것인지?

악을 쌓는 것인지?

혹시 생각해 보신 적 있나요?

예수님과 하나님(도리천주 천상천감님)전에 열심히 기도를 하며 충성을 맹세함에도 불구하고 각자의 인생과 각자의 가정은 왜 힘들어지는지 각자 모두는 깊이 생각해 보아야 한다.

천지만생만물!

모든 것에는 주인이 있고 뿌리가 있다.

하찮은 미물조차도 출생지가 있고 부모가 있기 마련이거늘, 그 위대한 예수님과 하나님이 어찌 뿌리가 없고 부모가 없었으랴.

태상천존 자미천황님은 산 영혼과 죽은 영혼 모두를 창조하셨고, 이 땅에 천지만생만물 모두를 창조하신 천지만생만물의 어버이이시다.

예수님의 어버이는 하나님이고, 하나님의 어버이는 태상천존 자미천황님이시다. 예수님은 하나님을 어버이라 하고 하나님은 태상천존 자미천황님을 어버이라 부른다.

하지만 그동안은 이 진실을 모르다 보니 많은 성직자들은 하나님의 어버이(태상천존 자미천황님)는 무시하고 그 어버이(태상천존 자미천황님)의 자손(하나님)이 최고인 줄 알고 살아왔다.

결국은 뿌리(태상천존 자미천황님)는 허공에 뜬 채, 열매(예수님, 하나님)만 찬양하였던 것이다.

많은 사람들이 예수님과 하나님을 열렬히 찬양하면 찬양할수록, 예수님과 하나님은 태상천존 자미천황님 전에 죄인이 되어 태상천존 자미천황님 전에 죄송스러워 고개를 들 수 없다는 것이 이 분들의 말씀이었다.

뜻이 이러하다 보니 성당과 교회에서 열심히 기도를 하고, 열심히 찬양을 하여도 각 가정에 복을 주시지 아니하심은 당연한 이치 아니랴.

예수님과 하나님도 이제는 영혼의 어버이가 계신 천상궁전으로 올라가시어 어버이이신 태상천존 자미천황님의 뜻에 동참하기로 하시었다.

우주의 창조주!

우주의 모든 것을 창조하신 분을 말한다.

지금까지는 하나님이라 알고 있었다. 그렇다면 하나님께서는 부처님도 창조하셨단 말이던가?

말이 맞지 않는다. 우주의 창조주란?

누구는 창조하고, 누구는 창조 안 하고…

이런 분은 창조주가 될 수 없다.

창조주란!

우주의 천지만생만물 이 모두를 창조하신 분을 말한다.

부처님도 미륵님도 영혼의 어버이가 계신 천상궁전으로 오르시어 태상천존 자미천황님의 뜻에 동참하고 계신다.

예수님, 하나님, 부처님, 미륵님, 이 모든 분들은 이제는 서로 대립의 관계가 아닌, 서로 협력자의 관계로 어버이이신 태상천존 자미천황님의 뜻에 따르기로 하시었고, 태상천존 자미천황님의 존재를 이 땅뿐만이 아니라 세계만방으로 태상천존 자미천황님의 진정한 존재를 전파하고자 여념이 없으시다.

그러하다 보니 지상 자미국 자미천궁은 더 이상 종교가 될 수 없다. 우주의 태상천존 자미천황님을 중심으로 하여 태상천존 자미천황님의 자손들이신 하나님, 예수님, 부처님, 미륵님, 이 모든 분들이 자미국으로 다 내왕을 하고 계시니 어찌 종교의 뜻을 펼 수 있으랴.

본론으로 들어가 하루는 예약 후 착실한 천주교인이 방문을 하였다.

그의 어머니는 고인이 되셨지만,

그는 어머니 때부터 성당에 열심히 다닌 모태신앙의 신자였다.

그의 나이는 70세를 넘었다.

그는 70년이라는 시간 동안 열심히 성당에 다녔다고 했다.

수시로 신자들의 미사를 봐주고 있다고 했다.

엄마의 뱃속에서부터 시작하여 이 세상에 태어나 칠십 평생의 인생을 성당에 몸과 마음을 바친 천주교 신자!

그러던 어느 날 그의 인생에, 그의 마음에 이변이 일어났다.

자미국에서 펴낸 책을 구입하여 두 번 읽은 후 칠십 평생 지녔던 그의 신앙은 그의 가슴에서 송두리째 무너졌다.

이제까지 세상 그 어느 누구도 알지 못했던 하늘과 조상님의 진실 부분이 책 속에 낱낱이 밝혀져 있었기 때문이다.

주인공 남자는

"내가 찾던 곳을 이제야 찾았구나!" 하면서 예약을 한 후 방문을 하였다. 한 가문의 직계 조상님 모두를 청배하여 영혼의 어버이가 계신 천상궁전 자미천궁으로 보내드리는 의식이 거행되었다.

이미 이 세상을 떠나신 조상님들은 많이 계셨지만 그 많은 조상님들 중에 남자 주인공은 엄마가 가장 그립고 보고 싶다 했기에 자손이 가장 보고 싶어 하던 어머니의 혼령을 청배하였다.

드디어 자손과 어머니의 만남이 이루어졌다.

눈물 없이는 볼 수 없는 감동의 드라마가 시작되었다.

49세 되던 해.

갑자기 세상을 떠나신 어머니!

그 가족들은 60세 이전에 암과 급살, 간질병, 췌장암으로 4촌까지 포함해 20여 명이 세상을 등졌다.

이제 70세를 넘은 천주교 신자는 하늘의 명 수행자 사감의 몸을 잠시 빌려 오신 어머님의 영혼과 만날 수 있었다. 70세가 넘은 나이임에도 불구하고 어머니가 오시자 자손 본연의 모습으로 돌아가 그는 부모 앞에 아이가 되었다.

우리 모두는 부모 앞에서는 나이에 상관없이 모두 아이가 되나보다. 어머님의 손을 부여잡고 어머님을 하염없이 부르며 목이 메어 흘리는 칠순 노인의 눈물.

그의 어머니 또한 할아버지가 다 되어버린 자손의 손을 부여잡고 대성통곡하며 눈물을 흘리시었다.

아들은 눈물을 흘리며 어머니께 한 말씀 드렸다.

"어머니!

어머니께서는 살아생전 하늘의 뜻을 잘 따르시고 착하게 살았기에 천상궁전에 올라가 계시지요?

제 말이 맞죠?

어머니는 분명히 천상궁전에 올라가 계시죠?"

아들의 질문에 어머니는 대답하셨다.

"내가 천상궁전에 올라가 있다면 사랑하는 내 아들을 어찌 안 도와주고 있겠느냐?"

〈아들〉

"아니 어머니는 평생을 성당에 다니셨는데 왜 못 올라가셨어요? 왜 못 올라가고 계세요?"

〈어머니〉

나도 살아생전에는 예수님, 하나님 열심히 믿으면 죽어서 바로 천상으로 인도되어 올라가는 줄 알았는데 죽어 보니 그게 아니야.

천상궁전 자미천궁에 들어가려면 갖추어야 할 천상법도가 따로 있더라.

그곳에 주인이시고 우리 모두 영혼의 어버이이신 태상천존 자미천황님의 입궁허락이 있기 전까지는 못 올라가.

그리고 살아생전에 죄업이 있으면 절대 올라갈 수 없는 곳이 천상궁전 자미천궁이란다.

반드시 태상천존 자미천황님께서 우리들의 살아생전 모든 죄를 용서하시고 사면령과 함께 입천 윤허가 내려져야만 올라갈 수 있는 곳이다. 그러기에 우리들 마음대로 천상궁전 자미천궁에 오르고 싶다 하여 우리들 마음대로 오를 수 없는 궁전의 법도가 있더라.

그리고 나 역시도 살아생전 예수님과 하나님을 섬긴다는 이유로 조상님들을 사탄, 마귀, 악마라고 박대하였기에 그 죄에 대한 심판을 받고 있었어.

죽어 보니 하나님께만 충성한다고 되는 것이 아니야.

또한 죽은 영가들 모두가 오르고 싶어 하는 그 세계의 주인은

우리가 알고 있는 예수님, 하나님이 아니라 태상천존 자미천황님이 주인이라 하시니, 사후세계에서 알게 된 이 사실에 모든 영가들은 기가 막혀 해.

죽어보니 육신을 주신 육신의 부모를 몰라 본 죄, 영혼의 주인을 바로 알지 못한 죄… 그 죄들에 대해 심판을 받고 있었어.

〈아들〉

그럼 그동안 어디에 계셨어요?

〈어머니〉

나는 먼저 돌아가신 조상님들과 함께 네 몸에 오랜 세월 들어가 있었단다.

고생 많았다.

네 덕분에 모든 조상님들이 천상궁전 자미천궁으로 올라가게 되어 천만다행이구나.

조상 입천제의식을 행해주어 참으로 고맙다.

아들아~!

태상천존 자미천황님은 우리가 알고 있던 하나님이 아니시라, 그 위에 계신 하나님의 아버지셨어. 그러니까 예수님께는 족보상으로 할아버지가 되시는 분이시지.

어찌 됐든 나는 네 덕분에 살아생전에 지은 나의 모든 죄들을 오늘 태상천존 자미천황님께서 모두 사면해 주신다 하니 천만다행이다.

또한 나와 함께 너의 모든 조상님들도 네 정성 덕분에 천상궁전으로 올라가게 되니 너무너무 기뻐 눈물이 멈추질 않는구나.

〈아들〉

참 어머님은 무엇 때문에 일찍 세상을 떠나가셨는지요?

〈어머니〉

묻지 마라!

그것 또한 영혼의 어버이를 몰라본 죄였다.

하늘의 태상천존 자미천황님께서 행하신 일에 대하여 감히 내가 따질 수는 없는 법.

그 모든 것이 하늘의 뜻이었으니 더 이상 궁금해하지도 말고 알려고도 하지 마라. 그래도 내가 너를 깨닫게 하여 지상 자미국 자미천궁까지 데리고 오지 않았더냐?

천상궁전 자미천궁이란!

천상궁전의 주인 허락 없이는 어느 누구도 함부로 오를 수가 없는 곳이란다. 살아생전에 예수님과 하나님 믿는다고 갈 수 있는 곳이 아니란다.

아들아!

어찌 됐든 너와 나는 진정한 하늘 태상천존 자미천황님을 이제라도 만났으니 이 얼마나 큰 축복이더냐.

나는 오늘 일자로 천상궁전 자미천궁의 백성으로 다시 태어나고, 너는 지상의 자미국 자미천궁의 백성으로 다시 태어나게 되었으니 너와 나 우리 가문은 이제 살았구나.

너와 나 우리 가문을 이제부터는 하늘의 태상천존 자미천황님께서 지켜주실 것이란다.

〈아들〉

어머니!

저는 어머니께서 생전에 평생을 성당에 다니셨기에 천상궁전으로 올라가시어서 편히 계신 줄만 알았습니다.

깨닫지 못한 불효자를 이제라도 용서하십시오.

이제는 천상궁전 자미천궁 올라가시어서 모든 조상님들과 편히 지내십시오.

안녕히 올라가십시오.

– 이상 –

어머니가 들려준 말씀을 통하여 아들은 그동안 몰랐던 하늘의 새로운 진실을 알게 되었다.

평생을 성당에 다니셨으니 돌아가시면 당연히 천상궁전에 올라가는 줄 알고 살아왔던 인생, 죽으면 모든 것이 끝인 줄 알고 살아왔던 지금까지의 잘못된 인생에 부끄럽다 하면서 하늘의 참 진실 앞에 그는 환희의 눈물을 흘렸다.

그는 조상입천제의식이 끝난 후, 그동안 본인 인생의 평생 짐이 되었던 종교의 무거운 짐을 훌훌 벗어버렸다. 그는 오늘부터 하늘의 백성으로 다시 태어났다. 이와 함께 그의 인생도 새로워질 것이다.

주인공 남자의 조상 구원의식은 실로 감동적이었다. 조상 입천제의식을 행한 후 45일이 지난 후 어느 날, 주인공 남자는 자미국 계좌로 거금의 건공(건립기금)을 보냈다.

주인공 남자의 형편이 어렵다는 것을 나는 이미 알고 있었기에 뜻밖에 올린 거금의 천공에 의아해 전화를 걸어 어찌 된 영문인지 물어보니 주인공 남자의 말은

"뜻하지도 않았던 행운의 돈이 생겼어요" 하면서 싱글벙글했다.

뜻하지도 않았던 행운에 본인 스스로도 너무 기쁜 나머지 어안

이 벙벙하여 정신을 차릴 수가 없다고 말하는 것이었다.

또한 주위에 알고 지내왔던 한 사람이 갑자기 돈을 빌려줄 테니 슈퍼마켓이라도 해보라고 권유를 해왔다고 하면서, 반복되는 행운에 너무 기쁘고 너무 신기해 어찌할 바를 모르겠다고 기쁨의 마음을 전해왔다.

또한 주인공 남자는 너무 감동하여 "하늘 태상천존 자미천황님의 천지조화가 이렇게 대단 할 수가 있느냐"고 감탄하며 반문해 왔다.

칠십 평생을 성당에 다녀보았지만 이처럼 기분 좋은 일은 없었다 한다. 자신의 마음은 자나 깨나 항상 자미국 자미천궁 생각밖에 없다 말하면서 자신에게 그 높은 하늘세계를 깨닫게 해주고, 자신의 모든 조상님들을 구원해 준 은혜 평생 잊지 않겠다며 감사의 말을 전했다.

지금 현재의 마음은 너무나 편안한 상태이고 아무런 근심걱정이 없는 상태라고 하면서 자미국 자미천궁과 인연 맺은 것을 너무나 큰 영광으로 생각한다고 했다.

종교의 노예에서 과감히 벗어난 그의 용감한 결단에 박수갈채를 힘차게 보내며, 자미국 자미천궁 백성으로의 입문을 진정으로 축하한다! 항상 태상천존 자미천황님의 보호하에 하루하루 기쁨 가득한 날이 될 것이다.

나는 누구인가? 석가모니 부처님

큰 스님께서 태상천존 자미천황님 전에 조상 입천제의식을 행하는 날이다. 책의 내용 하나하나 모두는 스님 스스로가 오랜 세월 늘 가슴속에 그려왔던 이상향의 무릉도원 세계와 똑같아 깜짝 놀랐다고 했다.

나이 72세. 15살의 나이에 출가하여 57년간 불도에 몸과 마음 모두를 담고 계신 큰 스님이다.

57년의 세월 동안 일구월심으로 부처님을 모시고 부처님의 뜻을 전파하며 조상영가 구원의식(천도재)을 행하면서도 본인 스스로의 마음은 항상 허전하였다 한다.

57년의 세월을 보이지 않고 들리지 않는 세계의 그 무엇을 찾고자 스스로 노력도 해보았지만, 스스로의 힘으로는 '그 무엇인가'를 찾을 수가 없었다 한다.

하지만 마음 안에서는 항상 '일반세계에 알려져 있는 부처님의 이 뜻이 전부가 아닐 것이다. 분명히 숨겨져 있는 높은 어떠한 뜻이 있을 것이다' 하면서 살아오던 중에 자미국에서 출간된 책을 보는 순간, 본인 가슴에 수십 년 의문으로 남아 있던 모든 문제들이 순서대로 풀리는 시원함을 느꼈다 한다.

조상님들을 구원해 주실 수 있는 분은 부처님이 아니라 만생만물의 창조주 태상천존 자미천황님이시며, 인간의 생사여탈권을 행사하실 수 있는 분도 하늘의 태상천존 자미천황님이시라는 부분에 공감하셨다 하신다.

어서어서 온 국민들 모두가 하늘세계와 조상님세계의 진실에 대하여 새롭게 깨달아야 한다고 강조하셨다.

큰 스님께서는 조상 입천제의식을 행한 후 1년의 시간이 지난 어느 날 전화를 하시었다. 책을 택배로 보내달라고 주문하시면서 3월 16일 방문하시겠다고 말씀하셨다.

그리고 다음 날 아침 다시 전화를 하시었다.

3월 16일 날, 천인합체의식을 행해 달라고 당부를 하시면서 자미국 계좌로 신명과 하나 되는 천인합체의식 비용을 송금하시겠다고 하셨다.

58년 동안 불문에 입문하여 부처님 뜻을 펼치신 큰 스님이 하늘 자미천황님의 황명을 받겠다고 스스로 전화를 하시니, 이 또한 보이지 않는 태상천존 자미천황님의 대단한 하늘 능력이 아니시던가?

이 큰 스님의 마음을 감히 어느 누가 움직일 수 있단 말인가?

예수님도, 하나님도, 상제님도, 그 밖의 어느 신도 감히 이 큰 스님의 마음을 움직일 수 없었다. 위대하신 하늘 태상천존 자미천황님이시었기에 가능한 일이었다.

조상님 입천제의식을 행하는 날, 천인합체의식을 행하는 날 큰 스님께서는 부처님 전이 아닌 태상천존 자미천황님 전에 예의 바르게 인사를 올리며 지극정성을 다하였다.

그날의 큰 스님의 모습과 행동들은 하늘 태상천존 자미천황님을 감응 감동시킴에 조금도 부족함이 없었다. 큰 스님의 모습은 참으로 멋지고도 아름다운 하나의 장면이었다.

스님께서는 58년 동안 불법의 도를 닦으면서 항상 내 자신이 누구인지 궁금하였다 한다.

내 자신이 도대체 누구이기에 인간세상 태어나 남들처럼 평범하게 못 살고 어려서부터 남들과 다른 삶을 살아야만 했던 것일까?

나는 도대체 누구인가?

내 안에 숨은 또 다른 나는 도대체 누구란 말인가? 내 안에 숨어서 나의 일평생을 부처님 전에 희생하고 있는 이 인물은 도대체 누구일까?

누구일까? 누구일까? 이 누구일까?라는 의문은 스님 인생에 꼬리표가 되고 족쇄가 되어 일평생을 따라다녔다 한다.

하지만 이 의문에 대한 답변을 세상 어디에서도 찾을 수 없어 답답한 마음 한두 해가 아니었다 한다.

오랜 세월, 자나 깨나 불법에 수행정진하면서 나 자신의 '신명'을 찾을 수 없었던 큰 스님!

천상궁전에 있는 자신의 신명은 도대체 누구인지, 이 세상을 떠나기 전에 반드시 알고 이 세상을 떠나고 싶다 하였다.

평생의 의문점을 풀기 위한 큰 스님의 천인합체의식!

과연 하늘께서는 스님께 어떤 명을 내리실지 주인공인 스님과 나, 천인합체의식에 동참한 천인들 모두는 굉장히 궁금했다.

함부로 추측할 수는 없지만 대신명님이 하강하실 것 같은 예감이 들었다.

성철스님을 능가할 뿐 아니라 원효대사, 서산대사, 사명대사, 의상대사, 진묵대사도 능가할 정도의 엄청난 천상신명님이 하강할 것이라는 예감이 들었다.

모든 것은 태상천존 자미천황님의 고유 권한이시기에 태상천존 자미천황님께서 큰 스님에게 어떤 명을 내려주실지 그것은 태상천존 자미천황님의 마음이시다.

태상천존 자미천황님의 명을 받기 전까지는 어느 누구도 함부로 말할 수 없는 부분이다. 함부로 말할 수는 없지만, 여하튼 불교계에 대개벽이 일어날 것 같은 예감이 들었다.

하늘의 명을 받는 천인합체의식의 시간이 되었다.

고귀하고도 존귀하신 하늘 태상천존 자미천황님의 명을 받을 수 있음은 산 자손이나 천상의 신명, 이 모두에게 엄청난 행운이 따르는 존귀한 의식이다.

태상천존 자미천황님께서는 아무에게나 하늘의 명을 내려주시지 않는다. 큰 스님과 나, 천인들 모두는 태상천존 자미천황님의 명을 기다리고 있었다.

긴장이 감도는 엄숙한 분위기의 시간 속에 태상천존 자미천황님의 명은 큰 스님에게 내려졌다. 스님과 천인합체를 하실 분은 다름 아닌, 석가모니 부처님이셨다. 석가모니 부처님께서는 오랜 세월 큰 스님의 몸 안에서 고행의 세월을 보냈다.

석가모니 부처님께서는 하늘 태상천존 자미천황님의 존재를 이 땅에 전하고자, 스님의 몸 안에 숨어 스님과 함께 소리 없이 고행의 세월을 보내고 있었다.

석가모니 부처님께서는 하늘 태상천존 자미천황님의 존귀하심을 알고 몸주 큰 스님을 깨우치게 하여 지상 자미국 자미천궁으로 인도하였다 하셨다.

부처님께서는 영혼의 어버이인 태상천존 자미천황님의 명을 받게 되어 매우 기쁘다 하시면서 이제부터는 불법이 아닌 하늘 태상천존 자미천황님의 천상법도를 펼치시겠다고 맹세하시었고, 석가모니 부처님께서 한 말씀하시었다.

"나는 살아생전에 종교를 만들어, 나를 불교의 주인으로 모셔 달라 말한 적 없었는데, 나의 제자들이 나의 참뜻을 몰라보고 불교를 세워 나를 불교의 주인으로 수천 년의 세월 동안 세워줌이 고마운 것이 아니다.

나는 너희들의 잘못된 행동으로 인하여 나의 아버지인 태상천존 자미천황님을 능멸한 죄가 되었기에 너희들로 하여금 나는 태상천존 자미천황님 전에 죄인이 되었도다.

하지만 나의 몸주(큰스님)가 오늘 이렇게 태상천존 자미천황님의 진정한 존재를 깨닫고 하늘(태상천존 자미천황님)의 명을 받으러 찾아와 주어 너무너무 고맙다.

나는 오늘부터 인간세계에 알려져 있는 석가가 아니니라.

나는 오늘 일자로 나의 아버지가 계신 천상궁전으로 승천하여 하늘의 자손으로 새롭게 태어날 것이고, 나의 몸주(큰스님)의 몸으로 새롭게 태어날 것이다.

새롭게 태어나는 나에게 하늘 태상천존 자미천황님께서는 새로운 하늘의 이름을 주셨다. 태상천존 자미천황님께서 나에게 주신 새로운 하늘의 이름은 석가가 아닌 '천상천가'이니라.

나는 이제부터 하늘의 '천가'가 되어 하늘을 찬양하고 태상천존 자미천황님을 찬양하는 역할을 할 것이다. 불교라는 것은 원래부터 내가 만든 것이 아니었다.

인간인 너희들이, 너희들 스스로 만들었으니 만든 너희들이 너희들 스스로 멸하도록 하여라. 모든 것은 만든 이가 소멸해야 하는 것이 천지자연의 이치가 아니더냐.

너희 인간이 만든 종교의 굴레에 인간 스스로가 갇혀 종교의 노예가 되지 말고, 인간 스스로 멸하여 종교의 굴레에서 벗어나 진정한 영혼의 주인이신 하늘을 찾아 삶의 질곡에서 벗어나도록 하여라.

종교의 굴레에서 벗어나야 진정한 뜻을 볼 수 있게 되고, 진정한 각자 본연의 모습을 찾을 수 있게 되어 각자의 인생이 빛나게 된단다.

나는 이제 오늘 일자로 나의 본 고향, 나의 어버이가 계신 나의 영원한 고향, 천상궁전으로 승천하여 하늘 태상천존 자미천황님의 뜻에 동참할 것이고, 내 몸주(큰 스님)의 몸으로 내왕하면서 하늘의 진정한 뜻을 만 세상에 펼칠 것이니 그리 알아라"라고 하시는 하늘의 말씀을 전해주시었다.

큰 스님께서는 작년 음력 1월 28일에 조상 입천제의식을 행했다. 오늘은 음력 1월 27일.

조상 입천제의식 이후 정확히 만 1년이 되는 오늘 천인합체의식을 행하게 되니 이것 또한 하늘 태상천존 자미천황님께서 스님에게 내려주시는 천지조화가 아니던가?

억지로 날짜를 맞춘 것도 아닌데, 하루의 차이도 없는 만 1년이라는 시간을 맞추어 천인합체의식을 행하니 이것 또한 신기한 일이었다.

천인합체의식을 행하면서 1년 전 천상궁전 자미천궁으로 입천되신 조상님들께 벼슬도 하사하여 드렸다.

1년 전에는 스님께서 금전의 형편이 안 좋아 조상 입천제의식을 행함에 있어 벼슬 입천제의식이 아닌, 하단 입천제의식을 행했다.

하지만 오늘은 천인합체의식을 행하기에 태상천존 자미천황님께서는 조상님들께도 하늘의 벼슬을 내려주셨다.

자손이 하늘의 태상천존 자미천황님의 천인으로 탄생하니 당연히 조상님들도 하늘의 하단백성에서 하늘의 특단천손(백성)으로 다시 태어나게 되는 것이다.

각 조상님들에게 하늘의 벼슬을 하사하는 시간이 되었다.

하늘께서 주신 하늘의 벼슬의관을 갖추어 입고 하강하신 본인의 조상님들 모습을 모두 영안으로 보았다고 하시면서 신기하고도 마음이 너무 뿌듯하다 말했다.

큰 스님은 영안이 열려 신과 조상을 자유자재로 보게 되었고, 기쁨을 감추지 못하였지만, 큰 스님의 조상님들 모두도 하늘의 벼슬을 하사받으심에 기뻐하시는 모습이다.

자손인 큰 스님과 영가인 조상님들 모두가 천상지상에서 싱글벙글 기뻐하시고, 석가에서 하늘의 '천가'가 되신 신명님도 기뻐 싱글벙글 모두가 정신이 하나도 없다.

이와 같이 하늘 태상천존 자미천황님의 명으로 진행되는 조상입천제의식과 천인합체의식은 인간의 상상을 초월하여 현실로 이루어지고 있고, 인간, 조상, 신명 모두가 기쁨을 함께 느낄 수 있는 하늘의 신성한 의식이다.

도대체 종교란 무엇이란 말이던가?

한 여인이 어린 딸아이 하나를 데리고 방문을 했다.

어찌 된 영문인지 물어보니, 그냥 발길이 이곳 자미국으로 옮겨져 왔다고 말했다. 먼 지방에서 왔을 때 저 여인의 마음은 과연 어떠했을까?

친견을 하는 동안도 훌쩍거리며 눈물을 흘리느라 정신이 하나도 없다. 이 먼 곳까지 갑자기 오게 된 이유를 여인 스스로도 잘 모르고 있었지만, 나는 알고 있었다.

그 여인의 몸에는 조상님이 있었다. 도교단체에 20년째 다니고 있다 한다. 모든 재물과 인생, 시간을 헌신하다 보니 이제는 월세방 사는 인생이 되었다 한다.

도교에 다니는 동안 생활은 초라할 정도로 비참해져 갔지만 상제님을 배신하면 벌받는다고 하였기에 쉽게 빠져나올 수가 없었다고 한다. 도교단체에 있는 동안 조상님을 위한 제를 많이 올려드렸지만 그 여인의 조상님들은 아직도 자손의 몸 안에 있는 상태였다.

자손의 몸을 통하여 자미국까지 찾아온 그 여인의 조상님들은 그동안의 설움에 눈물을 흘리고 있었고, 눈물은 통곡으로까지 이어졌다. 그 여인과 조상님만 우는 것이 아니었다.

그 여인의 어린 딸도 함께 울고 있었다. 어린 딸의 몸 안에도 조상님들이 들어와 있는 상태였다. 어린 딸아이의 눈물은 방울방울 방석 위로 떨어지고 있었다. 산 자손과 죽은 조상님 모두가 불쌍하고도 가련한 모습이었다.

산 자손은 산 자손 나름대로 그동안 20년의 시간 동안 일심으로 도교단체에 헌신을 하였건만, 그런 그에게 남은 것은 가난과 배신, 몸의 질병밖에 없었다.

또한 정신까지 지금은 정상이 아니다 보니, 오랜 세월 부인의 행동에 용서를 하였던 남편도 이제는 더 이상 지겨워서 못 살겠으니 어서 집을 나가라고 한 상태라면서 자신의 인생을 어떻게 하면 되느냐고 엉엉 울었다.

또한 그 여인의 몸 안에 있는 조상님들은 조상님들 나름대로, 본인들의 고통에 눈물을 흘리고 있었다. 매번 좋은 곳으로 보내준다고 하여 기대를 했었지만, 매번 그들에게 배신을 당했던 조상님들의 심정은 오죽하랴?

도교단체에 대한 배신감으로 산 자손과 그의 조상님 모두는 자미국 자미천궁의 태상천존 자미천황님 앞에서 그동안 참았던 눈물과 설움, 분노를 참지 못했다.

도대체 종교란 무엇이란 말이던가?

인간구제인가? 인간파멸인가?

조상구원인가? 조상파멸인가?

신명구원인가? 신명파멸인가?

말로는 "인간구원, 조상구원, 신명구원"을 외치고들 있는데,

종교의 선각자들이여!

그대들은 인간이기에 인간의 모습을 볼 수 있지 않은가?

그대들의 신도들이, 그대들의 중생들이, 그대들의 도인들이,

아프다 말하고 있고, 아프다 울고 있지 않은가? 집도 없어 오갈 곳이 없다고 울부짖고 있지 않는가?

그대들의 말이 진실인 줄 알고 믿고 따르다 보니 그대들의 말을 들은 그들 모두는 지금 정신도, 이상도, 희망도 모두 잃어 정신의 불구자가 되어 있다.

불쌍한 저들을 도대체 이제는 어찌할 것인가?

가련한 저들을 도대체 어떻게 할 것인가?

저들 모두는 행복할 권리가 있다.

이제는 그들 모두에게 행복과 건강, 이 모든 것을 돌려주어야 한다. 또한 그대들로 인하여 신과 조상들도 배신의 상처를 받았도다.

육신의 몸을 버리고 춥고 배고픈 구천세계에서 고생하며 천상궁전에 오르고자 애쓰고 있는 불쌍하고도 가련한 영가들에게 더 이상 아프게 하여 상처주지 말고, 진실에 귀를 기울여 진정한 하늘, 신, 조상의 뜻대로 행하여 인간파멸, 조상파멸, 신명파멸이 아닌, 인간구원, 조상구원, 신명구원의 길에 앞장서자.

인생의 행복을 꿈꾸는 자.

종교의 굴레에서 과감히 벗어나야 한다.

인간이 만든 종교의 굴레에 인간 스스로가 갇혀 각자의 인생을 가두고, 각자의 조상들을 종교에 가두고 있도다.

종교에서 과감히 벗어나는 인생.

그것이 바로 행복한 인생의 지름길이고 종교에서 과감히 벗어나는 영혼이 태상천존 자미천황님의 구원을 받을 수 있는 지름길이다.

이 여인과 이 여인의 조상님들은 세상을 향하여 절규의 소리로 외치고 있었다.

"세상사람들아! 또한 구천의 영혼들아!

우리 이제 더 이상 종교의 세계에 속박되어 배신의 아픔으로 괴로워하지 말고, 아파하지 말자~"

자신을 찾아주지 않자 화난 신

사업을 하는 30대 후반의 미혼 여성이 조상님 입천제의식을 행하는 날이다. 4일 전에 방문하여 친견을 하였던 이 여인은 자미국에 오기 전 자궁 선근종증, 혈액순환 장애로 인하여 4번의 수술을 받았고, 사업과 인생의 굴곡으로 인해 굿도 10번 이상을 했다 한다.

인생의 짧은 시간에 비하여 이 여인의 인생사 사연은 그야말로 한 편의 드라마 인생 같았다.

광고업의 일을 하고 있었던 그녀.

성공과 실패의 연속이었다. 30대 초반의 나이에 수십 억을 벌어도 보았다. 하지만 벌면 뭘 하나. 소리 소문도 없이 날아가 버리는데.

전국에 유명하다는 점집과 절을 모두 찾아다니며 그들이 권하는 굿과 천도재는 모두 다 해보았지만, 몸과 사업은 갈수록 태산이었다.

또한 무당집에서는 신이 왔으니 신을 받아 무당이 돼야 한다는 말도 들었다 한다.

하지만 이 여인은 다른 것은 몰라도 무당되기는 죽기보다 싫었다 한다. 굿으로도 안 되고, 천도재로도 안 되고, 신은 받기 싫고 고민이 이만 저만이 아니었다 한다.

그런데 한 달 전부터는 매일 밤 이 여인의 꿈에 "하늘의 부름을 받고 너를 데리러 왔다"라고 하면서 누군가 매일 자신을 데리러 온다면서 너무너무 무서워 견딜 수가 없다고 하소연하면서, 자신은 꼭 죽을 것만 같다고 여인 스스로가 말하고 있었다.

이 일들을 어떻게 해야 하나?

고민을 하던 중에 자미국에서 출간된 책을 우연히 본 후 예약을 하여 4일 전에 친견을 하고 오늘은 조상님들을 천상궁전으로 보내드리는 입천제의식을 행하는 날이다.

자미국에 방문을 하려고 집에서 준비를 하고 있는데, 누군가가 자신에게 "가지 마, 가지 마" 하였다 하는 것이다.

그 소리를 들은 여인은 잠시 잠깐 마음속으로 갈등을 하였다 한다. '갈까?' '가지 말까?' 하고.

잠시 망설이던 여인은 결심을 한 후 혼잣말로 되 뇌였다 한다.

"아무리 못 가게 나를 잡아도 오늘은 소용없어,

나는 갈 거야, 그러니 네가 양보해" 하면서 자미국에 왔다고 하면서 자꾸만 누군가가 자신을 쫒아다니면서 자신의 삶과 자신의 인생을 괴롭힌다고 말했다.

또한 이 여인은 다른 사람과 달리 지혜와 예감이 적중하는 신비한 능력이 있었다.

20대 후반에 사업을 시작하였는데, 누구의 도움인지는 몰라도 누군가가 자신의 몸 안에서 자신을 돕고 있다는 생각이 들었다고 했다.

이 존재를 찾고 싶어 많은 무당집과 절의 스님들을 찾아가 보았지만 이 보이지 않는 존재를 찾을 수가 없었다고 하면서, 이 존재에 대하여 무척 궁금하다 했다.

굿을 하러 가면 자신 몸 안의 신이 쉽게 나가지 않는다면서 무당들이 "잡귀 물러가라" 하면서 자신의 몸을 인정사정없이 때리는데도 정작 본인은 하나도 아프지 않았다 한다.

이런 우여곡절의 사연을 가진 이 여인이 오늘 태상천존 자미천황님 전에 본인의 조상님을 위하여 벼슬 입천제의식을 행하는 날이다.

1부 조상님 상봉의식 시간이 끝나고,

2부 하늘의 신명님 청배 시간이 되었다.

자미국에서 행하는 2부 신명님 청배 의식은 세계 어느 나라에서도 아직까지 행한 적이 없고, 또한 아무나 따라 할 수도 없는 하늘의 고귀한 의식 중에 하나이다.

태상천존 자미천황님의 아들 천상천감님(기독교, 천주교에서 말하는 하나님)을 통하여, 이 여인에게 태상천존 자미천황님께서는 천인합체의식을 윤허하여 주실 것인지 여부를 알아보는 시간이 되었다.

태상천존 자미천황님의 명을 받으신 하늘의 천상천감님께서 지상 자미국 사감의 몸을 빌려 하강을 하시었다.

천상천감님께서는 한 말씀 하시었다.

"태상천존 자미천황님의 명을 받아 하강하였으니, 그녀의 몸 안에 숨어 있던 모든 신들과 조상들은 어서 이 여인의 몸 안에서 나와 천상궁전으로 가자" 하고 한 말씀하시었다.

천상천감님의 말씀을 조용히 듣고 있던 여성의 얼굴 표정이 갑자기 일그러지기 시작했다.

또한 목소리도 변성되었다.

그러면서 이 여인의 몸 안에 오랫동안 숨어 있었던 신명이 존재를 밝히기 시작했다. 이 여인의 입을 빌려 정체 모를 신은 천감님의 말씀에 대답을 하였다.

"난 안 가. 난 못 가!

난 이 몸에서 그대로 있을 거야. 그리고 올해 안에 데려갈 거야.

나 혼자서는 죽어도 안 가.

난 이 여인을 데리러 왔어.

내가 이 몸에 내려온 지 32년의 세월이 되었어"라고 하면서 이 여인의 몸 안의 신은 말을 하고 있었다.

여인은 자신도 모르게 자신의 입을 통하여 나온 말에 대하여 깜짝 놀라고 있었다.

그러면서 이 여인은 말했다.

자신의 몸 안에서 말한 그 신이 '저승사자'라고 하면서, 자신의 눈에 자신을 데리러 온 저승사자의 모습이 또렷하게 보인다고 말하면서 "그럼, 이제 저는 죽는 것이냐"고 반문하는 그녀의 표정은 겁에 질린 모습이다.

겁을 줄려고 한 말도 아니고, 자신 스스로가 자신의 입으로, 자신을 잡으러 왔다고 말하고, 자신의 눈에 저승사자의 모습이 보이니 어찌 하늘이 무섭지 않고, 태상천존 자미천황님의 대능력에 고개를 숙이지 않을 수 있으랴.

뜻하지 않은 광경에 나와 하늘의 명 수행자 사감, 주인공의 여인, 모두는 깜짝 놀랐다.

이 여인을 잡아가고야 말겠다는 결의가 대단한 신에게 그렇게 하면 안 된다고, 나와 사감 모두가 매달려 달래도 보고, 설득도 해보았지만 무조건 잡아가고야 말겠다는 그 신에게는 어떠한 방법도 통하지 않았고, 어떠한 말도 통하지 않았다.

이 여인도 살려달라고 하면서, 자신을 데려가지 말라고 간곡히 부탁하며 빌고 또 빌어보았지만 모두 다 소용없다고 단호히 말하는 것이었다.

그러자 천상천감님께서는 그 몸 안에 있는 신에게 하늘 태상천존 자미천황님의 진실을 전해주며, 이 여인은 앞으로 황명(천인합체)을 받을 귀한 몸이기에, 지금부터 이 여인에게 함부로 대하면 태상천존 자미천황님께서 엄벌을 내리실 것이니 어서 이제는 그 몸에서 나와!

춥고 배고픈 구천세계가 아닌, 인간의 몸이 아닌, 태상천존 자미천황님이 계신 천상궁전으로 오르자고 훈계를 하시니, 고집을 부리던 저승사자도 순한 양이 되어 태상천존 자미천황님의 뜻에 따르겠다고 하면서 그 여인의 몸에서 빠져나왔다.

저승사자가 그 여인의 몸에서 빠져나옴과 동시에 그 여인도 순한 양이 되었고, 그동안의 답답했던 그 무엇이 확 풀리는 시원함이었다 하면서, 자신의 몸 안에 그렇게 무서운 신이 있을 줄은 꿈에도 몰랐다고 했다.

자미국 태상천존 자미천황님이 아니었으면 자신은 어쩔 뻔했냐고 하면서 천만다행이라며 자미국 태상천존 자미천황님의 능력에 놀랍다고 했다.

천상천감님 하강의식이 끝난 후, 의식 절차에 따라 조상 벼슬 입천제의식 모두도 끝났다.

이 여인은 자신의 조상님이 천상궁전에 승천하신 모습과 조상님들이 천상궁전에 올라 자손에게 전해주시는 말씀도 모두 보고 들었다.

"머리에 큰 관을 쓰고 수많은 사람들에게 둘러싸여 있는 30대 초반의 왕비 모습이 보인다"고 말했다. 그의 친할머니는 조상 벼슬 입천제의식에 의해 하늘의 명을 왕비로 받았다. 그 할머니는 80세에 이 세상을 떠나셨지만 천상궁전에서는 30대의 어여쁜 왕비의 모습으로 다시 태어나셨다.

또한 이 여인은 평상시에 항상 사물이 두 개로 보여 운전을 할 수가 없었다. 그러나 의식이 끝남과 동시에 그 증상들이 신비하게 모두 없어졌다.

그동안 무당집에 다니면서 쌓였던 스트레스 모두가 이제는 풀어져 속이 시원하고, 그들이 모셔두었던 신줏단지도 모두 내다버렸다 한다.

무속용품을 비롯한 일체의 종교적 물건들 모두를 다 버리고 나니 이제 몸도 마음도 가볍고 개운해졌다 한다.

자미국은 종교가 아니기에 기존의 종교적 기운이 담겨 있는 불경, 성경, 도교경전, 무속경전, 불화, 성화, 십자가, 달마도, 염주, 목탁, 가사, 불상, 탱화, 신령형상, 종교형상 액세서리, 기타 종교와 관련된 일체의 물건들이나 책들을 집에 비치하는 것을 불허한다.

그는 이제 4일 후, 하늘의 명을 정식으로 받아 천인합체의식을 통하여 하늘의 천인으로 탄생할 예정이다.

32년 동안 그의 몸에 들어와 있던 천계에서 내려온 신의 존재를 밝히는 날이다.

그를 천계로 데려가려고 하늘의 명을 받고 내려왔다가 데려가지 못한 채 32년 동안을 그녀의 몸에 머물러 있었던 그 이유가 무엇인지 자못 궁금해진다.

"부질없는 세상 살면 무엇 하냐? 어서 가자"고 늘 재촉을 하여 본인 스스로도 죽으려고 여러 번 자살시도를 해보았다고 한다.

약을 먹고 죽을까?

투신자살을 할까? 여러 번 고민했었다 한다. 몸 안에 신은 그럴 수밖에 없었을지도 모른다. 32년의 시간을 기다려주어도 자신을 찾아주지 않자 이에 화가 난 신은 몸 주인에게 메시지를 주었던 것이다.

예우한다는 것이 기껏 굿판 벌이는 일이었으니 신의 입장에서는 마음이 많이 상한 상태였을 것이다. 우리 모두는 입장 바꿔 생각을 해보아야 한다.

그들의 입장을 무시한 채 함부로 행을 하다 보면 복을 받는 것이 아니라 이처럼 벌을 받게 된다는 또 하나의 진실이 이 여인을 통해서 밝혀졌다.

또한 인간의 몸에 들어와 있는 각자의 조상과 각자의 신명 존재를 정확히 찾아 이분들이 원하는 것을 해주기 전에는 인간의 풍파는 한도 끝도 없다는 새로운 진실도 알게 되었다.

하늘과 신과 조상께 인간이 대적한다는 것은 결국 시간낭비, 몸낭비, 금전낭비이다. 우리 인간은 보이지 않는 하늘과 신과 조상과 싸워서 이길 수가 없다. 그분들의 존재는 인간의 눈에 보이지 않고, 인간의 귀에 들리지가 않기에 인간 스스로는 그분들을 이겨낼 방법이 없다.

지상 자미국 자미천궁의 태상천존 자미천황님만이 그 모두의 해결책을 알고 계신다. 하늘의 명을 받아 태상천존 자미천황님의 지시대로 행하는 지상 자미국 자미천궁의 신비한 조화는 계속 이어지고 있다.

그 어디에서도 해결책을 찾을 수 없었던 이 여인은 오늘 태상천존 자미천황님을 만남으로써 인생의 해결책, 사업 성공의 해결책, 무당으로 가지 않고 인간으로 살아갈 수 있는 해결책, 저승길로 가지 않는 해결책 등 그 모든 것들의 해결책을 찾았다.

음력은 3월 초하루

태상천존 자미천황님의 자미공주로 탄생하기 위한 영광의 천인합체의식이 그를 기다리고 있다.

공주로 탄생한 여인

조상 벼슬 입천제의식을 행한 후 하늘의 명을 받아 천인합체의식을 통해 태상천존 자미천황님의 공주로 탄생하여 새로운 인생을 살아가고 있는 한 여인의 실화 이야기이다.

조상 벼슬 입천제의식과 천인합체의식을 행하기 이전과 행한 이후의 자신의 달라진 모습에 대해 자신이 직접 체험한 사항들을 글로 써서 e-메일로 보내온 내용이다.

『17살 때의 일이었다.

난 밤마다 똑같은 꿈을 계속 꾸었다.

그곳은 하늘나라였고 그곳에 있는 많은 이들이 나에게 공주라고 불렀다.

하늘나라에서 나는 작은 실수를 하였다. 태상천존 자미천황님께서 나의 작은 실수를 벌하기 위해 나를 인간세상에 내려보냈다.

그리고 어느 날,

태상천존 자미천황님께서는 공주가 보고 싶으니 이제는 데려오라고 하셨다. 천상의 신명이 곧 나를 데리러 올 것이라는 내용의 꿈이었다.

나는 눈을 뜨면 학교로 곧바로 뛰어갔다. 왠지 학교 앞에서 누군가 나를 기다리고 있을 것 같은 느낌이 들었다.

하지만 가보면 아무도 없다.

수업시간에도 누군가 나를 데리러 올 것만 같은 느낌이 들어 나는 누군가를 계속 기다렸다. 수업이 끝나면 미친 듯이 뛰어 아파트 단지로 가보았지만 집 앞에는 나를 데리러 온 사람은 없었다.

밤이 되어 잠자리에 든다.

잠을 자고 일어나면 이 세상이 아닐 것 같은 기분이 든다. 하지만 깨어나 보면 여전히 내 방이고, 내 침대다. 이와 같은 꿈은 계속되었다. 내 집과 내 방이 항상 낯설게 느껴지고, 나를 낳아주신 나의 부모님 역시도 나에게는 남인 것처럼 생각되어지고 항상 낯설기만 하였다.

고등학교 시절,

담임선생님과 면담할 때, 나도 모르게 나의 엄마는 친엄마가 아닌 계모라고 말씀드렸다. 졸업 때까지 담임선생님은 나의 엄마가 정말로 계모인 줄 알고 있었다.

나는 4살 때 한글을 다 익혔고 덕분에 많은 책을 읽었다.

8살 때는 매일 밤새워가며 책을 읽다가 엄마한테 혼도 많이 났다. 중학교 때는 이문열 소설부터 시작해 웬만한 전집은 다 읽었다.

17살 때 같은 꿈을 계속 꾸게 되면서 인간은 어디에서 왔고, 죽으면 어디로 가는 것인가? 이 모든 것에 대해 너무 궁금해 이 의문점을 풀고자 모르몬교, 성경, 코란, 통일교교리, 대순진리회를 비롯하여, 불교경전들을 나름대로 구입해 모두 읽었지만 의문이 풀리지 않아, 나중에는 종교에 관한 서적들을 모두 구입해 읽어도 보았다.

그런데 궁금증이 풀리기는커녕 꼬리에 꼬리를 무는 궁금증은 더 커져만 갔다.

이 땅에 존재하고 있는 종교단체에는 모두 가보았고, 기도회와 각종 모임에 참석하여 열심히 해보았다. 지금은 지나간 모든 것들이 정확히 기억은 나지 않지만, 난 그 많은 종교단체들을 모두 돌아다니며 그들의 허점을 읽었다.

난 많은 종교단체의 모순을 찾을 수 있었다. 허점과 모순을 찾으면서 나는 그들을 비판하기 시작했다. 허점과 모순이 보일수록 나의 마음 깊은 곳에서는 '내가 신이 되어야겠다'라는 결의에 찬 마음이 마음 깊은 곳에서부터 용솟음 치고 있음을 느낄 수 있었다.

'내 자신의 마음이 평온하고 행복해야지, 종교가 다 무슨 소용이야'라는 생각이 들면서 종교서적 읽는 것도 시들해졌다. 그러면서 열일곱 살을 지나 열여덟 살이 되었다.

그런데 이게 어찌 된 일인가?

갑자기 나의 시험 점수는 40점, 30점이라는 최악의 놀라운 점수가 나왔다.

나는 어려서부터 책을 한 번 보고 나면, 책장을 덮고 난 후에도 눈앞에 그 책 속의 내용들이 다시 다 보였기에, 시험을 본다 하여도 나는 책을 넘기면서 시험을 보는 것과 똑같아 항상 모르는 문제가 없을 정도였다.

그런 나였는데, 지금은 갑자기 아무것도 보이지 않는다.

눈앞에 아무것도 보이질 않으니 다 틀릴 수밖에 없었고 그러면서 밤마다 목이 졸리는 가위에 눌렸다. 고통스러운 밤의 연속이었지만 가족들은 고3병이라고 하면서 이 병원, 저 병원으로 나를 데리고 다녔다.

내가 목표했던 대학의 전공은 아니었지만 간판으로는 국내 최고라고 하는 여자대학에 들어갈 수 있는 점수가 나와 간신히 입학을 했다.

그러면서 고통의 증상들은 사라지는 듯 했다. 그렇지만 '내가 살고 있는 이 집은 내 집이 아니다'라는 생각과 '내가 있을 곳은 이곳이 아니다'라는 생각도 계속 들었다. 대학 3학년 때 경제적, 심리적으로 완전한 독립을 했다.

대학을 졸업하면서 일반적인 대기업을 들어가면 사업가로 빨리 성공할 수 없을 것 같아 나름대로 고민 후 광고대행사에 들어갔다.

지금 생각하면 있을 수도 없는 일이지만 6개월 다니고 나니 거기서는 더 이상 배울 것이 없다는 생각이 들면서 '내가 혼자 하면 더 잘할 것 같다'라는 알 수 없는 배짱이 생기자 사표를 내고 그때부터 회사를 설립하여 지금까지 15년째 광고 사업을 하고 있다.

광고회사를 설립하여 내 나름대로 열심히 한 것도 있지만 기적 같은 일이 많이 일어나 생각보다 돈도 많이 벌었다.

아무튼 이런 과정을 통하여 회사를 잘 운영하여 왔었으나 4년 전부터 수많은 시련들이 내 삶으로 몰려와 나는 고통의 터널 속에 갇힐 수밖에 없었다.

사업을 하는 대부분의 사람들은 고독하고 외롭다 했다. 정말 너무 고독하고 외로워 이를 참지 못하고 많은 밤의 시간 동안 외로움의 눈물을 흘렸다. 때로는 며칠 동안 멍한 상태가 되어 아무 판단도 서질 않는다.

이런 기회가 반복되면서 사기와 배신, 계약 위반, 세무조사에 이르기까지 불운은 그칠 줄을 모르고 계속되었다. 엎친 데 덮친 격으로 몸에 암까지 걸리게 되면서 열심히 살려고 노력 하는 것 이 모든 것들이 부질없다는 생각이 들면서 힘든 나날을 보냈다.

그러면서도 마음 한구석에는

나는 누구인가?

나는 왜 이런 고통 속에서 살아야만 하는 것일까?

그 이유가 무엇일까?

이 의문에 대한 답을 이제는 찾고야 말겠다는 마음의 각오가 굳게 섰다.

그러면서 무속의 세계를 접하게 되었다. 3년이란 짧지 않은 시간동안 무당들이 시키는 대로 모두 행하고, 그들의 뜻을 따르며 무속의 세계에서 허우적거려도 봤지만, 어느 순간부터는 무속인의 나쁜 속마음이 내 마음에 느껴졌다.

그들의 말에 나도 모르게 '거짓말' '거짓말'이란 말이 튀어나왔다. 무속인은 잡귀가 씌어 그런 말을 한다고도 생각했다.

어디를 가도 내가 원하는 답을 찾을 수가 없다 보니 속은 더 답답해 미칠 것만 같았다.

작년 1월부터는 새벽 4시에 일어나 기도하면

"천상의 신분을 회복하라. 앞으로 이승에서의 남은 삶은 천상의 공주로 살 것이다"라는 말이 20~30번씩 나의 입을 통하여 반복하여 나왔다.

하지만 나의 입으로 말을 하고도 그 말이 무슨 뜻인지 몰라 이 뜻을 알고자 이곳저곳 찾아 다녔지만 정답은 찾지 못하고 어떤 무당이 '신주'단지를 집에 모시고 있어야 살 수 있다고 하기에 가지고 있던 집을 팔아 그 의식을 행했지만 답답하기는 마찬가지이고 몸도 마음도 점점 병만 들어갔다.

암 수술을 한 직후라 재발하지 않기를 바라며 집에서 요양을 하고 있는데, 정신은 멍한 상태로 아무 말도 하기가 싫었다.

이런 상태가 지속되다 보니 회사도 엉망이 되었고, 암 수술한 것은 재발이 되고 무당들은 나에게 더 이상 못 버틸 것 같으니 신을 받을 수밖에 없는 단계까지 온 것이라고 했지만 내 마음은 그건 아니라고 계속 도리질하기만 했다.

신줏단지 모실 때까지는 나 자신이 뭐를 잘 모를 때였지만 내가 어차피 그 길을 갈 거면 이제는 내가 스승을 찾을 것이라는 마음을 먹고 강원도 산골, 전라도 어디, 서울 변두리 어디어디를 소개받아 물어물어 찾아다니기 시작했다.

처음 마음먹기는 10군데 정도를 찾아간 후에 '내가 결정할 것이다'라고 마음먹었었다.

그러던 어느 일요일,

영풍문고에서 만난 〈생사령〉 책 한 권이 나를 자미국 자미천궁으로 이끌었고 천인합체의식까지 하게 해주었다.

본격적으로 사주공부를 하리라 마음먹고 역학, 사주 코너에서 책을 고르고 있었다. 지금 생각하면 참 이상한 일이다.

책 밑에 칸에 있어 잘 보이지도 않던 〈생사령〉 책을 쪼그리고 앉아 꺼내 든 순간, 나의 심장은 터져버릴 것만 같았다. 그리고 마음 안에서는 '이젠 살았구나' 하는 생각이 들었다.

일요일 하루 만에 쉬지 않고 다 읽었다. 그 책은 나를 월요일에 자미국 자미천궁으로 인도하였고 나는 바로 입천제를 결정하고 며칠 간격으로 천입합체의식까지 행하게 되었다.

천인합체의식을 통하여 수십 년 동안 궁금히 여겼었던 그 모든 진실들을 알 수 있었고 모든 의문을 풀 수 있었다.

그래 내가 살아온 인간의 삶.

나는 인간이 아니었다.

나는 내가 무속의 세계를 접하면서 나는 인간과 영(靈)의 중간 상태에 있는 인물이라고 정의했었다.

인간세상에서의 삶에서 인간인 나의 마음이 그 무엇으로도 채워지지 않았으며, 마음이 허하고 외롭고, 고독하고 쓸쓸함의 인생은 어쩔 수 없는 나의 타고난 운명인가 보다 하면서 나는 항상 고통스러웠다.

하지만 나는 이젠 더 이상 그런 삶을 살지 않아도 된다.

나는 천인합체의식을 통하여 잃어버렸던 나의 존재를 확실히 찾았다.

달라진 나의 모습에 지금 나는 너무 행복하다. 이 세상 태어나 처음 느껴보는 이 행복에 나는 너무 감격스럽다. 앞으로 내 육신이 살아 있는 동안, 마음이 안정되고 허전하지 않는 것만으로도 나는 너무 행복하고 감사할 따름이다.

그 고통은 당해보지 않은 사람은 알 수가 없고, 겪어보지 않은 사람들은 감히 그 고통의 깊이를 논할 수 없을 것이다.

이 세상 그 어느 곳에서도 구원받을 수 없었던 나의 신명과 인간인 나는 자미국 자미천궁을 통하여 구원받았다.

나와 나의 신명님을 구원해 준 자미국에 너무 감사하고 또 감사할 따름이다.

누군가 나에게

"세상에 신이 있습니까?"라고 물어온다면 나는 자신 있게 "네, 신은 있습니다"라고 대답할 수 있다.

산 사람의 신은 정신이고, 죽은 자의 신은 귀신이기에 산 사람이 정신을 똑바로 차리면 될 것이라고 나 역시도 생각했었다.

하지만 뜻대로 마음대로 되지 않았다.

의지박약아같이 뭐 하나 내 통제대로 내 의지대로 되지 않았다. 영풍문고에 책 사러 나가기 2주 전에 재발한 종양 제거수술을 받았다.

수술하고 하루가 지나고, 이틀이 지나고 몸이 회복되어야 하는데 3일째부터는 낮과 밤이 새도록 자지도 먹지도 않고 울기만 하였다. 그 울음이 멈춰지지가 않아 속수무책으로 울고 또 울었다.

멈춰지지 않는 눈물!

이것은 인간인 내가 우는 것이 아니었다. 내 몸 안의 신이 울고 있었다. 그 사실을 알고도 그 신의 눈물을 멈출 수 있게 도와줄 수 없는 나 자신을 발견하고, 그 신의 눈물에 나 자신은 안타까워할 수밖에 없었다.

울고 또 운 것이 꼬박 이틀을 울고 나서야 멈추었다. 어떻게든 내가 이 세상에 온 이유와 당신의 존재를 꼭 밝혀내주겠다는 약조를 한 후에 그 울음은 멈추었다.

슬퍼서 우는 것도 아니고

아파서 우는 것도 아니고

몸 안의 신명을 찾아달라고 울었다는 사실을 이젠 알게 되었다. 나에게는 그 아픔과 고통의 시간이 있었기에 천인합체의식을 행함에 많은 생각과 시간이 필요치 않았다.

"내가 살 길은 이것밖에 없다.

그리고 이 길만이 나를 살릴 수 있다"라는 확신으로 조상 벼슬입천제를 행하게 되었다. 그런데 자미국에 처음 방문 했을 때, 나는 인황님께 물어봤었다.

"진짜 보이나요?"라고. 돌이켜 보면 민망할 따름이다.

신줏단지에 모셨던 나의 늙은 꼬부랑 할머니는 조상 벼슬 입천제의식을 행한 이후에는 천상세계에서 너무도 우아하고 젊고 고운 자태로 환하게 웃고 계셨다.

왕비의 모습으로 천상궁전의 많은 사람들을 거느리고 웃으며 앉아계시는 모습이 내 눈에 또렷이 보이자 마음이 다시금 평온해짐을 느꼈다.

조상 벼슬 입천제 전날, 돌아가신 조상님들 이름을 적는데 외할머니 성함이 생각나지 않아 너무 죄송한 마음이 들었다.

살아계실 적에 나를 얼마나 예뻐하셨는지를 회상하며, 안절부절 못하고 있는데 갑자기 외숙모께서 10여 년 만에 나에게 안부전화를 걸어오셨다.

엄마에게 외할머니 성함을 여쭈어보면 혹시라도 안 좋은 소리 하실까 봐 못 물어보고 있었는데, 외숙모가 때마침 전화를 걸어와서 외할머니 성함을 알 수 있었다.

그날 밤 꿈에 외할머니가 나타나셔서 아직 살아계시는 외할아버지 걱정을 하시기에, 내가 나중에 외할아버지도 조상 벼슬 입천제 해드릴 테니 먼저 가 계시라고 하자, "내가 왜 이름이 없노, 나는 '무명씨'가 아니다" 하시는 것이었다. 왜 낮에 뜬금없이 외숙모께 전화가 왔었는지를 알게 되었다.

돌아가신 외할머니가 외숙모를 시켜 나에게 전화를 하게 해서 당신의 이름을 알게 해주셨다는 사실에 나는 보이지 않는 세계에 대해 너무너무 신기하고 놀라울 뿐이다.

그렇게 조상 벼슬 입천제를 마치고 난 후부터는 오랜 불면증에서 벗어나 평온하게 깊은 잠을 너무 편히 잘 수 있게 되었고, 다음날에는 신줏단지며 모든 종교용품은 일체의 망설임 없이 모두 태워 화단에 묻어버렸다.

요즘 세상은 인간이 평등하다고 가르친다.

모든 종교집단에서 특히 기독교에서 인간평등을 가르치고 있다. 하지만 우리는 평범한 인간사에서 인간이 평등하지 않음을 매일 매일 경험하며 살고 있다.

인간 하나의 생명은 존엄한 것으로서 인격은 격이 다르다고 생각해 왔으나 그것은 곧 신격이 다르다는 것이었음을 알았다.

천인합체의식을 통하여 진실을 알게 되었다.

육신 하나인 나의 몸 안에

조상님들, 옥황상제님 넷째 딸, 서산대사, 태상천존 자미천황님의 따님이신 공주 5명의 신들이 내 작은 몸 안에서 기거하며 나와 함께 살고 있었다는 충격적인 사실을 알았다.

그동안 내 몸 안에 살고 계셨던 조상신과 직계 조상 일체와 외가 조상님 모두를 벼슬 입천제의식을 행하여 무릉도원 천상세계 자미천궁으로 보내드리고 난 후, 태상천존 자미천황님의 공주와 천인합체의식을 통하여 하나로 결합되었다.

공주신명이 높은지라 천인합체를 하고 나니 당장 직원들이 다음날 아침부터 인사하는 태도가 바뀌어 목례가 아닌 90도에 가까운 반절을 받게 되었다.

아무에게도 말을 안 했는데 어떻게 된 일인지 참으로 신기할 따름이다. 이제는 머리가 너무너무 맑아졌고, 잠도 푹 잘 수 있어서 점점 피부도 좋아지고 있다.

전에는 배가 찢어지도록 폭식하기 일쑤였으나 식사량도 정량보다 약간 줄어 살도 빠지고 있어 하루하루가 신기하고 재미있을 뿐이다.

며칠 전에는 발바닥에 약간 있던 군살까지 다 없어져 아기 발같이 느껴지고, 피부가 20대 피부보다 더 좋은 10대 아니 아기 피부 같아져서 나 스스로도 너무 놀라울 따름이다.

건강도 더 좋아질 수 있을 거라 확신하고, 요즘은 마음이 꽉 차고 허전하지 않아 즐겁고 행복으로 가득한 마음뿐이다.

조상 벼슬 입천제의식과 천인합체의식이 이렇게 신비한 천상의식일 줄 전혀 몰랐었다.

자미국 자미천궁에서 행하는 신비한 의식은 지구촌에서 유일무이한 곳이라 생각한다. 아무리 유명한 도사나 유명 무속인들도 감히 흉내 낼 수 없는 차원 높은 인간구원, 조상구원, 신명구원의식이었다.

천도재나 굿과는 감히 비교도 할 수 없는 수준 높은 입천제의식과 천인합체의식이었기에 나를 알고 있는 모든 이들을 자미국 자미천궁으로 인도하고 싶다.

이제 더 이상은 도인, 도사, 도교, 무속, 절, 철학관, 종교 같은 곳에 빠지지 말고 진리를 찾아 자미국 자미천궁과 인연 맺으라고 진정으로 권하고 싶다.

황후님이 하강하시던 날!

나는 또 하나의 신비한 경험을 하였다.

태상천존 자미천황님의 황후님이 인간세상으로 내려오시는 날! 난 누가 시키지도 않았는데, 그동안의 내 서러움 누가 알아주든 말든, 그동안 참았던 서러움의 눈물과 그리움의 눈물을 너무 많이 흘렸다.

자미공주 신명이 그동안 황후님에 대한 그리움의 눈물이었다.

이 그리움을 누구에게 말로 설명할 수는 없었지만, 내 마음 가는 데로, 내 마음에서 느껴지는 데로 나는 그리움의 눈물을 그날 너무 많이 흘렸다.

일부러 운 것이 아니었다. 나의 의지와 상관없이 내 몸 안의 신명님은 기쁨의 눈물을 흘렸던 것이다.

나도 모르게 흘렸던 눈물은 내 안에 머물러 계셨던 공주 신명의 진심이었다.

천인합체의식하기 전에는 누가 일하자고 할 때 10개의 일이 들어오면 일 욕심 때문에 다 하겠다고 했었다.

무리해서 일을 하다 보니 일은 모두 분산되었고, 시간이 지난 다음에야 안 된다는 걸 알게 되면서 후회를 해보았지만 일은 벌써 산산조각이 난 상태다.

하지만 지금은 일을 시작하기 전에 할 일, 안 할 일의 구분이 명확하게 서니 일이 어수선해지지 않는다.

집중력이 더 생겨 수주율도 예전보다 더 올라가고 있지만, 오히려 예전보다 바쁘게 진행되는 것이 아니라 평온하게 진행되니 지금은 몸도 마음도 너무 편하고 좋다. 주변 일상생활도 차분히 정리되어 그동안 못해 보았던 운동도 하고 여가 시간도 보내며 일상생활을 행복하게 보내고 있다.

나는 나를 버리고 자미공주님과 하나가 되기 위해 많은 대화와 많은 이야기를 나눈다.

옷을 입기 전에도, 음식을 먹기 전에도, 나날이 천인합체(天人合體) 의식의 신비스런 조화는 나의 일상생활로 매일같이 하루도 쉬지 않고 나타나고 있다.』 -이상-

공주로 탄생한 천인은 말하고 있다.

"도대체 왜 이렇게 마음이 편하지, 이렇게 마음이 편해도 되는 건가? 너무너무 마음이 편하니 오히려 이상하네"라고 말을 하면서 환히 웃는 그녀의 해맑은 모습은 천상궁전의 태상천존 자미천황님 공주와 너무나 똑같았다.

제4부

훌륭한 나라조상님

위대한 하늘을 감동시킨 나라조상님들

환인, 환웅, 단군 72위 나라조상님들의 간절한 바람은 하늘 땅 인간을 창조하신 대우주 천지인 창조주 태상천존 자미천황님을 이 땅에 세우는 일이었다.

나라조상님들께서는 살아서나 죽어서나 한결같은 마음으로 대한민국 이 나라가 잘되기를 바라고 또 바라고 계셨다.

나라조상님들께서는 우리 산 자손들이 지은 죄를 우리 산 자손들을 대신하여 손수 본인들의 죄라 하시며 항상 우리들 모두를 보호하고 지켜주시고자 애쓰셨다.

나라조상님들의 애끓는 나라 사랑과 백성 사랑의 마음.

하늘을 감동시킴에 부족함이 없었다.

수천 년의 세월 동안 나라조상님들께서는 그 위대한 하늘을 이 땅, 대한민국에 세우시고자 피나는 노력과 헌신의 노력을 하셨다.

나라조상님들께서는 우리 대한민국을 건국하시고 대한민국 자손을 낳으시어 대한민국 이 나라를 창성시키시어 우리 대한민국 국민들 모두를 이 땅에 살게 해주신 주인공들이시다.

우리 대한민국 자손들의 탄생.

어느 날 갑자기 하늘에서 뚝 떨어진 것이 아니다.

또한 어느 날 갑자기 땅속에서 솟아오른 것도 아니다.

우리에게는 엄연한 뿌리가 있다.

우리의 훌륭한 뿌리는 나라조상님들이셨고 우리 모두는 나라조상님들의 뿌리에서 나온 열매들이다.

하찮은 미물조차도 출생의 뿌리가 있건만, 우리 대한민국 국민들이 뿌리가 없다면 세계적으로 그 얼마나 창피한 일이던가?

그 뿌리조차도 몰라보고 뿌리의 존귀함과 고마움도 몰라보고 살아온 우리 대한민국의 자손들.

나라조상님 모두에게 그 얼마나 불효였단 말인가?

하지만 훌륭하신 나라조상님들께서는 이를 개의치 않으시고 대한민국을 지켜주시고자 피나는 노력을 하시면서 인고의 세월을 보내셨다.

심지어 우리 모두가 잠든 깊은 밤의 시간에도 우리를 지켜주시고자 하늘 태상천존 자미천황님 전에 우리 모두의 행복과 건강을 우리 모두를 대신하여 기원해 주시며 눈물어린 충성을 하고 또 하셨다.

우리의 나라조상님들 정말 감사합니다.

그 깊은 은공을 몰라보고, 산 우리들이 잘나 잘 먹고 잘사는 줄 알았는데, 깊은 사랑이 숨어 있는 줄 누가 감히 알았겠습니까? 우리들은 지금까지 나라조상님들의 피 맺힌 눈물을 먹고 자랐었군요.

부모가 자손에게 끝없이 주는 사랑의 마음.

이 마음이 바로 나라조상님들께서 우리 모두를 사랑하시는 마음이셨습니까?

나라조상님들께서는 우리를 살리시고자 그 위대하신 하늘!

태상천존 자미천황님 전에 빌고 또 비시어 다른 나라가 아닌 우리 동방 땅! 대한민국으로 하강 강림하여 주실 것을 수천 년의 세월 동안 원하고 바라셨다.

나라조상님들께서 왜? 긴 세월을 하늘 태상천존 자미천황님 전에 충성에 충성을 하셨는가 하면?

첫째는 힘든 삶에 지친 대한민국 자손 모두에게 하늘의 부모를 찾아주어 위대한 하늘의 보호를 받게 함으로써 인생사 근심걱정 없이 모두가 행복하게 잘 살았으면? 하는 자식 사랑의 마음과 쓰러져 가는 이 나라가 태상천존 자미천황님의 전지전능하신 대능력으로 다시 우뚝 서 세계만방으로 이름을 떨치었으면 하는 나라 사랑의 마음이셨다.

둘째는 이미 오래전에 이 세상을 떠났으나 아직까지 천상세계에 오르지 못하고 허공중천 구천세계를 떠돌고 있는 불쌍한 내 나라 조상영혼들을 모두 구원해 그 영혼들 모두가 아픔 고통 없이 행복하였으면 하는 영가 사랑의 마음이셨다.

나라조상님들께서는 많은 수행, 많은 고통의 시간을 통하여 우리 산 사람들로서는 감히 알 수조차도 없었던, 우리 살아 있는 모든 영혼과 이미 이 세상을 떠난 그 모든 영혼들을 창조하신 분은 일반인이 알고 있는 분이 아니다.

그분은 기독교의 하느님이 아니라 하늘인 태상천존 자미천황님이셨음을 수천 년의 세월을 통하여 알게 되셨다.

"씨를 뿌린 자가 열매를 거둘 수 있다" 하였듯이 영혼을 만드신 분께서만이 그 영혼을 구원해 주실 수 있다는 하늘의 깊은 이치를 깨달으셨다.

이 깨달음을 통하여 한 가정의 조상이 구원받음으로써 그 가정의 자손들도 모두 구원받아 편안해질 수 있다는 하늘의 진실도 알게 되었다.

한 가정의 구원은 너와 나의 구원으로 이어지고, 너와 나의 구원은 우리 모두의 구원으로 이어지고, 우리 모두의 구원은 국가구원으로 이어지고, 국가구원은 국가부흥으로 직결됨도 알게 되었다.

많은 세월의 시간 동안 후손들로부터 냉대를 받아왔으나 그 섭섭한 마음을 모두 잊으시고 사랑의 깨달음을 통하여 깨닫지 못한 산 자손들과 후손영가들을 구원의 길로 안내하시고자 마음의 문을 활짝 열기로 합의 합심하시었다.

그동안 후손들이 각종 종교에 세뇌되어 홀대한 생각을 하면 미움이 앞서지만, 사후 영혼세계의 아픔을 뼈저리게 체험하신 나라조상님들께서는 미우나 고우나, 당신들이 모두 뿌린 씨앗(자손)들에게 상처받은 마음을 감추시고, 후손 영가들에게 하루빨리 천상궁전 자미천궁으로 올라가서 행복하라고 조상세계에 전하느라 여념이 없으시다.

하늘과 조상, 산 사람 모두가 기쁘고 행복해지는 지름길은 조상영가 입천제의식이다.

영가 입천제의식을 윤허해 주실 분은 우주에 단 한 분 하늘(태상천존 자미천황님)뿐이시고, 이 의식을 행해 주는 곳은 지상 자미국 자미천궁 단 한 곳뿐이다.

이 모든 진실을 나라조상님들께서는 모두 알게 되셨기에 72위 나라조상님들께서는 이 뜻을 지상과 영혼세계에 전하여 이제는 백성과 나라를 부흥시키고 잃어버린 옛 영토를 되찾고자 하신다.

72위 나라조상님들은 우주의 태상천존 자미천황님을 이 땅에 강림시키신 1등 공신들이시다.

이 1등 공신들이신 훌륭한 나라조상님들을 이제 더 이상은 종교화 또는 단체화시켜서는 안 된다. 우리 모두도 종교의 중심이 될 수 없듯이 72위 나라조상님들과 개인들의 조상님들도 종교의 중심이 될 수 없다.

나라조상님들은 우리 국민들 모두에게 종교의 대상이 아니시며, 우리 후손들이 이 땅에서 살 수 있도록 우리 모두를 낳아주시고 정성과 사랑으로 우리 모두를 길러주신 육신의 아버지와 어머니이다.

우리 모두는 이제 각자 육신의 어버이이신 자신의 조상님과 영혼의 어버이이신 태상천존 자미천황님께 정중히 고개를 숙여 예의를 갖추어야 한다.

조상님들이 계셨기에 현재의 내가 있거늘 부모님의 사랑과 은혜를 몰라보고 부모님이 죽었다고 부모조상, 형제조상에게 마귀니 사탄, 악마라고 박대한다면 인간의 도리, 자손의 도리가 아니다.

"입장 바꿔 생각해 봐"라는 말이 있듯이 자신들이 죽었을 때 자식들이 본인들에게 마귀니 사탄, 악마라고 하였을 때 그 말을 들은 본인들 각자의 마음은 과연 어떠하겠는가?

감히 있을 수 없는 일이다.

"있을 때 잘해, 후회하지 말고"라는 말이 있듯이 우리의 삶이 장구한 것 같지만 눈 깜짝할 사이이다.

우리의 육신이 살아 있음에 감사하며, 인간의 육신이 살아 있을 때 인간의 도리, 자손의 도리를 충실히 하여 사후세계에 갔을 때 하늘과 조상님 전에 부끄럽지 아니하고, 자랑스러운 자손이 되고자 인간의 육신이 있을 때 최선을 다하여야 한다.

인간의 육신으로 머무는 동안 본인들 스스로가 하늘과 조상님 전에 불효하였다면 사후세계에 가서 그 많은 죄들을 과연 무엇으로 씻을 수 있을지?

깊이 생각하고 각자 살아온 인생을 다시 반성해 보아 자신들이 지은 죄는 살아서 모두 용서받고 이 세상을 정리하기를 나라조상님 모두는 간절히 원하고 바라신다.

우리의 원과 한은 나라조상님들의 원과 한이었다

이 나라를 태초 이래 최초로 러시아의 바이칼 호수 근처에 세우신 초대 환인천제 1세.

우리 모두의 조상님이자 우리 모두의 원뿌리이신 안파견 조상님의 한 맺힌 말씀이 있으셨다.

"천손민족인 이 나라의 한민족이 너무나 부끄러워 감히 하늘을 대할 수가 없구나. 이 나라를 내가 어찌 세웠는데 후손들은 그 공도 몰라보고 자신들의 영욕만 추구하며 가난과 불행만 탓하고 있단 말인가?

너희들의 뿌리인 내가 사후세계에서 너희들로 인하여 가슴이 너무 아파 원과 한이 사무쳤건만, 찾아주는 자손 하나 없고 잘 있는지조차 물어봐 주는 자손이 없으니 하늘이 노할 일이고 땅이 노할 일이로다.

잘 들어라.

너희들의 뿌리인 내가 아프도다.

뿌리인 내가 아픈데, 열매인 너희들이 잘될 줄 알았느냐?

너희들 인생의 아픔, 고통은 나의 아픔 고통이었고, 나의 한숨이었느니라.

너희들이 잘 살기를 바란다면 뿌리를 찾아라.

뿌리를 못 찾으니 각자의 인생들이 허공에 뜬 인생들이지.

허공에 뜬 인생들이니 불안하고 답답하고 서글프고 무서운 것이니라.

이제부터는 육신의 뿌리를 제대로 찾고 영혼의 뿌리를 제대로 찾아 허공에 뜬 불쌍한 인생들 살지 말고, 안락하고 포근한 하늘의 보금자리 찾아 영원히 정착할 영원의 안식처를 찾도록 하여라" 하시는 자식 사랑의 절규의 말씀이 있으셨다.

나라를 세운 개국시조 72위 나라조상들을 찾아주는 자손들이 없음에 섭섭해하시며 울부짖고 계시건만 이 뜻을 아는지 모르는지 산 자손들은 제 앞가림들만 하고 있다.

하늘의 명을 받고 인간세계 내려와 거대한 영토를 마련해 놓았건만 그것을 제대로 지키지도 못하여 한반도를 반 토막 만들어놓았으니 이내 마음 슬프고도 슬프도다.

거대한 12환국을 세워 너희들에게 물려주었건만 이를 지키지도 못하고 남의 나라에 빼앗기고 비참하게 살아가는 나의 백성들이 가엽구나. 조상을 몰라보는 너희들은 정녕코 어디서 온 자손들인가?

또한 조상의 존재를 무시하는 너희들은 누구의 피를 받아 이 땅에 탄생하였던가?

각자의 진짜 조상들은 모두 갖다 버리고 남의 조상(종교의 교주가 된 석가, 예수, 공자, 노자, 마호메트, 성모 마리아 등등)을 수입해 복 달라고 빌고 있으니, 참으로 답답하고도 한심한 노릇이로다.

너희들 눈에는 우리들 육신이 죽었다고 영혼도 죽어 아무런 능력도 아무런 생각도 없는 하나의 귀신으로 보이더냐?

너희들 눈에 내가 하나의 귀신으로 보였다면, 내 눈에는 하늘도 몰라보고, 조상도 몰라보는 너희들 각자가 귀신과 악마로 보이니라.

인간으로서는 도저히 할 수 없는 일들을 모두 행하고들 있으니 이 죄들을 도대체 어떻게 할 것이며 지은 죄들을 어떻게 수습들을 하려고 하는 것인가?

철부지 자손들아! 제발 이제라도 정신들 차리어라.

너희들에게 육신을 준 어버이는 석가, 예수, 성모, 상제, 공자, 노자가 아닌 바로 우리들이고 너의 조상들이니라.

또한 너희 영혼의 어버이도 석가, 예수, 성모, 상제, 공자, 노자가 아닌 하늘의 '태상천존 자미천황님'이시다.

부모자식 간의 인연은 너희들이 바꾸고 싶다고 하여 너희들 마음대로 바꿀 수 없도다.

천륜은 하늘도 못 바꾸고, 하늘도 못 막는다 하였거늘 너희들이 감히 천륜에 역행한다면 그것은 천벌을 받을 일이고 살아서도 죽어서도 용서받지 못할 일이거늘 너희들 스스로가 인간 육신의 조상을 바꾸고, 영혼의 주인인 하늘을 바꾸고들 있으니 하늘이 통탄할 일이고, 조상들이 통탄할 일이고, 또한 살아 있는 너희 모두가 통탄할 일이로다.

사랑하는 천손의 후예들이여!

이제는 정신들 차려 위대하신 하늘 태상천존 자미천황님의 자손으로 다시 태어나 근심걱정 없이 행복하게들 살아야지.

언제까지 하늘의 진노로 아파들 할 것인가?

어서들 잃어버렸던 올바른 정신들 찾아와 진실 앞에 굴복해야 이 나라를 살릴 수 있지 하시면서 오늘도 하늘에서 통곡을 하고 계신다. 이해를 돕고자 위대하신 개국시조 72위 나라조상님들을 설명해 드린다.

환인천제 7분,

환웅천황 18분,

단군천황 47분을 합해서 모두 72분이 우리나라를 세우시고 다스리신 통치자 제왕(諸王)들이시다.

단군할아버지를 시조로 알고 있으나 이는 잘못된 역사이다.

단군할아버지부터 역사를 논한다면 5천 년의 역사이고, 환인천제할아버지부터 한민족의 시원을 계산하면 1만 년에 가까운 장구한 역사를 가진 자랑스러운 민족이다.

그런데 왜 스스로 5천 년의 역사로 줄인단 말인가?

9,212년 전에 나라를 세운 우리의 훌륭한 나라조상님들이 계시건만 이를 잊은 채, 어느 조상님들의 핏줄인지도 모르고 오늘을 살아가고 있으나, 우리 모두는 72위 나라조상님들의 핏줄을 타고 이 땅에 태어난 천손의 후손들이다.

천손의 후예들이여!

우리 조상님들의 영광스런 태고의 역사를 바로 알리고 세계인류를 영도하는 천손민족으로 거듭 태어나자.

아직도 단군할아버지가 누구인 줄 모르기에 단 한분만 계신 줄 알고 살아가는 민족이다.

이는 일본 식민통치와 외래 종교가 유입되면서 나라조상의 거대한 역사를 왜곡하거나 민족혼을 말살하기 위해 신화(神話)라고 정신교육을 시켜왔기 때문이다.

아래는 이 나라를 최초로 건국하신 나라조상님들로 역대 제왕(諸王)을 지내신 분들이시다.

7世 환인(桓因)천제의 계보

제 1 세	안파견(安巴堅)	환인천제
제 2 세	혁 서(赫 胥)	환인천제
제 3 세	고시리(古是利)	환인천제

제 4 세	주우양(朱于襄)	환인천제
제 5 세	석제임(釋堤壬)	환인천제
제 6 세	구을리(邱乙利)	환인천제
제 7 세	지위리(智爲利)	환인천제

18世 환웅(桓雄)천황의 계보

제 1 세	거발한	환웅천황
제 2 세	거불리	환웅천황
제 3 세	우야고	환웅천황
제 4 세	모사라	환웅천황
제 5 세	태우의	환웅천황
제 6 세	다의발	환웅천황
제 7 세	거 련	환웅천황
제 8 세	안부련	환웅천황
제 9 세	양 운	환웅천황
제 10세	갈 고	환웅천황
제 11세	거야발	환웅천황
제 12세	주무신	환웅천황
제 13세	사와라	환웅천황
제 14세	치 우	환웅천황
제 15세	치액특	환웅천황
제 16세	축다리	환웅천황
제 17세	혁다세	환웅천황
제 18세	거불단	환웅천황

47世 단군(檀君)천황의 계보

제 1 세	왕 검	단군천황
제 2 세	부 루	단군천황
제 3 세	가 륵	단군천황
제 4 세	오사구	단군천황
제 5 세	구 을	단군천황
제 6 세	달 물	단군천황
제 7 세	한 율	단군천황
제 8 세	우서한	단군천황
제 9 세	아 슬	단군천황
제 10세	노 을	단군천황
제 11세	도 해	단군천황
제 12세	아 한	단군천황
제 13세	흘 달	단군천황
제 14세	고 불	단군천황
제 15세	대 음	단군천황
제 16세	위 나	단군천황
제 17세	여 을	단군천황
제 18세	동 엄	단군천황
제 19세	구모소	단군천황
제 20세	고 홀	단군천황
제 21세	소 태	단군천황
제 22세	색불루	단군천황
제 23세	아 홀	단군천황
제 24세	연 나	단군천황

제 25세	솔 나	단군천황
제 26세	추 로	단군천황
제 27세	두 밀	단군천황
제 28세	해 모	단군천황
제 29세	마 휴	단군천황
제 30세	내 휴	단군천황
제 31세	등 올	단군천황
제 32세	추 밀	단군천황
제 33세	감 물	단군천황
제 34세	오루문	단군천황
제 35세	사 벌	단군천황
제 36세	매 륵	단군천황
제 37세	마 물	단군천황
제 38세	다 물	단군천황
제 39세	두 홀	단군천황
제 40세	달 음	단군천황
제 41세	음 차	단군천황
제 42세	을우지	단군천황
제 43세	물 리	단군천황
제 44세	구 물	단군천황
제 45세	여 루	단군천황
제 46세	보 을	단군천황
제 47세	고열가	단군천황

가정의 구심점은 가장인 아버지이고, 가문의 구심점은 선대조

상님이며, 회사의 구심점은 회장이고, 또한 나라의 구심점은 대통령인데 그러나 이상하다.

민족의 구심점은 없다. 도대체 어떻게 된 것일까?

작은 가정에도 가문에도 회사에도 나라에도 구심점이 있건만, 또한 구심점이 있어야 가정도 가문도 회사도 나라도 질서 있게 유지되건만, 민족의 구심점이 바로 서지 않은 채 어떻게 하나의 나라가 질서 있게 발전하기를 바라고 있는 것인가?

이제 우리 모두는 민족의 구심점을 바로 세워야 한다.

전 세계 인류의 구심점이 되실, 우리 영혼을 보내주신 영혼의 주인이신 태상천존 자미천황님과 한민족의 영원한 구심점이 되실 개국시조 72위 나라조상님들이시다.

환인천제 7분은 나라의 태시조 조상이시고, 환웅천황 18분은 나라의 중시조 조상이시고, 단군천황 47분은 나라의 시조 조상이시다.

각자 조상님들이 종교일 수 없듯이, 나라의 72위 조상님들 역시도 종교가 아니시기에 종교화가 될 수 없고, 또한 그리 되어서도 안 된다.

순수한 우리나라를 최초로 세우신 한민족 모두에게 감사한 조상님들이시다.

수많은 단체들이 72위 나라조상님들을 앞세워 종교화로 시도하려는 단체들이 곳곳에 있으나 그것은 위험천만한 발상이고, 하늘에서나 72위 조상님들 모두가 원치 않으시기에 그 단체들이 번창하지 못하고 있는 것이다.

이분들의 절대적인 목표는 종교가 아닌 조상으로서 떳떳하게 후손들로부터 대우받고 싶으신 것이며, 천손민족임을 일깨워 세계 인류를 호령하는 하늘 태상천존 자미천황님의 훌륭한 백성으로 거듭 태어나 자손들 모두가 고통 없이 잘 살았으면 하는 것이 이분들의 진정한 뜻이다.

이분들의 관명은 모두가 최고 높은 칭호였다. 환인천제님은 하늘의 임금을 상징하는 천제(天帝), 환웅과 단군님은 하늘의 황제를 상징하는 천황(天皇)이었다.

즉 이분들은 한민족이 장차 세계를 지배할 하늘의 자손(천손)이 될 것이라는 것을 이미 알고 있었고, 그 숨은 진실을 관명(官名)을 통하여 가르쳐주고 있었던 것이다.

하늘의 허락이 없으셨다면 감히 그런 관명을 사용하지 못하였을 것이고, 하늘의 허락 없이 인간의 마음대로 사용하였다면 왕조는 일찍 무너져 역사 속으로 사라졌을 것이다.

천손이란 '하늘(태상천존 자미천황님)의 아들 딸'을 상징하므로 한민족은 위대한 하늘이 내리신 귀한 자손들이다.

하지만 우리 모두는 그 위대한 하늘의 진실, 조상님들의 진실, 우리 한민족의 존귀성, 개인 각자의 존귀성을 망각한 채 인생 자체를 힘들고 아프게 살아왔고 살아가고 있다.

모든 것은 때가 되면 진실이 밝혀지게 되어 있고, 모든 것은 때가 되면 원래대로 돌아가게 되어 있다.

이제 우리 한민족 모두는 참하늘이신 대우주의 태상천존 자미천황님을 찾고, 우리들의 뿌리(나라조상님과 개인 각자의 조상님)를 찾아 인간의 도리, 자손의 도리를 다하여야 태고의 옛 영토도 되찾을 수 있을 것이다.

또한 각자 인생의 잃어버렸던 행복과 웃음도 되찾을 수 있을 것이다.

우주의 태상천존 자미천황님께서는 72위의 나라조상님들과 또한 우리들을 창조하여 이 땅에 살게 해주신 우리 모두의 영혼의 주인공이셨다. 하지만 우리 모두는 영혼의 주인을 몰라보고 지금까지 살아왔다.

천지만물의 모든 것은 주인이 없는 것 같지만 모든 것에는 엄연히 주인이 존재하고 있다. 집도 주인이 있고, 회사에도 주인이 있고, 차에도 주인이 있고, 하찮은 동물도 주인이 있다.

크든 작든 모든 것에는 주인이 있기 마련인데, 이를 몰라보고 내 것이 아닌데 남의 것을 가지게 되면, 도둑이나 사기죄로 몰리게 되고 감옥에 가게 된다.

내 집이 아닌 남의 집에 주인 허락 없이 내 맘대로 들어가게 되면 무단침입 죄, 도둑으로 몰려 경찰이나 감옥에 가서 큰 죄는 큰 죄대로, 작은 죄는 작은 죄대로 죄의 대가를 치러야 되는 것이 인간사의 법칙이거늘 우리 사람에게 영혼을 주신 영혼의 주인을 몰라본 우리들의 죄. 우리 사람에게 육신을 주신 육신의 주인을 몰라본 우리들의 죄.

이 죄들은 과연 무슨 죄에 해당되고, 하늘과 조상님들께서는 이런 우리 사람과 자손들에게 어떤 처벌을 내리실지 생각들을 해 보셨는지 궁금하다.

우리 각자의 인생이 아프고 힘든 것은 인간들이 말하고 인간들이 알고 있는 '운이 없어서'도 아니요, '재수가 없어서'도 아니요, '때가 안 되어서'도 아니요, '타고난 팔자라서'도 아니다.

이는 하늘을 몰라보고 조상을 몰라본 각자의 죄에 대하여 하늘이 심판하고 조상들이 심판하여, 본인들이 행한 것에 대한 복은 복대로 죄는 죄대로 받고 있는 것이다.

그렇기 때문에 본인들의 인생과 가정이 마음먹은 대로 되지 않는다고 남을 탓할 필요 없이 하늘과 조상을 몰라본 각자의 죄이니 각자의 죄를 풀어야 한다.

이제 우리 모두는 각자 육신의 주인을 찾고 영혼의 주인을 찾아 본인들 스스로가 인생의 주인공이 되어야 한다.

언제까지 본인들 인생을 세상에 맡기고, 주위 사람들에게 맡긴 채 방관할 것인가?

각자의 소중한 인생은 구경꾼 인생이 아닌, 관람객 인생이 아닌, 주인공 인생이 되어야 하지 않는가?

드라마나 영화를 보면, 수많은 위험의 장면과 목숨을 잃을 것 같은 아슬아슬한 장면이 많이 있지만 주인공은 항상 극적으로 살아남게 된다.

또한 수많은 고통의 굴레 속에서도 진실하게 착하게 올바르게 사는 사람들은 처음에는 그 어느 누구보다도 고통과 시련이 많지만 결국에는 성공의 열쇠를 거머쥐고 활짝 웃게 되는 것이 주인공들의 삶이다.

이와 같이 주인공과 엑스트라의 삶은 틀리다.

또한 주인공과 엑스트라의 역할 분담도 틀리다.

우리 모두는 엑스트라의 인생이 아닌 주인공의 삶을 살아야 한다.

뿌리 없는 나무와 꽃은 작은 바람에도 지탱을 하지 못하고 쓰러져 죽게 된다. 하지만 뿌리가 튼튼한 나무는 큰 강풍에도 아랑곳하지 않는다.

주인공과 엑스트라.

뿌리가 튼튼한 나무와 뿌리가 없는 나무.

이것이 바로 우리네의 삶이다.

본인들 각자는 어떠한 삶을 원하고 어떠한 삶을 추구하는가?

인생을 값지게 주인공의 인생을 살고 싶은 자들은 이젠 하늘 원망, 조상 원망, 본인들 팔자타령이 아닌 잃어버렸던 각자의 본뿌리를 찾아야 한다.

본인들 인생의 주인은 석가, 예수, 성모, 상제, 공자, 노자가 아닌 태상천존 자미천황님과 나라조상님 그리고 각자의 조상님들이시고, 본인들 인생의 흥망성쇠의 열쇠는 본인들의 노력이 아닌, 하늘의 도움, 나라조상님들의 도움, 각자 조상님들의 도움에 달려 있다.

이제 본론으로 들어가 72위의 나라조상님들은 살아서나 죽어서나 훌륭한 분들이시다.

그 위대한 하늘을 이 땅으로 하강하시게 하였으니 그 위대한 하늘께서 다른 나라로 하강하실 수도 있었지만 72위 나라조상님들이 우주의 천지주인이신 태상천존 자미천황님께 오랜 세월 일심의 마음으로 눈물어린 충성에 충성을 하시면서 진심어린 마음으로 하늘에 빌고 또 빌어 한반도를 선택하시게끔 큰 공로를 세우셨다.

나라조상님들의 보이지 않는 나라백성 사랑의 일심된 마음 그 위대한 하늘께서도 나라조상님들이 자손들을 사랑하는 그 마음에 감동에 감동을 하시게 되었다.

2007년 5월 6일 입하 날.

그 위대한 하늘! 대우주 창조주 태상천존 자미천황님께서 수많은 백성과 천인들, 나라조상님들의 축하를 받으시며 하늘의 명 대행자 인황의 몸을 빌려 공식 하강하시어 성대히 즉위식까지 거행하시었다.

한민족을 부강한 나라로 만드시려고, 나라의 백성을 살리시고자 하늘을 강림시키신 나라의 72위 개국시조 나라조상님들과 자미국을 통하여 자미천황님의 나라 천상궁전으로 이미 입천(입궁)되신 모든 조상님들께 진정으로 감사드리며 그 공로를 높이 치하하는 바이다.

그동안 쌓이고 쌓였던 대한민국 자손들의 원과 한을 이제는 하늘의 도움, 나라조상님의 도움으로 차례대로 순서대로 풀 수 있으리라 본다.

자미국에는 이미 나라신전 제단 중앙에 환인천제 7위 신위를 중심으로 좌측에 환웅천황 18위 신위, 역대제왕 신위, 각성시조 조상신위, 호국장군 일체신위, 호국대사 일체신위를,

우측에는 단군천황 47위 신위, 애국지사 일체신위, 충의열사 일체신위, 호국영령 일체신위를 모시고 있다.

이제 우리 모두는 똘똘 합쳐 강해짐으로써 세계인류를 지배 통치해야 한다.

그래야 천손민족의 위상이 정립되고 나라조상님들의 원과 한, 우리 살아 있는 자들의 원과 한이 동시에 풀어진다.

훌륭한 나라조상님들의 공덕을 하늘이 치하하시고 계신다!

신의 종주국가로 새롭게 태어날 천손민족!

세계를 호령하며 인류 모두를 굴복시키는데 앞장서실 위대한 나라조상님들!

나라조상님들이 아니 계셨다면 감히 하늘 태상천존 자미천황님을 이 땅에 강림시키시지 못했을 것이다.

민족의 구심점으로 72위 나라조상님들이 서시고, 인류의 구심점으로 삼라만상과 우리 인류 모두를 창조하신 영혼의 어버이 태상천존 자미천황님께서 이 땅에 서시었다. 이제 새로운 동방 땅에서 인류 역사가 새롭게 시작되고 있다.

세상 모든 종교가 이제 급속히 문을 닫게 되고, 오직 하늘의 주

인과 자미국만이 세상에 우뚝 서게 될 것이다.

자랑스러운 한민족이 하늘 태상천존 자미천황님의 아들딸인 천손의 후예로 새롭게 다시 태어나서 세계인류를 지배통치하여 영도하리라. 이제 모든 가난을 물리치고 천손의 후예들은 근심걱정 없이 부귀영화를 누리며 살아가리라.

오랜 노력 끝에 하늘을 강림시키시어 세계인류를 다스릴 자미국으로 함께하신 72위의 나라조상님들과 각 성씨 모든 시조조상님들께 고마움을 표시한다.

감사합니다.

수고 많으셨습니다.

모든 나라조상님들!

이젠 울지 마십시오.

이젠 서러워 마십시오.

이젠 기뻐하십시오.

이젠 후손들이 하늘을 강림시키신 나라조상님들의 공로를 인정하고 훌륭히 지극정성으로 받들게 될 것입니다.

그동안 알아주는 후손들이 없어 얼마나 외로우셨습니까?

그러나 이제 천손들이 있지 않습니까?

그 원과 한을 나라조상님들의 후손인 자미국 천인과 백성들 모두가 힘을 모아 모두 풀어드리겠습니다.

위대한 나라조상님!

그동안 고생 너무 많으셨습니다.

하늘을 강림시키신 그 은혜 어찌 잊을 수 있겠습니까?

후히 예우하며 나라의 만백성들이 받들겠나이다.

하늘의 태상천존 자미천황님께서 이 땅에 강림하시어 즉위식을 거행해 하늘의 원과 한을 조금이라도 푸시었으니, 이제는 나라조상님들도 모든 원과 한을 풀고 편히 지내시기 바랍니다.

하늘을 강림시키시어 한반도를 인류의 구심점으로 세우신 그 높은 공로를 하늘이 알고 계십니다.

하늘의 태상천존 자미천황님께서 나라조상님들께 장하다, 고맙다 하십니다. 이제 힘내시고 이 나라의 후손들을 올바른 길로 이끌어주십시오.

각 성씨의 시조조상님들이시여!

하늘궁전 천상궁전 자미천궁에 오르시어 태상천존 자미천황님의 훌륭한 백성이 되신 것 축하드립니다. 여러 각 성씨 시조조상님들의 공로가 있었기에 위대하시고 천지만물을 창조하신 하늘께서 이 땅에 내려오실 수 있었습니다.

살아생전에는 하늘이 어디 있는 줄도 모르고, 죽으면 모든 것이 끝나는 줄 알았는데 이제야 그 하늘의 진실을 깨달으시게 되었으니 천만다행입니다.

이제는 천상궁전 자미천궁이 존재함을 깨달으셨으니 후손들도 책을 통하여 아직 천계에 오르지 못한 원과 한이 많은 각 성씨의 모든 조상님들께 구천세계에서 떠돌지 말고, 자손들을 앞세워 구원받을 수 있도록 메시지를 전해주시기 바랍니다.

하늘의 대우주 창조주께서 태상천존 자미천황님이라는 새 옷을 입으시고 공식 하강하심을 기점으로 해서 72위의 나라조상님들과 각 성씨 시조조상님들이 삼라만상을 창조하신 하늘을 모실 천상궁전 자미천궁을 지상에 건립하시려고 모두 팔을 걷어붙이셨다.

즉 하늘의 천궁을 지상에 건립해야 천손민족이 세계인류의 구심점으로 떠오르고, 더불어 나라조상님들도 후손들로부터 새롭게 대우를 받게 되신다.

그동안 관심 밖의 일로 생각되었던 모든 나라조상님들의 궁전이 이제는 공감하는 국민들과 국가적 차원에서 떳떳이 세워져야 한다. 우리 모두의 나라조상님들을 내팽개쳐버리고, 후손들이 어찌 두발 뻗고 잘 수 있으랴.

거처할 곳 없이 정처 없이 떠도는 신세가 되신 불쌍한 나라의 모든 조상님들께 참으로 죄송하였습니다.

그러나 이제는 후손들이 힘을 모아 하늘의 태상천존 자미천황님과 함께 머무실 지상궁전을 화려하고 웅장하게 이 땅에 세워드려 나라조상님들을 편히 모시겠나이다.

모든 나라조상님!

이제 저희들이 있습니다.

이제는 더 이상 슬퍼하거나 노여워하지 마십시오.

그동안의 노고와 후손들로부터 서러움 당하신 것 모두를 보상해 드리겠습니다.

이제는 후손들이 이 책을 통하여 많이 깨닫게 될 것이라고 봅니다. 힘드셔도 그때까지만 참고 기다려주십시오. 제가 앞장서서 후손들 모두의 마음을 돌려놓겠나이다.

인류와 민족의 구심점 자미국 궁전

우리의 혼을 잃어버리지 말자.

누가 뭐라 해도 한민족은 천손(天孫)의 자손이다.

세계인류를 지배통치하여 영도하며 살아가라는 하늘이 내리신 민족인데 어찌해서 내 모든 정신과 혼을 잃어버리고 인생을 종교에 모두 빼앗기고 살아가는지 안타깝다.

이제 보이지 않는 신을 섬기는 시대는 지나갔다.

각자가 직접 신과 하나 되는 천인(天人)이 되는 시대가 도래하였다.

인류의 가장 큰 소망이 무엇인가?

그것은 바로 영생이고, 이 영생을 현실적으로 도래하게 만드실 수 있는 분이 삼라만상을 창조하신 대우주의 천지주인이신 하늘 태상천존 자미천황님이시다.

모든 것은 각자 나의 마음속에 그 신명정기의 비밀이 숨겨져 있음을 찾지 아니하고 살아갈 뿐이다. 우리 몸에는 하늘의 기운이 흐르고 있다는 사실을 깨달아야 한다.

하늘 태상천존 자미천황님이 강림하시었다. 이젠 부처의 시대, 예수의 시대, 성모의 시대, 상제의 시대, 무속의 시대는 끝났다. 우리나라는 하늘 태상천존 자미천황님의 나라이고, 우리들은 하늘 태상천존 자미천황님의 후손들이다.

잃어버린 정신과 혼을 어서 되찾아 각자가 누구인지 깨닫고 새로운 나라 자미국으로 다시 출발해야 한다.

이 책은 나라조상님들의 숨겨졌던 존재를 수많은 백성들에게 알리는 계기가 될 것이다.

하늘의 천권과 천력을 행사하여 세계인류를 지배통치하게 해주실 하늘 태상천존 자미천황님이 동방의 작은 땅에 내려오실 수 있도록 나라조상님들이 큰일을 해내셨다. 뜻있는 하늘의 자손들이 모여 민족의 굴절되었던 역사를 바로잡고 나라조상님들의 원과 한을 풀어드려야 한다.

천손민족이여, 잠에서 어서 깨어나 민족의 무서운 결집력을 보여주어야 한다.

너와 나. 우리 모두가 힘을 합해 하늘과 나라조상님께 자미국 지상 자미천궁을 청와대 자리에 세워드려야 한다.

나라를 건국하신 72위의 환인, 환웅, 단군과 역대 제왕, 대통령, 장군, 신하, 각 성씨 본관별 시조조상님 위패를 봉안하여 7천만 민족의 정신적 구심점 자미국 지상 자미천궁을 세워 위대한 천손민족의 뿌리를 찾아 세우자.

환인, 환웅, 단군 72분을 비롯하여 주몽(동명성왕), 광개토대왕, 발해왕 대조영, 선덕여왕, 신라 29대 왕 김춘추, 서산대사, 사명대사, 원효대사, 의상대사, 진묵대사, 무학대사, 문무대왕, 김유신 장군, 대막리지 연개소문, 강이식 장군, 권율 장군, 강감찬 장군, 을지문덕 장군, 곽재우 장군, 최영 장군, 온달 장군, 고려태조 왕건, 조선태조 이성계, 세종대왕, 충무공 이순신 장군, 계백 장군, 도마 안중근 의사, 매헌 윤봉길 의사, 유관순 열사, 도산 안창호 선생, 백범 김구 선생, 철기 이범석 장군, 소파 방정환, 몽양 여운형 선생, 이승만 대통령, 박정희 대통령, 최규하 대통령, 김대중 대통령, 노무현 대통령 등등 이외에도 나라를 빛낸 조상님들은 많다.

나라를 위해 공로를 세운 분이나 목숨을 초계와 같이 던져 나라와 백성들을 구한 의사, 열사, 의인들은 우리 민족의 나라 신으로 봉안하여 모든 백성들이 받들고 참배하여야 한다.

그리하여 숭고한 나라조상님들의 훌륭한 민족정신을 받들어 계승 발전시킴으로써 그 얼을 후손 대대로 전하여 빛나게 하여야 마땅하다.

환인천제님은 BC 7199년경 지금의 시베리아 바이칼 호수 지역에 12환국(桓國)을 세우시었고 강역은 남북이 5만 리, 동서가 2만 리로서 거대한 하나의 제국을 세우시었고 하늘에 늘 제사를 지냈던 것으로 알려져 있다.

비리국, 양운국, 구막한국, 구다천국, 일군국, 우루국, 객현한국, 구모액국, 매구여국, 사납아국, 선비이국, 수밀이국 등 12개 국가이다.

하늘에 천상궁전이 있다면 땅에도 당연히 지상궁전이 있어야 음양의 조화가 맞지 않는가?

나의 논리에 공감하시거나 하늘과 나라조상님 전에 뜻이 있는 사람들은 동참하면 된다.

나라조상님들도 중요하지만 우선은 자신과 더 가까운 자신의 직계 조상님들께서 허공중천 구천세계를 떠돌지 않게 구원해 드려야 한다.

자기의 조상님들도 구원하지 못한 사람이 어찌 나라조상님들을 구원할 수 있겠는가? 그것은 사리에 맞지 않는 일이니 우선은 자기 조상님들부터 구원해 드려야 한다.

전국의 수많은 국민들이 공감하고 힘이 결집되었을 때 우리민족 모두의 나라조상님들 신위를 받들 수 있는 인류와 민족정신의 구심점인 자미국 자미천궁을 세울 수 있다.

건립 후원자 모두는 투철한 민족정신으로 나라에 귀감이 되어 대한민국이 존재하는 한 모든 국민들로부터 우레와 같은 박수갈채를 자손대대로 영원히 받을 것이다.

하늘 태상천존 자미천황님과 나라조상님들 신위를 모실 자미국 지상 자미천궁은 어느 종교단체의 한 종파가 아닌 인류를 지배통치할 하늘이 세우시는 국가이다.

세계인류와 우리 민족 모두의 정신적 결집체가 되고 영원한 구심점이 될 것이다.

삼라만상 대우주를 창조하신 태상천존 자미천황님은 우주에 한 분이시지만 아직까지 세상 그 어느 누구도 이분의 진정한 존재를 몰랐었다.

종교상 거론되는 하느님, 하늘님, 하나님, 여호아 하나님, 한울님, 한얼님, 한님, 하날님, 상제님, 천제님, 천존님, 천주님 이 모든 분들을 거느리고 다스리며 하늘과 땅 인간 모두에게 명을 내리시는 유일무이한 대우주 통치자이시고 천지인 총사령관이시다.

자미국 지상 자미천궁!

이곳 자미국은 종교를 세우고 기존 종교의 이론을 펼치는 곳이 아닌, 하늘, 신, 조상, 인간의 진정한 진실을 밝히고 진실의 뜻에 순응하여 살아서도 죽어서도 근심걱정 없이 행복하게 살 수 있는 진리의 길을 찾는 곳이다.

우리 모두의 고유 맥이라 할 수 있는 하늘 존경과 조상숭배, 인간 근본도리의 진실과 중요성을 널리 전파하여 인류와 민족정신의 구심점을 세우고자 한다. 살아계신 자신의 부모님을 지극정성 봉양하지 않음과 돌아가신 각자의 조상님을 숭배하지 않음은 도리에 맞지 않는다.

이제라도 그동안 소외되었던 나라조상님들과 역대제왕, 장군, 충신, 열사, 의사, 각 성씨 시조조상님들 신위를 자미국 지상 자미천궁을 건립하여 나라의 호국 신으로 봉안한 후 민족정신의 영원한 구심점으로 세워드려야 한다.

7천만 국민정신을 하나로 결집하여 위대한 천손민족의 기상을 드높일 때가 왔다. 하늘과 나라조상을 섬기고 받드는 국민들만이라도 하늘과 나라조상님들의 신위를 모실 자미국 궁전을 건립하는 데 앞장서야 한다.

이 책을 통하여 깨달음을 얻은 국민들은 우리 고유의 정신문화를 바로 세우고, 하늘 태상천존 자미천황님의 천권과 천력으로 보호받아야 국가를 지킬 수 있다.

힘이 없는 개인과 국가는 강자에게 지기 마련이고, 수천 년 내려온 우리 겨레의 얼은 우리가 지키고 세워야 한다. 뜻이 있는 사람들은 동참하면 된다.

우리는 백의민족이고 천손의 후예들이다.

우리 민족 고유의 정신문명을 지키고 세우려면 국민 모두가 하나로 뭉쳐야 자미국 궁전을 건립할 수 있다.

그래서 자미국 궁전은 인류와 민족의 정신적 구심점으로 세워 세계인류를 지배통치하는 위대한 천손민족으로 다시 태어나 이 나라를 살려야 한다.

위대한 하늘!

태상천존 자미천황님께서 이 나라를 보호하사, 세계 어느 국가도 우리나라를 침략하거나 간섭하지 못한다.

모든 외세로부터 국가와 민족을 수호하고, 나라정신을 지키며 인류를 다스릴 자미국 궁전 건립에 적극적으로 동참하는 것이 이 땅에 축생이 아닌 만물의 영장 인간으로 태어나 살고 있는 모두의 근본도리이자 의무이다.

인생의 고통은 행복의 근원이어라

보이지 않고 들리지 않는 하늘의 뜻을 찾아 지상에 하늘을 세우는 일, 나라조상님과 각자 조상의 원과 한, 그로 인하여 우리 산 사람이 겪을 수밖에 없었던 인생사의 수많은 사연들과 아픔 고통의 정체.

조상들의 원과 한, 산 사람들의 원과 한, 이 모두의 원과 한을 풀어 조상님과 이 나라 백성들이 잘 사는 길을 찾는 길은 외롭고도 쓸쓸한 긴 여정의 시간이었다.

남들은 모두 깊은 잠자리에 들어 있을 시간이건만, 나는 하늘과 조상님들의 뜻을 이 땅의 자손들에게 전하고자 밤새워가며 책을 집필하고 있다.

그냥 대충 대충하며 남들처럼 나 하나의 인생성공과 나 하나의 가정만 생각하며 살아도 되련만 하늘과 조상들께서는 내가 그렇게 살지 못하게끔 하셨다.

세상 그 어느 누구와도 정확한 대화가 이루어지지 않아 답답하셨던 하늘과 조상님들은 쉼 없이 나와 대화의 시간을 원하셨고, 하늘과 조상님들께서는 나에게 본인들의 대변인이 되어 본인들의 뜻을 세상에 알려주기를 바라고 또 바라셨다.

한번 왔다 가는 인생.

남들처럼 평범하게 살다 어느 날 훌쩍 떠나버리면 될 인생.

나는 무엇 때문에?

무슨 부귀영화를 누리려고 이리도 밤을 지새우며 하늘과 조상님들의 뜻을 전하고자 고생하고 있는 걸까?

많은 세월, 많은 의문들이 내 자신을 괴롭게 하였지만, 알고 보니 그것은 다름 아닌 하늘로부터 받은 나의 사명이었고, 조상님들로부터 받은 나의 사명이었다.

사후세계.

보이지 않고, 들리지 않는 세계이기에 많은 사람들은 사후세계에 대하여 아무 생각 없이 아무 의미 없이 하루하루를 보내고 있다.

지금 이 시간도 수많은 영혼들은 절규에 가까운 처절한 외침의 눈물을 이 땅의 자손들에게 보내고 있건만, 이 땅의 자손들은 그분들의 고통을 외면한 채 각자의 인생만 잘 살려 하고들 있다.

죽음의 세계.

모든 것이 끝이 아니다.

죽음의 세계.

새로운 시작을 알리는 하늘의 신호이다.

죽음과 함께 모든 영가들은 영계의 세계에 다시 태어나게 된다. 다시 태어남으로써 모든 영혼들은 영계의 세계에서 아기가 되어 버린다.

이런 사실 자체를 모르는 일반인들은 인생사 내 뜻대로 되지 않아 답답하고, 힘이 들면 절이나 무당집을 찾아가 조상 천도와 굿을 통하여 본인들 인생의 소원을 이루고자 하지만 인생사 달라지는 것은 하나도 없다.

인간 육신의 옷을 벗는 순간, 죽은 영혼들은 사후세계에 다시 태어나 아기가 되기에 아기가 되어 있는 각자의 조상들은 자손들을 도울 아무런 힘이 없다.

아기가 되어 있는 각자의 조상들은 반대로 살아 있는 자손들의 힘을 빌려 천상궁전으로 오르고자 학수고대하고 있다.

천도와 굿을 통하여 각자의 조상들은 소원을 이룰 수 없고, 산 사람들도 소원을 이룰 수 없다.

나는 많은 아픔과 고통의 시간을 통하여 하늘, 조상님들과의 대화의 시간을 통하여 숨은 진실을 알게 되었고, 이들을 구원할 수 있는 방법도 알게 되었다.

이 설명은 뒷부분에서 더 자세히 할 것이며, 본론으로 들어가 이토록 내가 고통의 세월을 지나 하늘과 조상님들께 받은 사명의 과정.

참으로 힘들고도 아팠지만 결과와 해법을 찾고 난 지금은 몸도 마음도 이 세상 그 누구보다 편하고 행복하다.

우리 독자들도 이 책을 통하여 인간의 도리, 자손의 도리 또한 각자의 도리를 다하여 앞으로 남은 인생 살아가면서 근심걱정 없이 행복하였으면 하는 것이 나의 간절한 마음이다.

또한 이 세상의 삶이 다하여 사후세계로 돌아갈 때 짧은 인생이었지만 뜻있고 부끄럽지 않게 살았음에 흐뭇해하며 웃으면서 떠날 수 있는 멋진 삶들이 되기를 하늘과 나라조상님 또한 각자의 조상님들과 나는 간절히 원하고 바란다.

한숨 쉬고 인생 푸념한다고 인생사 달라지는 것은 하나도 없다. 진정으로 잘 살고자 한다면 인간으로서의 근본도리와 의무를 다하여야 한다.

본인들 스스로는 하늘과 조상님 전에 아무런 선행과 공덕도 안 쌓고, 본인들만 잘되기를 바란다면 살아서도 죽어서도 하늘과 조상님 전에 받을 복은 하나도 없다.

하늘과 조상님들은 바보가 아니다. 우리가 하루하루 행한 일들을 하늘과 조상님들은 모두 알고 있고, 우리가 먹은 마음들 하늘과 조상님들은 모두 다 알고 있다. 우리의 모든 것을 다 알고 계시는 위대한 하늘과 조상님께 우리 인간이 대적해 본들 우리 인간은 그 분들을 감히 이길 수 없다.

이길 수 없다면 차라리 하늘의 뜻, 조상님들의 뜻에 순응하는 순천자가 되어 하늘의 복, 조상님들의 복을 받아 잘 사는 길을 찾는 현명한 사람이 되었으면 하는 것이 나의 바람이다.

하늘과 조상님들의 미움이 아닌 사랑을 받아야 앞으로 각자의 인생, 각자의 가정이 평안해져 각자 모두는 인생의 승리자가 될 수 있다.

제5부

조상영가들의 천상궁전

조상님들을 마귀라 박대하지 마라

인터넷에 올려놓은 글 한 대목을 보았다.

기독교에 심취한 네티즌이 올려놓은 것이었는데 그가 올린 글은 하나님과 예수님 찬양 일색이었고 각자의 조상은 사탄, 마귀, 악마이니 제사를 지내지 말자는 내용의 글이었다.

나는 이번 책을 통하여 독자 여러분에게 하늘, 신명, 조상님들께서 우리 인류에게 내리시는 또 하나의 진실을 만 세상에 전하고자 한다.

종교인들과 세상사람들아! 그대들은 알고 있는가?

하늘의 참뜻이 바뀌었도다. 세월의 흐름 속에 인간사의 모든 것들도 바뀌었듯이 하늘의 참뜻 또한 바뀌었도다.

바뀐 하늘의 참뜻을 아직도 모르고 인간이 만든 종교의 굴레에 갇혀 인간이 허우적대고 있으니 하늘이 웃을 일이고 구천세계에서 방황하는 만 조상들이 통곡할 일이도다.

또한 종교의 굴레에 갇혀 만 사람들이 고통의 삶으로 통곡을 하고 있도다.

도리천의 천주요 성주이신 하나님(천상천감님).

이분의 아들 예수도 본의 아니게 하늘에 죄인이 되어 있다는 사실을 그대들은 알고 있는가?

예수님께서는 살아생전에 "영혼의 부모님(하나님)만 열심히 찬양하고 육신의 부모들은 사탄, 마귀, 악마이니 조상에게는 제사 지내지 말고 절을 하지 말라." 가르쳤기에 현재의 기독교, 천주교에서는 이 뜻을 받들고 있다.

예수님께서는 죽은 후에 자신의 뜻이 잘못되었음을 아버지 하나님과 할아버지 하나님이신 태상천존 자미천황님으로부터 전해 듣고 용서를 빌었고, 이에 그의 아버지이신 하나님께서도 자식(예수)을 잘못 가르친 죄로 예수와 함께 죄인이 되어 태상천존 자미천황님께 용서를 빌고 있다.

또한 본인들로 인하여 자손들에게 박대를 받아 온 수많은 조상영가들에게도 죄인이 되어 영가들의 아우성에 예수님과 하나님은 정신이 없는 상태라 한다.

태상천존 자미천황님께서는 하늘, 땅, 해, 달, 별, 불, 물, 바람, 삼라만상을 창조하셨고 또한 우리 인간을 창조하여 이 땅에 살게 해주신 우리 모두의 영혼의 창조주이시며, 또한 사후세계에 계시는 각자 조상들 영혼도 창조하셨으며 예수님, 부처님, 상제님, 하나님도 창조하신 만생만물의 창조주이시며, 만생만물의 어버이이시다.

그러나 예수님께서는 그의 본 어버이(태상천존 자미천황님) 뜻을 무시하였다. 본 어버이의 뜻을 무시한 그 죄가 어찌 크지 않을 수 있으리오?

또한 사후세계에 있는 모든 조상영가들도 태상천존 자미천황님께서 창조하였다 하였거늘 예수님의 이론대로 각자의 조상이 사탄, 마귀, 악마라면 그럼 태상천존 자미천황님께서는 사탄, 마귀, 악마를 창조하였단 말이던가?

또한 각자의 조상을 사탄, 마귀, 악마로 여기게 함은 하늘의 창조에 반대함과 진배가 없는 말이었다.

이 얼마나 무례한 말과 행동들이었던가? 우리 모두도 언젠가는 사후세계로 가야 한다. 우리 모두는 좋든 싫든 준비된 예비 조상귀신들이다. 우리가 정녕 사후세계로 갔을 때 자손들이 각자에게 사탄, 마귀, 악마라 할 때 그 말을 듣는 각자의 마음은 과연 어떠할까?

태상천존 자미천황님의 진실 앞에서는 더 이상 어떠한 거짓도 어떠한 변명도 통하지 않는다 하였다. 사후세계에서 자손들에게 사탄, 마귀, 악마 취급당하고 싶으면 계속 자기 조상들에게 사탄, 마귀, 악마라 하면 된다.

하지만 그대들 역시도 죽은 후에 자손들에게 사탄, 마귀, 악마 취급당한다는 이 사실을 잠시도 잊어서는 안 된다. 각자가 행하고 뿌린 대로 자손들에게 받을 것이다.

또한 본인들의 조상을 사탄, 마귀, 악마 취급한 자손들은 죽어서 태상천존 자미천황님의 궁전 천상 자미천궁에 절대로 들어갈 수 없다. 천상궁전은 맑고 깨끗한 영가들이 오를 수 있는 천상의 궁전이다.

그런 고귀한 궁전에 살아생전 각자의 조상을 사탄, 마귀, 악마라 취급한 못된 사람들은 한 발짝도 들어갈 수 없다. 태상천존 자미천황님께서는 그런 영가들을 받아주지 않는다.

살아생전 하늘의 존재를 알고 조상님의 존재를 알고, 하늘의 고마움을 알고, 조상님들의 고마움을 알았던 착하고 예쁜 영가들이 올라갈 수 있는 궁전이 태상천존 자미천황님의 궁전 천상 자미천궁이다.

어느 누구도 알지 못했던 하늘의 진실이 태상천존 자미천황님의 말씀을 통하여 자미국 자미천궁에서 하나씩 밝혀짐에 태상천존 자미천황님께서는 용화세존 미륵존불님께 '천상도감님'이란 새로운 하늘의 관직을 내려주셨다.

또한 선천세계에 예수님으로 인하여 조상들을 박대한 대죄를 씻고 오라고 하나님(도리천주님)에게는 '천상천감님'이란 새로운 하늘의 관직을 내려주셨다.

천상도감님과 천상천감님은 태상천존 자미천황님의 명을 받들어 자미국 자미천궁의 인황과 사감의 몸으로 강림하시어 태상천존 자미천황님의 참뜻을 펼치시고 계신다.

'예수님'

2천 년 전, 태상천존 자미천황님의 황명을 받아 잠시 잠깐 인간세계에 왔다 간 성자임에는 틀림없다.

그러나 많은 사람들이 예수님 믿어야 천당 간다고 할수록 예수님은 태상천존 자미천황님 전에 죄인이 되어 고개를 들 수가 없다고 한다.

천상의 모든 신들을 지휘통솔하시는 분은 태상천존 자미천황님이시다. 그 사실도 모르고 예수님을 믿어야 천당 간다,라고 하고 있으니 그럼 우주의 주인이 예수님이란 말인가?

예수님이 하나님도 창조하고 부처님, 상제님, 우리 인간도 창조하였고 태상천존 자미천황님도 창조하였단 말인가? 누가 들어도 말이 안 되는 말이다.

예수님 위로는 예수님의 아버지인 하나님이 있고, 하나님 위로는 하나님 아버지인 태상천존 자미천황님이 계시건만 하나님과 태상천존 자미천황님의 존재가 다 필요 없이 예수님만 믿어야 천당 갈 수 있다면 세상만사 무슨 걱정이고, 하나님과 태상천존 자미천황님의 존재는 그럼 어떻게 되는 것인가?

하나님과 태상천존 자미천황님은 예수님이 하는 대로 그대로 따르고 있는 예수님의 아래란 말이던가? 정말 하늘이 대로할 일이고, 하늘이 뒤집힐 일이다.

그리고 또 한 가지 예수님을 믿는 그들의 이론대로라면 살다가 죽으면 사탄, 마귀, 악마라면서? 그럼 예수님도 이 땅에서 살다가 죽었으니깐 예수님도 사탄, 마귀, 악마 아니던가?

누구는 죽었다고 사탄, 마귀, 악마이고, 누구는 죽었는데도 신이고, 도대체 예수님의 이론과 예수님을 믿는 사람들의 이론은 일관성이 하나도 없다.

천상궁전의 주인은 예수님, 하나님, 부처님, 상제님이 아닌 태상천존 자미천황님이시다.

예수님, 하나님, 부처님, 상제님을 믿고 따라야 천당, 극락 가는 게 아니라 살아생전 육신의 부모 잘 섬기고, 사후세계의 조상들 구원 잘하고, 태상천존 자미천황님의 참뜻을 알아야 죽어서 천상 자미천궁에 갈 수 있다.

이런 하늘의 어마어마한 참이치를 깨닫지 못하고 자신(예수)의 이름만 불러주는 성직자들 때문에 예수님은 더욱더 고통스럽다 한다.

하나님은 천상천감님, 미륵님은 천상도감님으로 이분들 모두는 이젠 하늘 태상천존 자미천황님께 새로운 하늘의 관명을 하사받아 선천시대에 잘못 펼쳐진 모든 종교를 멸하고, 진정한 태상천존 자미천황님의 존재와 참뜻을 이 땅에 전하고자 합의 동참하시고, 지상 자미국 자미천궁에 하강 강림하시어 종교의 굴레에서 고통받았던 만인간과 만 영혼들, 만 신명들을 구원하고자 뜻을 함께하시었다.

이 모든 분들이 태상천존 자미천황님께 새로운 관명과 새로운 역할을 부여받음으로써 2천 년, 3천 년 이어져왔던 기독교와 불교의 모든 정기를 태상천존 자미천황님께서 거두시어 새로운 하늘의 정기가 이 땅에 내리고 있다. 그 정기는 기존 종교의 정기가 아닌 하늘 참뜻의 정기이다.

태상천존 자미천황님께서 펼치시는 세상은 서로가 서로를 배신하여 아픔 주고 상처 주는 세상이 아닌 서로가 서로를 아껴 주고 사랑해 주는 신과 인간, 조상 모두가 행복한 무릉도원의 세계를 이 땅에 펼치시고자 하시는 것이다.

조상을 사탄, 마귀, 악마라고 하는 기독교인들의 주장에 대하여 천지이치에 맞추어 반박해 보고자 한다.

마귀(魔鬼)는 한마디로 요사스런 귀신을 말하고, 악령(惡靈)은 못된 재앙을 내리는 사령(死靈) 즉, 원한 귀신을 말한다. 나실 때 괴로움 모두 잊으시고, 내가 이 세상에 태어날 수 있도록 육신을 빌려주신 아버지와 어머니.

교인들 말처럼 부모조상님들이 죽음으로써 부모조상님들이 요사스런 귀신이고 못된 재앙을 내리는 원한 귀신이 된단 말인가?

이 논리는 도대체 누구의 논리란 말인가?

예수님, 하나님, 미륵님, 부처님, 상제님, 모두와 통신을 하여 보았다. 그분들 모두는 그렇게 말씀하신 적 없다 하시면서 정답을 가르쳐 주셨다. 그 논리는 어느 누구의 논리도 아닌, 종교를 만든 인간들의 논리이고 그 종교 안에 가두기 위한 인간의 논리라고 말씀하셨다.

인간이 만든 인간의 종교 이론에 인간 스스로가 빠져 허우적대며 예수님과 하나님의 뜻이라는 둥, 부처님과 상제님, 미륵님의 뜻이라는 둥, 하늘과 조상님들의 뜻이라고 말하면서 하늘과 조상을 팔아 각자의 배를 채울 때 이를 지켜보는 하늘과 신과 조상님들은 이런 인간의 말과 행동에 역겹다고 하신다.

자기 조상님을 박대하지 마라.

말 못하는 조상님들의 저주가 자기 가정에 내린다. 또한 하늘의 진짜 주인을 본인 스스로가 바꾸려 하지 마라. 하늘의 재앙이 본인들 인생과 가정에 내린다.

또한 하늘의 진짜 주인을 몰라보고 살다 보면 각자의 자손들도 이다음에 성장하여 부모 고마움의 존재를 몰라보고 부모를 박대한다.

이 세상의 모든 사람들아!

각자의 조상들을 바로 찾고 하늘의 주인을 바로 찾아라.

각자의 조상들은 인간이 만든 종교 안에 있지 않도다.

각자의 조상들은 그대들의 몸 안에 있고 그대들의 가정에 있도다.

또한 만생만물의 정기 안에 숨겨져 있도다.

또한 진정한 하늘, 영혼의 어버이도 종교 안에 있지 않도다.

각자의 진실한 마음 안에 있고, 각자의 깨끗한 영혼 안에 숨겨져 있도다.

또한 만생만물의 정기 속에 숨겨져 있도다. 오랜 세월 인간의 종교 안에서 그 진정한 존재를 찾으려고 애를 써도 찾아지지 아니함은 종교 안에 없었기 때문이다.

각자의 조상과 각자의 인생 구원의 지름길은 종교 안에 있는 것이 아니라, 우리 모두의 원초인 태상천존 자미천황님 전에 있도다.

인생의 실패와 고통, 몸의 질병, 가정의 불행을 원하는 자, 지금처럼 종교의 굴레에 갇혀 허우적대면 되고, 인생의 성공과 인생의 행복, 몸의 건강, 조상의 구원, 신명의 구원, 자신 삶의 구원을 원하는 자, 지겨운 종교의 굴레에서 속히 벗어나 지상 자미국 자미천궁을 통하여 태상천존 자미천황님의 진정한 뜻에 순응하면 된다.

잘 살고 못 사는 것도 각자의 팔자라고 하였다.

하늘의 뜻에 순응하여, 하늘의 순천자가 되어, 하늘의 복과 하늘의 사랑을 받아 잘 사는 길을 선택하는 것도 본인들의 팔자요, 하늘의 뜻에 역천하여, 하늘의 역천자가 되어, 하늘의 벌을 받아 근심걱정의 인생을 선택하는 것도 본인들의 팔자일 것이다.

위대한 하늘 창조물의 완성은 우리 인간이다.

하늘의 뜻과 하늘의 창조에 대하여 반대하는 이들은 살아서나 죽어서나 하늘의 구원을 받을 수 없다.

각자의 부모조상님 모두도 대우주 천지창조주 태상천존 자미천황님의 창조물이니 그들이 죽었다 하더라도 마귀나 악령으로 몰면 안 된다.

"나의 창조물인 모든 조상영가들에 대해 더 이상 너희 인간들이 그들의 존재를 가지고 왈가왈부하지 말거라.

너희들의 산 부모와 죽은 부모에게 효를 다하지 못함에 있어 나를 함부로 찬양하지 말거라. 너희들의 지저분한 마음과 욕심으로 가득 찬 이중성격을 지닌 인간들의 마음이 내 눈에 훤히 보이기에 이내 마음 괴롭도다.

너희들이 언제 나를 보았다고 찬양하고 있더냐?

너희 부모조상들은 너희들을 이 땅에 출산시킴에 괴로움의 고통을 참아내며 너희들을 이 땅에 태어날 수 있도록 도와준 너희들 육신의 은인이니라.

육신을 준 육신의 부모에 대해 고마움도 모르는 자들이, 나를 본 적도 없으면서 너희들이 나에 대해 얼마나 안다고 감히 나를 찬양하고들 있는 것이더냐.

또한 불교인, 도인, 무당들도 하늘인 내 말을 잘 듣고, 불교의 중생들, 도인들의 중생들, 무당들의 중생들도 잘 들어라.

수천 년의 세월 동안 나는 높은 하늘세계에서 너희들이 한 것을 다 지켜보고 있었도다.

각자의 조상을 구원하려고 애쓰는 마음들은 기특하다 만은, 각자의 조상을 구원함에 있어 조건을 걸지 말고 인간들의 욕심을 버리고 조상구원에 힘쓰도록 해라. 각자의 조상을 구원함에 있어 각자의 조상들을 거지 취급하지 마라.

인간의 소원은 하늘을 찌르건만 조상에게는 손톱만큼의 정성을 들이고, 또 때로는 돈이 없다는 인간의 얄팍한 생각으로 돈 몇 푼 갖다 놓고 합동(단체) 천도재를 올리고 있으니, 각자의 조상들이 무슨 거지더냐.

그리고는 자손의 도리를 다한 것처럼 조상구원 했다 하면서 큰소리들을 치고 있으니 기가 막힌 노릇이도다.

너희들을 낳아주고, 너희들을 성장시킴에 오랜 세월 동안 고생고생만 하다 이 세상을 떠난 너희들 부모의 존재가 고작 돈 몇 푼 정도의 가치밖에 없더냐.

조상의 존재를 소중히 여길 줄을 모르니 상대방 또한 너희들의 존재를 무시하고 있지 않던가?

이제부터는 잘 들어라.

조상을 사탄, 마귀, 악마라 취급하는 자들은 너희들 역시도 인간사에서 사는 동안 사탄, 마귀, 악마의 인생을 살게 되어 배신과 고통의 인생을 살게 될 것이고, 조상을 구원하면서 조상을 거지 취급하는 자들은 그대들 역시도 인간사의 인생을 사는 동안 거지처럼 인생을 살게 될 것이다.

이제부터는 조상을 사랑할 줄 알고, 조상구원에 힘쓰는 자손이 이 땅에서 가장 잘 살게 될 것이니 내 말이 틀리나 맞나 지켜들 봐라.

또한 조상구원, 신명구원, 인간구원은 나의 권한이니 나의 권한을 침해하는 자들은 내가 내리는 하늘의 벌을 받을 준비를 한 다음에 의식을 행하도록 하여라" 하시는 강력한 하늘의 말씀이 있으셨다.

자신들의 몸에 수많은 신과 조상(귀신)들이 함께 살아가고 있음을 깨달아야 한다. 그분들이 원하고 바라는 것을 해드려야 불행한 인생에서 하루빨리 벗어날 수 있다.

몸 아프다고 병원부터 가지 마라.

그것이 죽으러 가는 저승길이다. 설령 치료가 되었다 해도 그 병을 일으킨 장본인은 자신들의 몸 안에 살고 있는 신과 조상(귀신)들이기 때문에 또다시 재발하거나 사건사고로 이어져 목숨을 잃거나 불행하게 된다.

즉 자기 몸에 들어와 있는 신과 조상(귀신)들의 원초적인 요구사항이 받아들여지지 않으면 질병이 아닌 다른 문제를 발생시켜 인생을 고통의 늪으로 인도하니 조상 입천제의식을 행하여 구원한 뒤 병원에 가서 치료받아야 한다.

죽음 이후의 모습들

죽음 이후의 세상은 어떻게 펼쳐지는가?

산 사람 모두가 가장 궁금히 여기는 대목이다.

만인 앞에 평등한 죽음!

잘 사나 못 사나 한평생은 80~100년이다.

빨리 죽어도 늦게 죽어도 그 차이는 100년이며 언제 얼마만큼의 풍요한 삶을 누리다가 죽는가? 그것이 문제일 뿐이다.

엄마 뱃속에서 죽어도 하늘이 정한 명이고, 100살에 죽어도 정한 명이다.

비명횡사도 수명장수도 모두 하늘이 내리신 명이다.

인명(人命)은 재천(在天)이라 했다.

잘 살고 못 살고 인간 개개인 수명 모두를 하늘에서 관장하신다.

질병, 사고, 자연사, 자살 등으로 목숨을 다하는 순간 육신이 명을 다함으로써 영혼과 육신이 분리되기 시작한다.

숨이 멎는 순간, 몸 안에 있던 영혼(정신)은 육신을 빠져나와 자신의 죽은 육신을 물끄러미 바라본다.

하염없이 자신의 모습을 바라보다가 자신이 죽었다는 것을 점차 깨닫기 시작한다. 많은 사람들이 향불을 피우고 절을 하며 애도를 표하는 모습을 보고는 당황한다.

정말 내가 죽은 것인가?

내가 왜 죽었지?

난 이렇게 멀쩡히 살아 있는데 왜 죽었다고 하지?

이렇게 좌절하고 있는 중에 자신의 육신이 땅에 묻히는 모습을 보거나 불속에 들어가 타는 모습을 바라보며 죽음을 조금씩 인정하게 되고 육신의 몸을 잃었음을 알게 된다.

자신과 살아생전 인연 맺었던 가족들과 친척, 지인, 친구들의 모습을 바라보며 하염없이 눈물을 흘린다. 장례식이 끝나고 선악에 따라가야 할 길이 정해진다.

살아생전 자미국을 통해 조상 입천제의식을 행하여 선행공덕을 많이 쌓은 영가들은 천상 자미천궁에서 선관(仙境의 관원)들이 내려와 천상으로 인도해 간다.

악행과 악업이 태산처럼 높은 영가들은 저승 명부전의 사자가 지옥으로 데려가고, 이도 저도 아닌 평범한 영가들은 갈 곳을 몰라 춥고 배고픈 허공중천 구천세계를 떠돌다가 그의 자손들 몸으로 들어간다.

허공중천은 사람들이 살고 있는 인간세계를 말하고, 떠도는 이 영가들은 가야 할 곳을 몰라 방황을 하게 된다.

육신이 묻힌 산소에 머무는 영가, 산이나 강에 가서 천지이치를 공부하는 영가, 자손들의 몸에 따라 들어가 자손과 함께 동고동락하는 조상영가로 나누어진다.

천상궁전에 오르지 못하고, 지옥세계 명부전에 끌려간 영가들과 자손의 몸에 들어와 살고 있는 조상영가들은 우리 생활에 막대한 영향을 미치고 있다.

이 중에서도 질병이나 정상적 죽음이 아닌 비명횡사 당해 억울하게 죽은 영가들이 산 사람들에게 가장 많은 고난을 주고 있다.

질병으로 죽은 사람이 가족들 몸으로 들어오면 그가 앓았던 질병을 산 사람도 똑같이 앓다가 죽는다.

비명횡사 역시 그가 자살로 죽었든, 사고로 죽었든 몸에 영가들이 들어옴과 동시에 그가 죽었던 것처럼 똑같이 목숨을 잃게 된다.

죽은 영가들은 가족들 몸에 들어와 자신의 고통을 호소하지만 산 자손들은 그 뜻을 헤아릴 길이 없다. 생자와 망자 간에는 언어소통이 안 되기 때문이다.

영가들이 산 사람들의 몸으로 들어오면 우리 인간은 여러 가지의 풍화환란을 겪게 된다.

갑자기 사업이 막히게 되고, 금전 문이 막히며, 알 수 없는 질병과 부부간의 싸움이 잦고, 신경질과 짜증이 잘 나며 술을 많이 마시게 되고, 정신병과 우울증, 불면증 등 조상들의 풍화환란은 인간의 상상을 초월하여 일어난다.

유령(원한 귀신)이 되는 죽음이란!

자연의 이치에 따라 때가 되면 누구나 죽음을 맞이한다.

그러나 죽음도 그 종류가 여러 가지이다.

천수를 다 누리고 자연사를 한 일반적인 죽음.

각자의 의지와 상관없는 낙태, 유산으로 인한 죽음.

청춘의 나이에 사고, 질병, 살해, 자살, 천재지변으로 인한 죽음.

정상적으로 죽지 못하고, 원과 한이 쌓여 억울하게 죽은 혼백은 저승에 들어가지 못하고 허공중천을 떠돌거나 그 가족들 몸에 들어가 온갖 조화를 부리며 살아간다.

우리 생활에 가장 큰 영향을 끼치는 혼령은 비정상적으로 죽은 혼령들이다. 이들은 원한 귀신이 되거나 악령으로 둔갑하여 수천 년 동안 인간세상에 영향을 미친다.

원과 한이 많은 조상영혼들은 입천제의식을 통하여 천상궁전으로 보내드리면 더 이상 문제되지 않는다. 하지만 우리 인간의 눈에는 신과 조상님들의 모습이 보이지 않기에 무심코 지나칠 수밖에 없다.

원과 한이 쌓인 채 죽은 혼령들은 인간세계의 미련을 쉽게 버리지 못하고 자신들의 가족, 친지, 타인의 육신을 빌려 그들과 함께 살아가고자 한다.

이런 영혼이 산 자손의 몸에 들어오게 되면 그 집안에는 뜻하지 않은 우환이 계속 생기게 되고 만사가 막히게 된다.

이런 풍파를 주는 것은 자손들이 미워서 그러는 것이 아니라 자신들이 찾아왔음을 자손들에게 알리는 죽은 영혼들의 메시지 신호이다.

한 집안에 어떤 질환이 계속 반복되는 것도 가족의 유전이 아니라 이 또한 조상님들이 찾아왔음을 알리는 신호이다.

정신병원에 들어간 사람들 대부분은 악령에 빙의된 사람들이 많다. 이런 경우는 일반 조상과 다른 신에 가까운 악령의 존재들이 많아 치유 자체가 불가능하다.

이들 중에는 사람들의 과거를 훤히 보는 영적 능력을 보유하고 있는 신과 조상도 있다. 이런 악령들의 현상은 우리나라에 국한된 이야기만은 아니다.

미국을 비롯한 전 세계에도 똑같이 일어나고 있는 현상들이다.

천주교 로마 바티칸시티 교황청에서도 매년 수천 명의 사람들을 악령으로부터 퇴치시켜 주고 있다고 방송한 바 있다.

미국에서도 일반 가정집에 귀신들이 살고 있어 초현대식 녹음장비로 귀신의 목소리를 녹음하고 귀신의 형상 사진까지 찍어 그 정체를 밝히고 있다.

케이블 TV 채널 Discovery, 심령솔루션, 엑소시스트에서 귀신에 대한 프로를 방영하고 있다.

전 세계에서 유령으로 일어나는 모든 현상들을 모아서 방영하고 있다. 유령들의 세계에 대해 좀 더 가깝게 우리 사람들이 접근하여 그들의 존재를 확실히 밝혀야 그들로부터 자유로워질 수 있을 것이다.

미국인들도 유령의 존재를 인정하지 않았었지만 자신들 스스로가 직접 유령으로 인한 고통을 뼈저리게 체험하고 나서는 그 존재들을 인정하고 받아들이고 있다.

한국인들이나 미국인들이나 영혼의 세계에 대해서 믿지 못하기는 마찬가지였다.

최첨단을 살아가는 시대에 무슨 귀신 타령이냐고 말이다.

그런 사고방식을 지니고 있었던 미국에서도 유령들로부터 큰 피해를 입은 후 정신적 충격을 받았다.

우리 인간의 얄팍한 지식과 이론으로 그들의 존재를 무시한다고 그들이 이 땅에서 사라질 수 있다면 그 얼마나 좋으랴?

신과 조상들은 우리 인간들이 그들의 존재를 무시하면 무시할수록 그들은 더욱더 강해져 결국은 인간들 스스로 굴복하게 만든다.

건강, 금전, 행복 이 모든 것을 다 잃고 굴복할 것이냐?

건강, 금전, 행복 이 모든 것을 지닌 채로 굴복하여 이 행복의 삶을 영원히 보존할 것이냐? 그것이 문제일 뿐이다.

세계 최초로 행해지는 조상 벼슬 입천제의식

하늘의 명을 받아 중견 사업가의 조상 벼슬 입천제의식이 시작되었다. 조상님 하강 청배의식이 시작되었다.

조상님께서는 태상천존 자미천황님의 윤허를 받아 하늘의 명 수행자 사감 몸으로 내려오시어 그동안 힘들었던 허공중천 사후세계의 고통을 한동안 하소연하시었다.

"이제야 살았구나."

하면서 안도의 한숨을 쉬었다.

태산보다 높은 원과 한을 풀게 되어 정말 고맙다고 자손의 손을 부여잡은 채 눈물을 흘리시며 그동안의 고통을 말씀하시면서 대성통곡하고 있었다.

그동안 자손이 없는 돈에 우리들을 위하여 천도재와 굿을 여러 번 해주었는데, 네 지극한 정성에도 불구하고 천상세계에 올라가지 못하고 오늘 이렇게 또 찾아오게 되어 미안하다면서 조상님께서는 벼슬 입천제의식에 기쁘면서도 한편으론 자손에게 미안한 표정이시다.

그러면서 하시는 말씀은 오늘에서야 수십, 수백 년 동안 조상들 가슴속에 맺혔던 응어리들이 모두 풀어져 후련하다고 말씀하셨다.

조상님들이 사감 몸을 빌려 자손과 눈물어린 상봉을 통하여 가슴에 맺힌 원과 한을 모두 풀고 나니 자손도 조상도 마음이 한없이 편해졌다고 했다.

다음 순서로 입천 호명의식으로 이어졌다. 자미천황님의 황명을 받고 천상에서 금빛 찬란한 자미천룡이 청의선관과 홍의선관을 태우고 벼슬 입천되시는 조상님들을 천상궁전으로 인도하기 위하여 지상 자미국으로 하강하고 있었다.

이제 조상님들께서는 각자 위패의 이름이 호명되면 순서대로 자미천룡에 오르라 하고 위패에 쓰인 각 조상님들의 위패를 호명하였다. 오늘 올라가는 자손의 직계 조상과 배우자 직계 조상과 양쪽 외가 당대 조상님들도 어서 오르시라고 하였다.

모든 조상님들께서 내가 호명한 순서대로 천룡에 오르니 그 영가들이 무려 수백 명이나 되었다.

입천 천경을 외우자 천룡은 순식간에 영가들을 태우고 쏜살같이 허공을 가르며 올라가더니 경문이 끝나감과 동시에 천상궁전 자미천궁의 넓은 잔디 광장에 사뿐히 내려앉고 있었다.

자, 이제 모든 일가 조상님들이 입천되어 천상궁전 자미천궁에 당도하였습니다. 청의선관과 홍의선관이 나와 수많은 조상님들을 인도하고 있었는데 입천된 조상님들은 얼굴색이 모두 밝고 편안해 보였고, 할아버지 할머니가 모두 청춘남녀의 모습으로 젊어졌다.

천상궁전에 올라간 조상님들은 인간세상에서 구경도 못해 본 비단 옷으로 모두 갈아 입혀져 있었다.

우주의 주인이시고 우리 모두 영혼의 어버이이신 태상천존 자미천황님께서 조상님들께 벼슬을 하사하여 주시었다.

할아버지께는 재상(총리)이란 벼슬을 하사하시었고, 할머니께는 재상부인으로, 아버지에게는 백만 대군을 거느리는 도독(정2품. 장관급)이란 벼슬과 어머니께는 도독부인으로 높은 벼슬을 하사하여 주시었다.

천상궁전 올라가신 부모조상님들께서 벼슬의 신분에 걸맞은 금빛 찬란한 관복을 입고 있는 모습이 보였다.

감격한 조상님들이 너무 좋아서 어쩔 줄 몰라 기쁨의 눈물을 흘리신다. 앞에 펼쳐진 금빛 찬란한 궁궐과 마중 나온 신선선녀들의 모습은 너무 아름다워 황홀하기까지 하였다.

천상궁전 자미천궁의 생활이 시작되고 있었다. 천상궁전에 오르면 일정기간 천상세계 적응과정에 들어가기 위해 천상법도를 공부해야 한다.

살아생전의 모든 원과 한이 풀어지고, 자의든 타의든 인간세상에서 살아생전 지은 모든 죄업을 하늘의 대우주 천지인 창조주이신 태상천존 자미천황님으로부터 사면령이 내려져 죄가 모두 소멸된다.

살아생전의 모든 잘잘못을 영혼의 어버이이신 태상천존 자미천황님으로부터 용서받는 것이다. 인간인 이상 죄짓지 않고 살 수는 없다.

또한 천상세계에는 영가들도 신분과 계급이 서열대로 존재하여 태상천존 자미천황님으로부터 벼슬을 하사받아 입천되면 많은 시종과 시녀를 거느리게 된다.

하지만 벼슬을 못 받으면 살아생전 신분이 아무리 높았다 해도 조상영가들은 싫든 좋든 높은 벼슬 하사받아 올라온 다른 조상님들의 손발이 되어 시중을 드는 신분이 된다.

벼슬을 하사받지 못한 조상님들이나 자신의 직급보다 낮은 조상들로부터 하례를 받는 것이 일상적 관례이다.

천상궁전은 선후가 분명한 계급사회이며 이승과 음양이 뒤바뀌는 현상이 벌어진다. 생전에 높은 벼슬을 하다가 사망한 경우, 신명세계에 대한 믿음이 없어서 자미국에 찾아오지 않아 벼슬을 하사받지 못하고 종교와 자손들 몸에 들어가서 허공중천 세계를 떠돌고 있다.

죽으면 그만이지 사후세계가 어디 있느냐고 부정하는 생각을 갖고 살다가 막상 사후세계로 들어가면 천추에 원과 한을 남길 정도로 처절하게 후회한다.

조상도 자손 잘 만나야 하고, 자손도 조상 잘 만나야 한다.

자손과 조상이 이 뜻을 함께 깨닫지 못하면 조상님들은 영원히 구원받을 수 없게 된다.

이승을 떠나 저승으로 들어가는 영혼들

천지의 만생만물 모두는 죽음을 맞이하게 된다.

태어남도 떠남도 모든 것은 우주운행의 천지이치일 뿐이다.

인간의 탄생과 죽음, 각자만의 기쁨과 슬픔, 많은 사연들이 있다. 생명의 탄생은 기쁨을 의미하고, 죽음은 슬픔과 괴로움을 의미한다.

모두가 두려워하는 죽음의 세계를 많은 사람들이 무지함 속에 죽음을 맞이하고 있고, 대책도 없이 죽음을 맞이하고 있다.

무지함과 대책도 없이 머나먼 죽음의 길로 떠나감.

무지함 속에 떠난 죽음의 길.

이승에서의 삶보다 억만 배 더 괴롭고 힘든 길이라면 각자는 어떻게 하겠는가? 힘들고 괴롭다고 죽음의 길에서 다시 돌아올 수도 없다.

살아생전 삶의 고통에서 피하는 방법은 여러 가지가 있다 하지만, 죽음의 길에서 힘들고 아플 때 어떤 방법으로 그 고통의 길에서 벗어날지 생각들을 해보았는가?

인간의 삶은 짧다.

이 짧은 생을 살면서 우리 모두는 인생의 행복을 위해 많은 노력과 많은 대책들을 세우며 인생을 살아가고 있다. 그러나 장구한 죽음의 세계에 대해서는 대책을 세우는 이들이 없다.

장구한 죽음의 세계가 아니라, 영원한 죽음의 세계인 두려운 죽음의 길.

피할 수 없는 죽음의 길.

우리 인간들 모두의 진정한 삶은 현세의 짧은 생이 아닌 다음 생의 장구한 죽음의 길인지도 모른다. 현세의 짧은 생에서 성공한 이가 인생의 승리자가 아니라 후생의 장구한 다음 생에서의 승리자가 진정한 승리자이다.

이승에서의 삶이 전부라면, 나도 보이지 않고, 들리지 않는 하늘의 뜻, 신의 뜻, 조상들의 뜻을 전하고자 이렇게 애쓰지는 않을 것이다.

내가 이렇게 애쓴다고 세상사람 누가 알아주랴?

또한 내가 전하고 있는 이 내용들을 누가 진심으로 믿어주랴? 믿고 따르는 자도 있을 것이고, 정신병자라 하는 이도 있을 것인데 믿음과 정신병자 둘 다 맞는 말일 것이다.

인간의 정상적인 마음만 있었다면, 나 역시도 내 인생의 행복과 내 가정의 편안함만 추구하며 이기적인 삶을 살았을 것이지만 나에게는 남들과 다른 증상이 어려서부터 있었다.

보이지 않는 하늘세계, 신의 세계, 조상세계. 죽음의 세계에 대하여 내 스스로가 궁금히 여긴 것도 아닌데, 쉼 없이 어느 누군가가 그 세계의 진실에 대하여 가르쳐주었다.

인간세계와는 담을 쌓게 만들었고, 내 개인의 삶과 개인의 욕망을 위해 살지 못하게끔 누군가가 한없이 나를 이끌었다.

그러던 어느 날인가부터 남을 위해 희생하는 삶을 살기로 결정을 내렸다.

고아원으로 들어가 고아원의 아이들을 위해 희생할까?

양로원으로 들어가 양로원에 외롭게 와 있는 노인들을 위해서 내 삶을 희생할까?

수녀가 될까? 도인이 될까? 절에 들어갈까? 수많은 고민 속에 갈등과 번민을 하였고, 내 마음이 내 마음대로 움직여지지 아니함에 내 자신을 질책도 해보았다.

그러던 어느 날, 하늘의 뜻을 받게 되었다.

하늘의 말씀은 존귀하고 장엄하나 알아듣는 이 없도다.

인간과 말하는 방법이 달라 어느 누구도 하늘, 신, 조상들의 애절한 마음과 답답한 마음을 알아주는 이 없다 하시면서, 그들의 손과 발이 되고 그들의 입이 되어 달라고 하시었다.

하늘, 신, 조상님들의 뜻을 이루어주고, 그분들의 소원을 이루어주고자 나는 그분들의 뜻대로 인간사의 삶을 포기하고 신의 길로 들어왔다.

물론 하늘, 신, 조상님들이 나의 육신의 몸을 원한다고 하였지만, 그분들의 손과 발이 되어줌도 내 마음이고, 안 되어줌도 내 마음이다. 두 번 다시 돌아올 수 없는 현세의 한 번뿐인 인생, 소중하지 않은 사람 어디 있으랴?

나 역시 한 번뿐인 내 현세의 삶, 나에게도 더없이 소중하고 귀중하다. 나도 인간사 잘 살고 싶고 재미있게 살고 싶었지만 하늘께서, 신께서, 조상님들께서 내 육신의 몸이 필요하다 하시니 그분들께 내 육신의 몸을 '드림'이 당연 이치 아니랴?

나 역시도 현세의 삶이 전부라면 이렇게 하늘, 신, 조상님들의 뜻을 펼치느라 애쓰지는 않을 것이다.

누가 알아주랴? 이렇게 애쓰는 내 마음을.

누가 알아주랴? 내 진심을.

인간사의 사람들은 내 진심의 마음을 절대로 알 수 없을 것이지만 하늘, 신, 조상들은 내 진심의 마음을 알고 있다.

내가 현세의 삶에서 나를 하늘, 신, 조상께 아낌없이 헌신함! 난, 보이지 않고 들리지 않는 죽음의 길, 사후세계의 길을 미리 준비하고 있는 것인지도 모른다.

현세의 삶에서는 남들처럼 평범한 인간의 삶을 못 살아 내 영혼은 슬플지도 모르지만 난, 짧은 인간의 삶을 계획하는 것이 아니라 장구한 사후세계의 삶을 난, 현세의 삶을 통하여 미리 준비하고 계획하고 있는 것인지도 모른다.

맞다.

장구한 죽음의 길.

아무런 대책도 없이, 아무런 준비도 없이 하루하루 무의미하게 살다 이대로 갈 수는 없다. 죽음 이후의 세계, 사후세계는 분명히 존재하고 있다.

이 책을 통해서도 사후세계의 진실 여부를 못 믿겠다면 안 믿어도 된다. 하지만 만인 앞에 평등한 죽음의 길은 세상 어느 누구도 피할 수 없다. 살아생전 그 세계를 부정한 이들이 정작 죽어 사후세계에 갔을 때, 사후세계에서도 부정을 할 것인지? 그것이 의문이다.

후회는 아무리 빨리 해도 늦다 했다.

죽음의 세계에서 통곡을 하며 자손들을 부르지만, 자손들 역시도 본인들이 살아생전에 죽음 이후의 세계를 부정하고 하늘, 신, 조상의 세계를 부정하였듯이 본인들의 자손들 역시도 본인들과 똑같이 죽음 이후의 세계와 하늘, 신, 조상의 세계를 부정하기에 구원받을 수 없다.

또한 살아생전 본인들 스스로가 하늘, 신, 조상 모두를 부정하였기에, 자신이 사후세계에서 고통을 호소하여도 자신의 고통에, 하늘, 신, 조상 모두도 자신의 고통에 외면을 하기에 영원히 구원받을 없게 된다.

짧은 인생의 삶을 위하여 전력 질주를 할 것이냐?

장구한 죽음 이후의 세계를 지상 자미국 자미천궁 대우주 천지인 창조주 태상천존 자미천황님을 통하여 미리미리 준비할 것이냐? 그것은 각자의 자유이고 각자의 마음이다. 믿는 자 따르면 되고, 못 믿는 자 부정하면 된다.

각자 삶의 주인공은 본인들 각자이니, 불행도 행복도 각자의 몫이다. 누가 뭐래도 나는 사후세계의 진실을 알기에 살아서도 죽어서도 하늘, 신, 조상들의 뜻에 순응하며 살 것이다.

처음에는 하늘, 신, 조상께 나를 희생하는 것 같지만, 나중에 시간이 지나 보면, 그분들께 희생함으로써 내가 얻게 되는 행복, 화목은 인간의 상상을 초월한다.

나는 앞으로의 인간사에 남은 나의 삶을 하늘, 신, 조상께 드리고자 최선을 다할 것이고, 죽어서도 그분들의 사랑을 받고자 최선을 다할 것이다. 독자 여러분도 나처럼 현명한 삶을 살았으면 좋겠다.

현세에서 현명한 이는 죽어서도 현명할 수 있다.

현세에서 죽음 이후의 길을 완벽하게 준비한 이들은 죽어서도 고통과 아픔의 길이 아닌, 올바른 길로 갈 수 있다.

현세에서 진실의 뜻에 순응한 이들은 죽어서도 진실의 뜻에 순응할 수 있다.

현세에서 하늘, 신, 조상의 존재를 믿고 따르면 그분들의 도움으로 인간사의 삶이 행복해지고 죽어서도 하늘, 신, 조상들의 도움으로 행복의 길로 갈 수 있다.

하늘, 신, 조상의 존재는 우리 산 사람의 마음과 같은 존재이다. 우리 산 사람 누구에게나 있는 마음은 분명히 존재는 하고 있으나 이 마음이라고 하는 부분은 인간의 눈에 보이지도 않고 인간의 귀에 들리지도 않는다.

하지만 안 보이고 안 들린다 하여 인간의 마음이 죽은 것은 아니다. 분명히 존재하고는 있으나 안 보이고 안 들릴 뿐이다. 하늘, 신, 조상의 존재가 이와 같다.

분명히 존재는 하고 있으나 우리 인간의 눈에는 안 보이고 인간의 귀에는 안 들릴 뿐이다. 귀신과 조상영혼이라는 말은 같은 말 같지만 이들은 확실히 구분되어진다.

죽은 영혼이 인간세상에 출현하는 경우를 통상 귀신이라 하고, 본인들 직계 가족의 망자들은 귀신이라 하지 않고 조상이라 한다. 자신의 조상님들이 사후세계에서 편히 계신지? 불편하신지는 자신의 삶과 자신의 가정을 살펴보면 된다.

현재 본인들의 모습은 사후세계에 계시는 본인 조상님들의 모습이다. 조상님들이 사후세계에서 고생하고 있으면 그 자손들 역시도 인간사의 삶이 고통스럽다. 각자의 조상님들은 각자 인생의 자화상이다.

각자 스스로는 각자의 조상님들을 구원할 수 없다. 또한 영가들 스스로도 천상궁전에 오를 수 없다.

지상 자미국 자미천궁을 통하여 상담을 받은 후, 우주의 주인이신 태상천존 자미천황님을 통하여 각자의 조상님들을 구원해 드려야 한다. 우주의 태상천존 자미천황님은 천지조화를 자유자재로 부리시는 분이시다.

1. 바람을 멈추거나 불게 하신다.

1. 눈과 비를 자유자재로 내리시고 멈추게 하신다.
1. 태풍의 진로를 마음대로 변경하신다.
1. 뇌성벽력을 모두 주관하신다.
1. 산 자의 생령을 자유자재로 부르신다.
1. 1만 년 전에 돌아가신 혼령도 불러주신다.
1. 천상의 신명들을 하강시켜 천인합체를 시켜주신다.
1. 입천제로 조상님들을 천상궁전으로 승천시켜 주신다.
1. 천인들의 생령을 천상궁전 자미천궁으로 인도해 주신다.
1. 생령에게 천상세계와 지옥세계를 구경시켜 주신다.
1. 신명들과 자유자재로 통신을 시켜주신다.
1. 새의 영혼과도 대화를 나눌 수 있게 해주신다.
1. 모든 질병을 소멸시켜 주시어 건강을 주신다.
1. 금전고통에서 벗어나게 해주신다.
1. 이혼한 사람을 다시 결합시켜 주신다.
1. 사업이 잘되게 도와주신다.
1. 여러 사고로부터 보호해 주신다.
1. 만 중생, 만 영혼, 만 신명들을 구원해 주신다.
1. 재앙으로부터 구해 주신다.
1. 모든 근심걱정과 우환을 소멸시켜 주신다.
1. 인간사에서 느끼지 못한 쾌락과 즐거움을 주신다.
1. 인류의 구심점 지상 자미국 자미천궁을 세워주신다.
1. 우담바라를 피게 하신다.
1. 나의 몸에서 빛이 발하게 하신다.
1. 나에게 하늘의 명 대행자 인황으로 명을 내려주셨다.

자미국 자미천궁!

자미국 자미천궁!

이곳에서는 하늘 태상천존 자미천황님의 명을 받아 많은 일들을 집행하고 있다. 하늘의 일을 집행함에 있어 기존의 어떠한 종교에서 행했던 의식들을 행하는 것이 아닌, 세상 어디에도 알려지지 않은 하늘 태상천존 자미천황님께서 가르쳐주신 대로 행하는 의식이다.

기존의 불교법도 아닌, 기독교 법도 아닌, 도교법도 아닌, 무속법도 아닌, 말 그대로 자미국 자미천궁의 모든 의식은 제2의 천지창조의 근원으로 태초의 의식이다.

구천세계에서 방황하는 만 조상영가들을 구원하는 입천제의식! 조상영가 구원 입천제의식은 하늘의 윤허(허락)를 받아 행하기 때문에 기존의 천도재, 굿, 기도와는 전혀 다른 하늘의 신성한 의식이다.

천상궁전의 주인이신 태상천존 자미천황님께서 직접 주관하시는 의식이기에 인간의 마음대로 인간의 생각대로 집행할 수 없는 고귀한 하늘의 의식으로써 각자 살아생전에 한번 행함으로써 조상님들 구원이 완벽하게 이루어지는 의식이다.

이 의식이 끝난 사람에 한하여 "나는 누구인가? 나는 이 땅에 탄생할 때 하늘로부터 어떠한 사명을 받았나?

내 안에 숨어 있는 또 다른 나는 누구인가? 나는 전생에 누구였으며, 다음 생에는 누구인가?"라는 정답을 찾는 천인합체의식을 행한다.

천인합체는 우리 인간이 행하고 싶다고 하여 인간들 마음대로 행할 수 있는 의식이 아니라, 우주의 주인이신 태상천존 자미천황님께서 허락을 하셔야만 가능한 의식이다.

다시 말하면, 지금까지는 인간이 불교, 기독교, 천주교, 도교, 무속세계를 다님에 있어 인간들 스스로가 그 종교를 선택하여 다녔지만 지상 자미국 자미천궁의 태상천존 자미천황님은 인간이 선택하는 것이 아니라, 태상천존 자미천황님께서 인간을 선택하신다. 태상천존 자미천황님의 허락이 있는 자손에 한해서만 가능한 의식이다.

태상천존 자미천황님께서는 마음이 맑고 깨끗한 자손에 한해서만 하늘의 천인합체 명을 내려주신다. 이 천인합체의식은 세계 어디에서도 아직 행한 적 없는 하늘 태상천존 자미천황님만의 고유권한이시고 태상천존 자미천황님의 대능력으로 인해 현실로 이루어지고 있다.

조상구원인 입천제의식과 신명구원, 인간구원의 천인합체 의식을 통하여, 하늘의 백성과 천인들이 모여, 세계인류의 구심점인 자미천황님의 나라 자미국 자미천궁을 이 땅에 세우고, 우리 민족 모두의 구심점이 될 나라조상님들 신위를 모셔드려 하늘, 신, 조상, 인간 모두가 행복한 무릉도원의 세상을 이 땅에 세움이 목표이다.

밤하늘에 빛나는 북두칠성을 포함하여 북극성(작은곰자리)을 기점으로 한 구역을 자미원(紫微垣)이라 한다. 우주의 일체 천상신명들의 중심 국가이다.

하늘의 모든 천주님(크고 작은 일체의 하나님, 하느님, 성주, 왕, 상제, 천존들)들을 거느리고 다스리시며 삼라만상 대우주를 창조하신 절대자 태상천존 자미천황님께서 거처하고 계시는 궁궐을 자미천궁(紫微天宮)이라 한다.

자미국(紫微國)은 세계를 지배통치하여 영도할 지상의 국가를 말하며, 자미천궁은 우주의 주인이 태상천존 자미천황님께서 계시는 천상궁전을 말한다.

우리 인류 모두는 저마다 다르게 천상세계를 표현하는데 유토피아세계, 이상향의 세계, 지상천국, 지상낙원, 용화세계, 지상선국, 무릉도원 등등의 말들은 천상세계를 상징한다.

인류의 오랜 소원을 현실로 실현하고자, 이상향의 세계를 꿈이 아닌 현실로 실현하고자 지상 자미국 자미천궁이 이 나라에 개국을 하였다.

인간의 삶을 사는 동안 인간이기에 겪을 수밖에 없는 질병, 금전고통, 우환, 불행에서 벗어나 근심걱정 없는 무릉도원의 세상을 지상에 펼치고자 내가 인류를 대표하여 그 뜻을 현실로 실현하고자 책을 집필하여 세상에 전하고 있다.

불가능의 세계, 가상세계, 공상세계는 시간이 얼마나 걸려 현실로 나타나는지 그것이 문제일 뿐 모두 현실로 이루어지고 있음을 독자 여러분도 잘 알고 있을 것이다.

이런 꿈같은 세계를 현실화시키는 데 있어서 그동안 왜 불가능했는지에 대한 문제점들을 하나하나 찾게 되었다.

즉 인간의 힘(人力)만으로는 실현될 수 없는 세계였음을 알게 되었다. 신선들처럼 살아가는 세상을 만들려면 신선들이 인간세상의 인간 몸으로 하강해야만 가능한 일이었다.

이렇게 신선으로 알려진 존재는 바로 천상세계에 있는 천상신명들이었다.

천상신명님이 인간의 몸으로 하강하심에 있어서는 인간 육신의 몸이 청정해야 한다. 조상영가들을 비롯하여 잡신이나 귀신, 악령, 악신, 악마, 사탄, 마귀의 존재들이 각자의 몸 안에 들어와 있으면 천상의 신명님들은 하강하지 않는다.

그렇기에 조상 입천제의식을 통하여 조상님들을 천상궁전으로 승천시켜 드림으로써 각자의 몸을 청정지 수월도량으로 만들어야 한다.

또한 천상의 신명님들은 완벽한 것을 좋아하시기에 팔다리가 정상이 아닌 사지 망실자, 선천적 또는 후천적 불구자의 몸은 싫어하시고 시각, 청각, 언어 장애자 역시 천상의 신명님들은 싫어하신다.

다시 말해, 천인합체의 명을 받을 수 없다는 말이다.

하지만 예외도 있는데 육신이 불구라 할지라도 마음이 깨끗하고 순수한 하늘의 마음을 가진 사람들에게는 엄격한 심사과정을 통하여 천인합체의 명을 내려주신다.

육신의 불구보다는 마음의 불구 즉 하늘, 조상, 신을 깨닫지 못한 사람들은 선택받을 수 없다.

이미 그들에게는 하늘의 천벌이 내려진 상태이기에 그들은 정상인이 아닌 것이다. 천상의 신명님들이 천벌을 받고 있는 인간 육신의 몸을 빌려 하강하실 이유가 없다. 위대하신 하늘께서는 한 사람에게 두 번의 기회를 주지 않는다.

또한 이미 신을 받은 상태인 박수, 도사, 법사, 보살, 무당신명의 몸도 선택하지 않는다. 정신이상자, 간질, 말기 암, 중풍 등 중증 질환자들의 몸도 선택하지 않는다.

천상의 고급 신선들은 대우주 창조주이신 태상천존 자미천황님의 상단신명님들이시기에 아무 몸으로나 하강하시지 않는다. 살아생전 신선과 천인합체의식을 통해서 신선이 될 수 있으나 절차가 이토록 까다롭기에 아무나 할 수가 없다.

요약한다면 신선이 되려는 사람들은 우선 자신 몸에서 인간 모르게 살아가고 있는 정체 모를 모든 존재와 자신의 조상님들을 구원하는 조상 벼슬 입천제의식을 행한 다음에 육신과 정신이 청정한 상태에서 천계의 신선들을 몸으로 하강시키는 천인합체의식을 거행하여야 한다.

위와 같이 지상 자미국 자미천궁은 인간을 신선의 반열로 만드는 의식을 진행하고, 지옥에 있거나 구천세계를 떠도는 조상영가들을 입천제의식을 통하여 천상궁전 자미천궁으로 인도하는 구원의식을 행하는 곳이다.

이런 의식을 행함으로써 첫째, 모든 조상들이 구원되어 자손들의 몸을 떠남으로 산 자손들과 조상님들이 모두 편안해지고, 천계의 신선들 역시도 인간 육신을 얻어 기뻐한다.

둘째, 천계의 신선들도 천인합체의식을 통해서만 인간 육신의 몸을 얻을 수 있어 신선들의 조화 법이 내린다.

이렇게 1차로 1만 2천 신선들을 탄생시켜 꿈의 세계 이상향의 무릉도원세상을 열고, 단계별로 13만 2천 명을 추가로 배출하여 세계를 정복하여 지배 통치 영도할 하늘의 천인과 백성들을 배출한다.

이렇게 됨으로써 세계 모든 국가들이 자미국의 연방국가로 탄생하기에 자미국이 있는 대한민국은 세계의 종주국으로 탈바꿈한다. 이것이 옛 선인들이 예언했던 신의 종주국이다.

전쟁 없는 평화의 세상을 만들고자 자미국 자미천궁이 개국되었다.

각자 육신에 들어와 살고 있는 조상님들을 구원해 주고, 천계의 신선들을 인간 몸으로 하강시켜 인간의 힘으로는 수억 년의 세월이 흘러가도 이룰 수 없는 이상향의 무릉도원 세상을 각자 신선이 되어 세우는 것이다.

고차원적 천상의식을 행하고, 세계인류가 스스로 감동하여 자미국의 연방국가로 귀속되게 천상공무를 집행하는 곳이 지상 자미국 자미천궁이다.

인간세상의 국가를 세우려면 영토, 백성, 주권이 있어야 하지만 자미국은 그런 인간세상의 국가를 세우는 것이 아니라 천상세계 신명들의 국가를 세우는 곳이다.

현재 시점에서는 이해하기 어려운 자미국 건국이지만 이런 대역사는 하늘의 천력과 천권으로 행해질 하늘의 완성설계도로 보면 된다.

즉 인간의 국가 건국과 다르다.

천인합체의식을 행하였거나 태상천존 자미천황님의 실재하심을 진심으로 인정하여 자미국에 입문한 천손의 자손들에 한해서 건국에 참여하고 하늘 백성의 자격이 주어진다.

인간세상에 존재하지 않는 천상국가를 세우는 일이니 망상이라고 할지 몰라도 하늘의 천령정기 기운으로 자미국은 이미 개국되어 천상지상공무를 집행하고 있다.

시작 단계이기에 쉽게 믿기는 어렵겠지만, 모든 인류문명의 발전은 상상 속에서 시작되었다. 상상 속에서 시작한 인류문명은 현실화되었다.

상상 속에서 시작한 인류문명이 현실화되었듯이, 천상의 신선(신명)들께서 세우시는 지상의 자미국 건국, 지금은 상상 속의 이야기로 들릴지는 모르지만 천지자연의 이치에 입각하여 자미국의 뜻은 현실로 이루어져 대한민국뿐만이 아니라 세계만방으로 펼쳐질 것이다.

무릉도원 이상향의 세상건설.

이제까지는 종교적 관점에서 꿈속의 허상처럼 다루어왔으나 이제는 이를 좀 더 현실화시키려 한다. 발명가 한 사람이 수천 번의 실패 끝에 위대한 문명의 이기를 개발한 것처럼, 이곳 또한 천상에서 내려주시는 수많은 메시지를 통하여 인류의 구심점으로 우뚝 서고자 최선을 다하고 있다.

기존의 절이나 암자를 세우는 것도 아니고, 교회나 성당을 세우는 것도 아니다 보니, 참으로 힘들고도 힘들지만 하늘, 신, 조상님들께서 원하고 바라시니 그분들께서 가르쳐주시는 대로 나는 행할 뿐이다.

내가 살아서 이 꿈을 현실로 이루는 것도 하늘의 뜻이요, 또한 이 뜻을 이루지 못하고 이 세상을 떠난다 하여도 이 또한 하늘의 뜻이리라. 하늘, 신, 조상님들께서 원하시는 세상이니 내가 인간 육신의 몸으로 이 땅에 살아 있는 한 그분들의 뜻대로 행하여 드릴 뿐이다.

왜?

하늘, 신, 조상님들이 원하시니깐.

하늘, 신, 조상님들이 원하신다면 우리 인간은 그분들이 원하고 바라는 것을 해드려야 하는 것이 아닌가?

설령, 내가 잘못된 계시를 받아 잘못 행하여 하늘 태상천존 자미천황님 전에 천벌을 받아 내일 이 세상을 떠난다 하여도 두렵지 않다. 오늘이라는 시간 속에 내 자신이 살아 있음이 감사할 따름이다.

오늘이라는 시간 속에 내가 이 땅에 살아 있음으로써 위대하신 태상천존 자미천황님의 뜻을 이 세상에 전할 수 있음에 감사할 따름이다.

각자는 내일이라는 시간에 맞추어 인생의 계획도 세우고 10년 20년 30년 후의 인생의 계획을 세우고 인생의 목표를 세우겠지만, 나는 하늘의 계획, 죽음 이후의 계획을 세우는 하늘의 일, 한편으론 너무 힘들지만 한편으론 기쁘다.

누가 믿어주든 안 믿어주든 중요치 않다.

산 사람들에게는 칭찬의 말을 못 들을지는 모르지만, 위대하신 하늘 태상천존 자미천황님께서는 순간순간 칭찬의 말씀을 내려주신다.

"잘했다, 수고 했다" 하시면서 위로도 해주시고, 수시로 하늘 태상천존 자미천황님께서는 하늘의 선물도 주시기에 하나도 힘들지 않다.

또한 내가 잘못된 글을 쓰면 대능력자이신 태상천존 자미천황님께서는 이 부분은 틀렸다 하시면서 모든 것을 다 바로잡아주시니, 나는 태상천존 자미천황님께 나의 손과 발, 입 육신을 빌려드리면 된다.

하늘세계의 건설, 무릉도원의 세계건설.

최초이니 꿈만 같다. 나 역시도 때로는 믿어지지 않는다. 하지만 태상천존 자미천황님께서는 말씀하신다.

"겁낼 것 없다. 하늘세계의 건설은 자미천황인 내가 세우는 것이지, 인간인 네가 세우는 것이 아니다.

내가 세운다는데 왜 네가 겁먹고 있느냐?" 하시면서 껄껄껄 웃어주신다.

이 글을 쓰면서 독자들의 거부 반응에 대하여 내가 겁을 먹자 태상천존 자미천황님께서는 나를 위로해 주셨다.

스스로 자미국 자미천궁에 입문하여 각자의 몸으로 태상천존 자미천황님께서 내리시는 천계의 신비한 천령정기의 기운을 느껴보면 나의 말이 무슨 말인지 스스로 알게 될 것이고, 여느 곳과는 너무 다른 태상천존 자미천황님의 천령정기 기운에 스스로 놀라게 될 것이다.

눈속임이나 회유, 권유, 강요가 필요 없다.

각자 육신의 몸을 통하여 스스로가 느끼게 되기에 하늘의 진실만이 존재할 뿐이다.

이곳 자미국은 종교의 교리를 전파하는 곳이 아니다.

그러기에 경전이나 교리가 없고 국가 개념만 있는 곳이다.

인생의 부귀영화 그리고 살아가면서 근심걱정 없는 꿈의 세상을 세워 우리 모두가 평화롭게 편히 살아가는 참다운 이상향의 무릉도원 세상을 세워나가는 곳이다.

하늘께서는 오래전에 우리 인류 모두에게 문제를 주심으로써 그 문제를 풀게 하시었다.

우리 인류는 하늘이 주신 문제를 풀어야 한다. 이 세상의 누군가는 하늘이 우리 인류에게 내리신 문제(지상낙원 건국)를 풀어야 하지 않는가?

하늘께서는 우리 인류에게 문제를 주심에 있어 처음부터 정답 없는 문제는 주시지 않으셨다. 또한 우리 인류가 풀지 못할 문제를 주신 것도 아니었다.

단지 우리 인간이 무지하다 보니, 하늘께서 감히 우리 인류에게 주신 문제가 있었다는 것조차 모르고 살아가고 있을 뿐이다.

나는 하늘이 인류에게 내리신 문제를 하나하나 풀어가고 있는 중이다.

문제를 하나하나 풀어갈 때마다, 하늘 태상천존 자미천황님께서는 활짝 웃어주시며 "힘내라" 하시면서 격려의 말씀도 아끼시지 않는다.

또한 천상궁전에 입천되신 나라조상님들께서도 하늘의 진실을 하나하나 밝힐 때마다 "태상천존 자미천황님 만세! 대한민국 만

세! 지상 자미" 하시면서 매우 기뻐들 하시며 기쁨의 눈물을 흘리고 계신다.

세상 그 어느 누구도 풀지 못했던 하늘 태상천존 자미천황님의 문제를 대한민국의 자손이 풀어 나감에 영광의 눈물을 흘리시며 태상천존 자미천황님 전에 충성을 하시며 "대한민국의 자손들 살려 주옵소서, 대한민국의 영가들 구원하여 주옵소서, 지상 자미국 자미천궁 세워 주옵소서" 하시면서 열심히 충성하시는 나라조상님들의 충성스런 모습에 나의 눈시울은 뜨거워진다.

해답 없는 문제를 풀고자 함이 아니다.

이미 그 해답은 주어졌건만 진정한 하늘의 백성과 하늘의 천인이 부족하다 보니 힘이 들 뿐이다. 진정한 하늘을 찾고자 하신 분들, 조상님 구원에 진심으로 열과 성의를 다하신 분들, 인간의 삶을 소중히 여기며, 나라조상님 뜻에 동참할 분들은 뜻을 합해 자미국 자미천궁의 건설에 근본도리이자 의무로서 무조건 적극 동참해야 한다.

"백지장도 맞들면 낫다" 했듯이, 인간세계 건설도 아닌, 하늘세계건설을 나 혼자의 힘으로 어찌 가능하겠는가?

또한 자미국 자미천궁 건설에 동참하는 사람들은 살아서도 죽어서도 하늘, 신, 조상님들께 복을 쌓는 일이기에 각자의 인생에도 많은 발전이 있을 것이다.

미스터리 극장 위험한 초대와 토요 미스터리 극장을 통하여 귀신들의 출현으로 인하여 우리 일상생활에 일어나는 불가사의한 일들을 많이 보았을 것이다.

그것이 바로 보이지 않는 귀신세계의 기운이다. 귀신들조차도 그런 신비의 기운이 있는데 태상천존 자미천황님 궁전에 계시는 천상신명과 신선들의 기운은 오죽하랴.

귀신과 천상의 신선들의 기운은 하늘과 땅 차이이다.

우리 인간이 하늘의 천령정기만 자유자재로 빌려 쓸 수 있다면 불가능은 없다. 인간의 힘으로는 아니 되었던 이상향의 무릉도원 세상 건설 또한 하늘과 천상신선들의 신비스러운 힘을 빌리면 얼마든지 가능한 일이다.

나는 천지대능력으로 무소불위한 천지조화를 온몸으로 직접 체험했다. 나뿐만이 아니라 많은 일반인들도 천지대능력의 무소불위한 기운을 수시로 느끼며 살아가고 있지만, 단지 일반인은 모르고 지나칠 뿐이다.

어떤 이들은 나와 만나기만 하여도 기분이 날아갈 듯 좋아지고, 근심걱정이 모두 없어지고, 막혔던 일이 쉽게 해결되었다고 하면서 저절로 힘과 새로운 희망이 용솟음친다고 했다.

상대방들은 나의 기운이라고 생각하고 있을 테지만 천상의 태상천존 자미천황님과 자미황후님, 천상선감님(천상감찰신명님), 천상천감님(도리천 하나님), 천상도감님(도솔천 미륵님)께서 내려주시는 천지대능력이다.

수많은 사람들이 본인들 스스로 천지대능력을 직접 느끼기에 거짓을 말할 수 없다.

이들 모두는 자미국 행사에 참석하여 태상천존 자미천황님의 천지대능력 조화를 스스로 느끼고 그들이 느꼈던 신비한 현상들을 나에게 직접 말해 주고 있다.

각자 집에서 기도할 때와 이곳 자미국 자미천궁에 참석해 기도하면서 느끼는 천지대능력은 그 차이가 너무나 크고 많다.

조상님들이 가고 싶은 곳은 천상궁전

이곳은 종교가 아닌 태상천존 자미천황님의 지상 국가이며 하늘의 진정한 뜻인 인류의 구심점 역할과 조상님들이 간절히 바라고 원하시는 말씀을 그 자손들에게 전해주어 각자의 조상영혼들을 천상세계로 인도하여 그들을 구원하는 곳이다.

조상부터 잘 받들어야 매사 일이 잘 풀린다.

살아계신 각자의 부모님을 지극 정성으로 봉양하지 않고, 돌아가신 자기 조상님을 사랑하지 않음은 자손으로서의 도리에 맞지 않다.

모든 조상님들의 오랜 소망은 오매불망 기다리던 천상세계 무극대천의 천상궁전인 자미천궁으로의 입궁이다.

설이나 추석, 한식, 기제사와 성묘 때 자손들이 찾아와 올리는 절이나 제사 음식을 기다리는 것이 아니라 살아생전 알 수 없었던 높은 천상궁전에 오르는 것이 부모조상님들의 간절한 소망이다.

독자들도 곰곰이 생각해 보라.

살아계실 때는 하루 세끼 식사를 하셔야만 살 수 있었던 부모조상님들이신데, 돌아가시어서는 1년에 3~4회 자손들이 차려주는 명절차례와 제사로 어찌 만족하시겠나?

그리고 언제까지 자손들의 손길을 기다려야 하는지 답답하기만 하다. 나는 수많은 신명들과 조상영혼들을 청배하여 그분들과 수많은 대화를 나누어보았다.

신명이 인간에게 원하는 것은 천인합체, 신인합체, 신선합체였고, 각자의 조상님들은 이구동성으로 무릉도원 천상궁전으로의 입천(입궁)이었다.

하지만 산 자손들은 사후세상 지식이 없어서 죽으면 모든 것이 끝이기에 사후 세상은 존재하지 않는다고 하면서 조상구원을 하지 않으려 하니 구천세계에 있는 조상님들은 속이 새까맣게 탄다. 죽어봐야 안다고 했던가?

물론 산 자손들의 눈에는 조상님들의 모습이 보이지 않으니 이렇게 말할 수도 있다. 하지만 본인들의 의지와 상관없는 고통의 인생들은 어찌한단 말인가?

산 자손들 스스로가 보이지 않는 조상세계의 진실을 모두 안 다음에 자기 조상님 구원을 하려 하면, 그것은 매우 위험한 일이다. 본인들 스스로가 조상 세계를 알기 전 본인들의 인생은 내리막길 인생이 되기에 돌이킬 수 없는 고통을 자초하는 인생의 길이다.

조상님들께서는 그 시간 동안 산 자손들을 기다려주지 않는다. 산 자손들은 이 책을 통하여 깨달은 바가 있으면 가족들이 더 많이 인생의 고통을 겪기 전에 각자의 조상님들을 천상궁전으로의 승천(입천)의식을 통하여 하루라도 빨리 조상님들을 구원해 주어야 본인들도 구원받을 수 있다.

그 세상은 모든 영혼들이 오르고자 하는 영혼들의 이상향 세상이다. 천상궁전으로 입천되신 조상님들은 더 이상 자손들의 제사 음식 기다리지 않는다.

천상궁전으로 입천이 완료되신 조상님들의 산소는 가급적 빨리 화장해 드리는 것이 조상님이나 남아 있는 자손들에게 좋고, 자손들 몸에 내려와 있던 모든 조상님들이 천상궁전으로 승천하심으로써 가문은 날로 발전할 것이다.

이제부터 땅의 명당에 연연하지 말고, 영혼의 영원한 천상제일 명당 자미천궁으로 각자의 조상님들을 모셔야 자손은 자손으로서의 도리가 다 끝나게 된다.

이런 입천제의식으로 각자의 조상님들이 천상궁전에 올라가셨을 때 기독교에서 말하듯이 조상제사 지내지 마라, 절하지 마라, 라는 말이 맞다. 이미 이 세상을 떠나신 부모조상님들도 이제 더 이상 자손의 몸에 와 있으면 안 된다.

천상궁전 자미천궁에 오르지 못한 조상영혼들은 자손들의 몸에 들어와 천상궁전으로 보내달라고 많은 고통의 메시지를 전하고 있으나 살아 있는 자손들은 그것을 해석하거나 알 수 없어 너무나 힘든 인생을 살아가고 있다.

내 부모 형제가 죽은 뒤 산에 묻으면 영혼이 그곳 관 속에 있는 줄 알고 있는데 그것은 착각이며 화장도 마찬가지이다. 그 영혼들 100%는 장지에서 다시 자손의 몸으로 따라 들어온다.

이때부터 대부분 가정에는 이상한 일들이 꼬리를 물고 일어나기 시작한다.

그래서 절에 가서 천도재를 올리기도 하고, 무당 찾아가 지노귀굿을 해보기도 하지만 그때 잠시 잠깐뿐이다. 이 영혼들은 자신의 죽음 존재 자체를 잘 인정하려 들지 않고, 살아있는 것으로 착각하기에 가족들 몸에서 한시도 떨어지려 하지 않는다.

제사상에 차려놓은 음식에는 관심도 없이, 너무나 믿어지지 않는 죽음의 현실 앞에 마냥 슬퍼서 통곡만 할 뿐이고, 이 죽음을 깨닫지 못한 조상영혼들을 일깨워 가족들 몸에서 나오게 하여 천상궁전으로 보내드려야만 우환이 사라진다.

죽은 영혼들은 무서움과 두려움에 항상 떨고 있으며, 천상세계

구만리 장천 길을 가는 방법을 알 수 없기에 그저 막막할 뿐인데 천상궁전으로 들어가려면 천상세계의 엄격한 법도에 따라야 하는데 대부분 조상들은 전혀 모른다.

법문하고 굿 하면 모두가 천상극락이나 천당으로 올라가는 줄 알지만 그렇지가 않다.

하늘의 명에 따라 천상궁전의 문이 열려야 들어갈 수 있다.

즉 하늘 태상천존 자미천황님의 입궁허락이 있어야 들어갈 수 있는데 그 뜻을 아는 종교지도자도 없고, 그 뜻을 아는 일반 조상 영혼들도 없다.

그러다 보니 굿을 하고 천도재를 올려도 아무런 효험이 없다 보니 서로 간에 분쟁만 일어난다.

각자의 개인 집에도 아무나, 아무 때나 들어갈 수 없듯이 천상궁전의 법칙 또한 지상과 다르지 않음을 알아야 한다.

천상의 궁전을 어찌 깨닫지 못한 죄 많은 영가들이 태상천존 자미천황님의 입궁 윤허도 없이 조상영가들 마음대로 천상궁전에 함부로 들어갈 수 있단 말인가?

어떤 이유를 막론하고 자신들의 살아계신 부모에게 효를 다하지 못하고, 이미 돌아가신 조상들을 구원하지 못한 채로 사후세계에 갔을 땐 어떠한 이유나 변명이 필요 없다.

자기의 살아계신 부모나 이미 돌아가신 조상님들에게 효를 다하지 않은 자손은 하늘의 복, 조상의 복을 받을 자격도 없다고 하늘의 태상천존 자미천황님께서 늘 말씀하신다.

맞는 말씀이시다.

하늘의 천상법도는 항상 근본도리를 우선으로 하신다고 말씀해 주시었다. 너희들의 뿌리도 몰라보는 인간의 근본이 안 된 자손들이 감히 나를 부르며 찬양하고 있더냐? 하시면서 대로하신다.

하늘에 있는 내 모습을 본 적도 없고, 내 음성을 들은 적도 없는 인간들이 감히 하늘을 우롱하고 능멸하는 것 같아 기분이 나쁘다 하신다.

각자의 조상님들을 구원한 후 하늘의 태상천존 자미천황님을 진정으로 모시어 찬양함이 기본도리라 하신다.

하늘의 뜻이 바뀌었다.

"조상숭배 잘하면 하늘의 복이 내린다."

누구나 사후에는 천상궁전 들어가는 것이 소망이고, 사후세계가 확실히 존재한다면 하늘로부터 높은 벼슬을 하사받아 올라가고 싶은 것이 모든 조상님들의 한결같은 소망이다.

보이지 않는 신과 조상님들과 싸워 이긴다는 것은 하늘의 별따기이다. 단 한 사람도 그분들과 싸워 이길 수는 없다.

혹시 어떤 이는 나는 이겼노라고 하면서 큰 소리치고 있을지는 모르지만 그건 자기 혼자만의 착각이다.

자신의 주위를 둘러보라.

배우자나 자식들 중 본인이 겪었던 인생의 풍파를 똑같이 겪고 있을 것이다. 오히려 그들은 본인이 겪었던 고통보다 더 많은 아픈 고통을 겪고 있을지도 모른다. 설령 이겼다 한들 무엇 할 것인가?

어차피 그들은 본인들의 조상이었거늘 자손이 조상님을 이겼다 한들 그것은 자랑스러운 것이 아니라 살아서도 죽어서도 하늘, 신, 조상님들에게 씻을 수 없는 죄가 된다.

하늘을 이기고 잘되는 자손 없다.

신을 이기고 잘 사는 법은 세상 어디에도 없다.

조상 이기고 성공하는 자손 이 세상에 단 한 명도 없다.

하늘, 신, 조상을 이긴 자손들은 살아서도 죽어서도 영원히 구원받을 수 없는 최악의 죄가 될 것이다.

진심으로 인정하여 굴복하고 그분들의 소원을 이루어줘야 집안에 우환이 사라진다.

현대 의술로 아무리 치료해도 안 되는 병을 의술로 고치려다 저세상으로 떠나가고 있도다. 조상님들과 신을 병원에서 치료할 수 있다면 얼마나 좋을까?

조상님들과 신들은 병원에 가고 싶은 것이 아니라, 구천세계를 떠나 천상궁전에 가고 싶은 것인데, 이를 모르는 자손들은 조상님들과 신을 병원으로 모셔가고 있으니, 이를 지켜보는 조상님들과 신들은 자손과 인간의 무지한 행동에 속이 새까맣게 다 타버렸다.

우리의 인생은 내일 꺼질지 모레 꺼질지 모르는 바람 앞의 촛불 신세이다. 아무리 노력을 하고 애를 써도 바람 앞에서 지킬 수 없는 것이 촛불이고, 어차피 꺼질 촛불이라면 꺼지기 전에 나를 아낌없이 희생함이 꺼져가는 촛불의 아름다움이 아닐까?

언젠가는 가야 할 사후세계.

이 목숨 다함에 있어 억울하다 하지 말고, 이 목숨 다함에 있어 아름다운 죽음이 되어야 하지 않을까?

살아생전 하늘, 신, 조상의 뜻을 따르지 않고,

사후세계에 들어가 제아무리 착한 척하지만 하늘, 신, 조상 모두는 알고 있도다.

살아생전 본인들이

하늘, 신, 조상께 한 그 모든 행동과 본인들이

하늘, 신, 조상께 먹었던 마음들조차도 알고 있다.

그 모든 죄는 본인들 스스로가 지은 죄이기에 어느 누가 대신하여 본인이 지은 죄의 대가를 대신 받아줄 수 없다.

모든 것은 뿌린 이가 거둔다고 하였다. 죄도 뿌린 이가 거두어들임이 천지의 이치가 아니랴.

또한 복과 덕도 행한 이가 받는다.

복은 복대로, 죄는 죄대로,

이것이 인간이 바꾸지 못하는 천지자연의 이치이고 하늘의 이치이다.

현세의 삶에서

하늘, 신, 조상의 존재를 몰라봄에 행복하다 하여 안심하지 마라. 하늘, 신, 조상님들은 본인들의 죄를 저축하고 있을지도 모른다.

현세의 삶에서 고통스런 사람들아!

너무 낙심하지 마라.

지상 자미국 자미천궁에 행복의 인생이 숨어 있도다.

하늘, 신, 조상님들께서 진실의 뜻을 가르쳐주었듯이

하늘, 신, 조상님들의 뜻에 따르면 된다.

지금까지는 길을 몰라 행할 수 없었다면, 이제는 하늘, 신, 조상의 가르침대로 행하여 행복의 길을 찾으면 된다. 언제까지 한숨만 쉬고 있을 것인가?

한숨 쉬는 동안 소중한 인생의 시간은 흘러가고 사후세계의 길이 가까워지고 있도다. 한숨 쉬는 동안 소중한 각자의 가족들 삶이 병들어 가고 있도다.

어차피 이 세상에 와서 이 세상을 떠나기 전에 각자 하고 갈 일이 있다면, 미루지 말고 하늘의 숙제, 신의 숙제, 조상의 숙제를 풀어 인간사 인생을 풀어야 하지 않을까? 하고 나는 결론을 내린다.

영혼의 안식처 천상궁전 가려면

삶 이후 시작되는 사후세계.

누구나 두렵고 무서운 미지의 세계이다.

살아생전의 재물, 권력, 명예가 모두 부질없고 오직 천상법도만 존재하는 사후세계.

살아생전 모든 것을 소유하였다 할지라도 사후세계로 돌아가게 되면 또 다른 영생(靈生=영혼으로서의 삶)과 만나게 된다.

하늘이 내리신 사명을 완수하지 않고서는 사후에 편안한 자리를 보장받을 수 없다.

과연 하늘은 나에게 무슨 사명을 부여하셔서 이 땅으로 보내셨는지 그 사명을 알아야 한다.

정녕 나는 누구인가에 대한 신을 찾아 천인합체의식을 행함으로써 비로소 인간으로 온 사명을 완수하게 되는 것이다. 인생은 짧지만 사후세계는 장구하다.

80~100 평생인 인생은 찰나일 뿐이고, 죽음의 사후세상은 영원하다. 현생만 준비하지 말고, 죽음 이후의 사후세상 준비를 철저히 해야 한다.

사후세계를 인정하지 않는 사람은 해당되지 않지만, 하늘이 존재하심을 진정 믿는 사람들은 주저하지 말고, 자신에게 내려진 명이 무엇인지부터 찾아내야 한다.

현생에서 내생에 이르기까지의 세월은 사람에 따라 천차만별이지만 짧게는 수천 년, 길게는 수십억 만 년이라는 영겁에 해당한다. 그 영겁의 사후세계를 준비도 없이 고통스런 지옥에서 몸부림칠 것인가? 아니면 행복과 즐거움으로 가득한 천상궁전으로 갈 것인가.

사후세계에 대한 불안과 공포에서 벗어나는 길.

어차피 인간의 삶이 유한할진대 어떻게 하면 죽어서 좋은 곳으로 인도될 것인가? 인간으로 탄생 이후 가장 현실에 직면해 있는 중요한 문제이다.

지금까지는 예수님이나 부처님만 믿으면 천국이나 극락은 따놓은 당상인 줄 알았으나 그 천상궁전의 열쇠를 가지신 분은 다름 아닌 태상천존 자미천황님이시었다.

이제부터는 세상의 종교를 떨쳐버리고, 우주의 주인이신 대능력자 태상천존 자미천황님께 충성하면서 하늘이 내리신 명을 받들어야 한다.

태상천존 자미천황님은 세상의 사람들에게 명하시었다.

"나의 화신으로 명 대행자 자미인황을 인간세계에 인류의 심판자로 내려보냈도다. 명 대행자 자미인황의 몸은 이제부터 나의 신궁(집)이니라.

나(태상천존 자미천황님)의 형체를 너희들 스스로는 볼 수 없으니 하늘인 나를 만나고 싶거든 인류의 심판자이자 명 대행자 자미인황을 통하여 나를 만나면 되리라.

나의 화신이며 분신인 하늘의 명 대행자 자미인황을 통하여 너희들의 죄를 심판하고 너희들의 말을 들을 것이니라.

허허공공한 하늘에 빌지 말고, 나의 화신인 명 대행자 자미인황을 통하여 그대들의 소원을 말하여라.

하늘인 나를 진심으로 믿는 자만 하늘인 나를 부르도록 하여라.

또한 그대들의 소원을 말함에 있어, 그대들의 소임을 다한 다음에 그대들의 소원을 말하도록 하여라.

너희 인간세계가 분명히 존재하고 있듯이, 천상의 신명세계도 실제로 존재하고 있으니, 천상세계의 존재 여부를 가지고 너희 인간들이 더 이상 갑론을박하지 말도록 하여라.

너희 인간들이 천상세계의 존재 여부를 가지고 논해도 너희들 스스로는 정답을 찾을 수 없으니, 더 이상 천상세계의 존재 여부를 놓고 논하지 말고, 진심으로 믿는 자들만 지상 자미국 자미천궁에서 전하는 나의 뜻에 동참하면 될 것이니라.

나의 육신은 너희 인간들의 육신과 다르다 보니, 너희들 스스로 나의 육신을 볼 수 없기에 내 친히 나의 화신으로 명 대행자 자미인황을 이 땅으로 내려보냈으니 인류의 심판자이자 나의 명 대행자 자미인황을 통하여 나를 알현하면 될 것이니라" 하시는 말씀을 내려주셨다.

하늘의 백성과 천인이 되는 길은 지상의 자미국 자미천궁을 통하면 가능하다. 살아생전 하늘의 천인과 백성이 되면 죽어서도 하늘의 천인과 백성이 된다.

이곳은 태초 이래 세계 최초로 하늘이 세우시는 천상국가로서 천상세계 신명정부이다.

천상세계 주인이신 태상천존 자미천황님의 존재에 대하여 책을 읽고도 믿지 못하거나, 인정하지 않는 사람들은 부정하며 살아가면 된다.

살아서 인정 못한다면, 죽은 후에 고통의 세월을 통하여 스스로 알면 된다.

자신의 조상님과 자신의 신들을 사랑하는 마음이 남다른 자손들이 모여 조상을 구원하고, 신을 구원함으로써 천상국가 자미국을 지상에 세우는 곳이다.

하늘의 백성이 되고, 천인의 반열에 올라 태상천존 자미천황님으로부터 천상세계 신명정부 천인으로 명을 받은 사람들은 사후세계에서도 높은 반열에 오르게 된다.

천상궁전에 오르려면 하늘의 윤허가 반드시 내려져야 한다.

자미국을 통하여 자신들의 사후세계를 자신들이 스스로 미리미리 준비하고 대비해야 한다.

현실에서 인간의 상상을 초월하여 일어난 불가사의한 일들 모두는 우연을 가장한 천상신명들의 조화법이다.

우주 운행법칙에 따라 우연을 가장한 필연으로 우리 현실에 일어나고 있다. 복 받을 사람은 하늘과 신, 조상의 뜻에 순종할 것이고, 벌 받을 사람들은 부정하리라.

누구든지 인간의 명이 다하면, 인간세상을 떠나 어두움이 짙게 깔린 저승길로 다시 돌아가야 한다.

비록 살아생전 높은 관직에 있었고, 이 나라의 모든 돈을 갖고 희롱하던 재벌이라 할지라도 죽음 앞에서는 그 어느 누구도 자유로울 수가 없다.

사후세상을 어찌 대비할 것인가?

믿을 수도, 안 믿을 수도 없는 죽음 이후의 세상!

어떤 이들은 모든 것이 죽으면 끝이라고 부정하며 살아간다.

어떤 이는 사후세계를 인정한다.

인정은 하였지만 어떻게 해야 사후세계를 준비하는 것인지 몰라 많은 갈등의 시간 속에 어쩔 수 없이 죽음에 대한 두려움과 공포를 해소하여 보고자 종교에 의지하며 살아간다.

그래도 어쩌랴!

인간의 삶이 다하는 그 순간까지 하늘의 숨은 진실은 인간의 눈에 보이지 않기에 죽음의 순간까지도 진실을 알지 못한 채 이 세상을 떠나가고 있는 영가들이 대부분이니 실로 안타까울 따름이다.

죽음 이후.

사후세계의 진실을 알고 하늘의 진실, 조상의 진실을 모두 알게 되어 다시 한 번 더 인간의 삶으로 돌아올 수만 있다면? 하늘, 신, 조상세계를 부정하지 아니하고 참으로 잘 하련만 하고 후회를 해본다.

하지만 하늘께서는 두 번의 기회를 주지 않으시니, 사후세계의 영가들은 이러지도 못하고, 저러지도 못하고 사후세계의 길에서 뒤늦게 하늘의 진실을 깨달은 영가들은 발을 동동 구르며 목 놓아 울고불고 난리이다.

하지만 하늘의 문, 천상궁전의 문은 그들을 향하여 굳게 닫히고, 지옥세계의 문은 그들을 향하여 활짝 열리니 모든 조상영가들은 선택의 기회도 없이 지옥세계로 향하도다.

이것이 사후세계의 진실이건만 내가 전하는 사후세계의 진실은 독자들의 눈에 안 보이기는 매 마찬가지이니 이를 믿을 수도 없고, 안 믿을 수도 없고 이 또한 독자 여러분에게는 또 하나의 고민일 것이다.

나의 말이 진실인지 거짓인지 가장 확실하게 입증하는 방법은 각자 스스로가 사후세계에 가보면 저절로 알게 될 것이지만 이미 때는 늦은 것이다. 모두가 가야 갈 사후세계, 좀 더 편히 가는 방법은 정녕 무엇일까?

하늘의 말씀을 통하여 그 진실의 열쇠를 찾았다.

진실의 열쇠를 아낌없이 내려주신 태상천존 자미천황님 전에 감사드리며 하늘 태상천존 자미천황님의 고귀하신 말씀을 전하는 바이다.

너희들이 궁금히 여기는
천당과 지옥의 세계는 분명히 존재하고 있느니라.
살아생전의 삶이 어떠하였느냐에 따라 천당과 지옥의 세계가 결정되느니라.
살아 있는 너희들의 부모에게 효도를 다하고
정의와 도리 앞에 앞장서며
이미 떠나간 너희들의 부모조상 영혼 구원 잘하고
너희들의 영혼을 준 영혼의 어버이에게 감사할 줄 알며
진심으로 하늘을 인정하고 받든 자
근심걱정 없는 나의 궁전, 천상궁전에 올라
나의 백성과 천인으로 다시 태어나는
하늘의 영광을 누리게 될 것이고
너희들 삶의 부귀영화, 건강도 모두 마찬가지니라.
너희 마음의 진실과 거짓 또한
너희들이 결정하는 것이 아니라
내가 직접 심판하여 내가 결정하느니라.
나는 너희들의 속마음까지도 알고 있느니라.
너희들이 할 일은 하지 않은 채,
하늘인 나를 원망하지 마라.
살아생전 하늘의 사명을 완수한 자
죽어서 천상궁전 올라 높은 벼슬자리에 오르고
천상의 선관과 선녀(천사)들로 하여금,
지극한 대우를 받게 될 것이니라.

너희들의 영혼을 내가 창조함으로써,
너희들의 생명을 내가 주었도다.
너희들의 영혼을 내가 창조하여 주었듯이
너희들의 영혼을 창조한 내가
너희들의 영혼을 구원할 수 있느니라.
살아서의 삶은 짧고,
죽어서의 삶은 영원하니
하늘의 이치를 깨달은 현자는
살아서의 짧은 삶보다, 죽음 이후의 장구한 삶을 준비하느니라.
어찌하면 죽어서 좋은 곳으로
올라가 편안하게 잘 지낼까 각자 생각하지만,
그 판단은 나의 권한이니라.
살아생전 나의 백성이 되어야
죽은 후에도 나의 백성이 되어 나의 궁전에
오를 수 있음은 만고의 진리 아니던가?
살아생전 나의 백성이 아니었건만
어찌 죽어서 나의 백성이 될 수 있다더냐?
살아생전 나의 명을 거역한 자
죽어서도 나의 곁으로 올 수 없도다.
그렇다.

사후세상이 있느냐 없느냐 의견이 분분하지만 분명히 존재하기에 수많은 지구촌의 인류가 종교에 빠져들고 있는 것이며, 나름대로 좋은 산소자리를 찾으려 하는 것도 사후세계를 믿기 때문에 행한 일들이었다.

하지만 하늘의 진실을 알고 보니 그동안 우리 인간들이 행한 그 모든 일들은 부질없는 일이었다.

하늘이 돕지 않으면 만사 불통이라!

산소가 그 아무리 호화찬란하여도 육신은 썩어 없어지고, 혼은 떠서 중천에 머물며, 이리저리 방황하며 천상궁전에 오르기만 학수고대하며 자손들의 몸에 들어와 울고 있다.

자신들의 몸에 들어와서 조상님들이 간절한 메시지를 전하지만 자손들은 조상님들이 전하는 그 뜻을 전혀 알아들을 수가 없으니 참으로 서로서로 답답하다.

죽은 조상 역시도 살아서는 하늘, 신, 조상세계를 무시하며 죽어서 제삿밥이나 얻어먹고 호화묘소에 안치되면 모든 것이 편할 줄 알았다.

죽음 이후가 살아서보다 더욱더 힘이 들어 천상궁전 오르려고 자손들 몸에 들어가 온갖 고난의 메시지를 전하다 보니, 고통받는 자손들은 조상 산소 탓인가 하면서 이장을 해보지만 백약이 소용없으며, 이는 대단하신 하늘을 바로 알지 못해 겪게 되는 고통이다.

인간사의 모든 운수는 하늘에서 관장하고 있는데 인간들이 제멋대로 바꾸려 하니 하늘에서 진노할 수밖에 없다.

본인들 영혼의 어버이시고 하늘이신 태상천존 자미천황님께서 인간세상의 화신인 '명 대행자 자미인황' 육신을 빌려 하늘의 뜻을 지상에 세우시고 있다.

살아서보다 죽음 이후의 삶을 준비해야 한다.

죽어서 고생하지 않으려면 살아서 자신의 조상님들 구원하고, 하늘의 백성 되어 태상천존 자미천황님께서 내리시는 하늘의 명을 받아 천인합체, 신인합체, 신선합체의식을 통해 하늘의 천인이 되는 길이 사후세상을 편히 보장받을 수 있는 확실한 길이다.

제6부

희망의 종말

하늘의 황실이 한반도에 세워져야

신명세계, 영혼세계, 인간세계를 모두 다스릴 줄 아는 인류의 정신적 구심점이 될 하늘이 내린 지도자가 절실히 필요한 시기가 도래하였다.

하늘이 편해야 땅이 편하고, 땅이 편해야 사람이 편하다.

천지인 즉, 하늘의 신들과 조상님들이 편하면 자연 사람들은 근심걱정 없는 세상에서 태평성대를 누리며 살아가게 된다.

인생사의 모든 고통은 보이지 않고, 들리지 않는 신과 조상님들이 각자에게 보내는 메시지이다.

그러므로 하늘, 신, 조상에서 원하고 바라는 소원을 사람들이 먼저 들어드려야 한다.

지금 하늘에서 우리 인류에게 바라고 원하는 소원은 인류와 함께 공존공생하는 새로운 세상을 열고자 하신다.

인류가 애타게 기다려온 무릉도원의 세상.

이미 천상궁전 자미천궁에는 이상향의 무릉도원 세상이 펼쳐져 있다. 천상궁전과 똑같은 세상을 지상에 세우고자 함이 나와 하늘의 뜻이다.

천상의 신들께서 인간의 몸으로 내려와 신과 인간이 하나가 되었을 때 이 뜻은 현실로 이루어진다.

천상의 신들께서 인간세계로 하강하시어 천상세계 신명정부를 세우고, 태상천존 자미천황님의 나라를 세움으로써 인간과 신은 둘

이 아닌 하나가 되어 인간사의 고민 걱정 질병들은 천상의 신명들께서 소멸하시어, 서로 근심걱정 없이 활짝 웃는 세상이 되니 이것이 바로 온 인류가 기다려오던 이상향의 무릉도원 세상이 아니던가?

무소불위한 천력(天力)으로 인류를 영도해 나가게 되면서 세계를 깜짝 놀라게 할 대한민국 안에 자미국.

우리나라도 이젠 모든 것이 바뀌어야 한다.

이제 우리나라 국민들도 정치적으로 많이 성숙했으므로 우리나라도 입헌군주제를 도입하고 의원내각제를 실시해야 할 때가 온 것 같다.

수많은 국민들이 정부수립 이후 역대 통치자들의 잘못된 국정운영으로 수많은 고통을 겪어왔다.

이제는 통치자가 잘못하면 즉시 물러나게 하고 새로운 지도자를 국회에서 신속히 뽑도록 하는 것이 나라 발전을 위해서는 가장 바람직한 일이라고 본다.

난세가 영웅을 만든다고 했듯이 이제 그 영웅이 출현할 시대가 도래했다.

하늘이 내린 명!

세상이 하늘을 부르고 있다.

우리 인류 모두가 선택해야 할 하늘!

하늘의 천지대능력이 내리신 인류의 영도자!

인류에겐 그런 하늘의 영도자가 절실히 필요하다!

수억 년의 오랜 세월 속에 처음으로 꽃피는 하늘.

이제 하늘도 그 원과 한을 풀 때가 왔다.

자미국 자미천궁을 통해서 하늘의 깊고도 깊은 원과 한이 풀려지도다. 천상의 무극대천 태상천존 자미천황님 명을 받은 천상신명(천인)들이 정치를 해야 하는 시기가 이제 도래하였다. 천상신명들이 정치를 해야 이 나라가 세계를 다스리는 중심 지도국가로 부상한다.

천상세계 신명정부 시대가 펼쳐지면 이 나라의 경제가 잘 돌아가 근심걱정 없는 꿈의 세계 무릉도원 세상이 펼쳐진다.

하늘의 명을 받아 천상세계의 고급 신명님들이 사람 몸으로 하강을 하여야 한다. 하늘의 명을 받아 하강한 천상의 고급 신명님들이 세우는 천상세계 신명정부!

이 땅에 인류 최초로 세워지는 천상국가가 될 것이다.

태상천존 자미천황님께서 세우시는 나라 자미국!

신명세계, 영혼세계, 인간세계 모두를 주재하시고 통치하신다.

행복이 꽃피는 자미국 세상.

모든 인류가 수억 년 기다려온 이상향 세계의 국가 이름이다.

하늘의 태상천존 자미천황님께서 직접 통치하시는 무릉도원의 국가 자미국.

살아서 모두가 천상신명이 되는 별천지 세상이 당대에 현실로 이루어진다.

질병 없는 건강한 세상.

가난 없는 부귀의 세상.

불행 없는 행복한 세상.

거짓 없는 진실한 세상.

실패 없는 성공의 세상.

미움 없는 사랑의 세상.

사고 없는 안전한 세상.

근심 없는 편안한 세상.

단명 없는 장수의 세상.

전쟁 없는 평화의 세상을 만들고자 자미국 자미천궁이 개국되었다. 하늘의 백성으로 태어나게 되면 고통의 세월을 잊고 새로운 인생을 출발할 수 있다.

하늘의 명에 따라 자미국 백성으로 입국하면 힘들었던 일들이 보이지 않는 하늘의 힘으로 해결되는 신비함을 각자가 체험하게 된다.

하늘이 주도하시는 천상세계 신명정부에 스스로 참여하는 것은 자신과 자신의 가정에 하늘의 천복이 내려서 근심걱정 없는 삶을 영위하게 되는 지름길이다.

나는 천상세계에서 하늘의 명을 받아 인간 육신의 몸으로 세상에 내려온 천상신명들을 찾고 있다. 하늘의 명을 받고 인간 몸으로 내려온 신명들을 찾아 천인들이 정치하는 천상세계 신명정부를 구성하여 무릉도원 세상을 세우고자 한다.

사람의 힘으로 안 되는 것은 신명의 힘과 신명의 능력을 빌리면 된다. 신과 인간이 서로 대립의 상태가 아닌 화합의 상태가 되었을 때 인간의 상상을 초월한 이상향의 무릉도원 세상이 이 땅에 펼쳐지게 된다.

신은 인간의 능력으로 이루지 못하는 불가능한 영역의 일들을 이룰 수 있도록 인간을 도와주고, 인간은 신들의 손과 발, 입이 되어주면 된다. 서로가 서로를 기쁘게 해주었을 때, 지구촌의 인류 모두가 기다리던 진정한 무릉도원의 시대가 현실로 펼쳐진다.

천상신명들과 인간이 하나로 합체되면 인류가 오랫동안 원하고 바라던 이상향의 무릉도원 세상이 신들의 능력에 의해 현실로 이루어진다. 신과 인간이 하나 되지 않고는 이상향의 세상은 수억 년이 지나도 현실로 실현되지 않을 일장춘몽의 이야기일 뿐이다.

천상세계 신명정부!

신명정부의 관료가 되려면 태상천존 자미천황님의 명을 받아 천인(천상신명과 합체)으로 탄생해야 한다. 천상의 신명정기가 무궁무진하게 몸에 내리게 됨으로 천상신명들의 역할을 충실히 수행할 수 있다.

독자들 중에서 탄생할 천인(천상신명)들은 인간세상을 천지개벽시키고, 하늘이 내리시는 천력으로 인류를 영도하여 지상낙원 무릉도원의 세계를 이 땅에 건설하게 된다.

이제 인간이 아닌 천상신명들이 천계에서 내려와 무릉도원을 세우고 있도다. 이것이 바로 우리 인류 모두가 바라던 유토피아 세계의 건설이다.

천상신명들의 진기가 매우 강하게 내리어 각자가 원하는 인간사의 목표를 달성할 수 있는 새로운 별천지의 세상이 도래하리라!

역사적 문화 전통성을 잇기 위하여 조선 황실을 복원하자는 일부 여론이 있었다.

어찌 보면 황실의 뿌리를 잇기 위한 좋은 발상이기도 하다.

한 왕조의 복원이기에 뜻이 깊다 할 것이지만 심사숙고해 봐야 하리라.

이 나라는 대통령제를 폐지하고 영국과 일본 같은 강력한 입헌군주제를 도입하여 의원 내각책임제로 가야 한다.

하늘의 천황님께서 직접 통치하시어 영도하는 태상천존 자미천황님의 나라가 세워져야 세계인류의 강력한 구심점 역할을 할 수 있다.

입헌군주제를 도입하고 의원내각제 실시와 더불어 하늘 태상천존 자미천황님의 나라를 세계 최초로 세우는 것 또한 이 나라의 국민들 모두가 선택할 사항이지만 받아들이고 안 받아들이고는 국운에 따라 좌우될 것이다.

세계를 하나의 단일국가 자미국으로 통합시켜 천손민족이 세계인류를 영도하려면 조선왕조의 복원이 아니라 세계인류를 지배통치하실 수 있는 하늘의 태상천존 자미천황님 황실이 한반도에 세워져야 천손민족이 기다리던 신의 종주국가로 탄생할 수 있다.

무소불위하신 하늘의 태상천존 자미천황님께서 동방 땅에 자미국 인황의 육신으로 강림하시었다. 이제 천상궁전 자미천궁이 우뚝 세워진다면 초강대국들도 더 이상 저희들 마음대로 대한민국의 국정에 간섭하지 못할 것이다.

대한민국을 살리고자 하는 이 마음은 나 한 개인의 꿈으로 끝나면 안 된다.

대한민국의 자손들 모두도 이 뜻에 동참하여 이 나라를 살려야 한다. 대한민국을 살림은 대한민국 후손을 살리는 우리 모두의 막중한 임무이기도 하다.

또한 우리 선조 조상님들의 소원이기도 하다. 이 나라는 장차 세계를 호령하게 되기에 더 이상 초강대국들에게 비굴한 모습을 보이지 않아도 되리라.

자미국 자미천궁의 건립은 나 개인의 소망을 이루기 위함이 아닌 하늘과 땅, 신, 조상, 대한민국의 소망을 이루는 일이니 천손민족 모두가 동참해서 세워야 한다.

이렇게 됨으로써 선천의 종교시대는 막을 내리게 되고, 후천의 이상향의 세상을 펼치는 전환점이 될 것이다.

하늘이 친히 내 몸으로 하강하시어 행하시는 천지대업으로써 인류역사에 길이 남을 일이고, 대한민국과 인류 모두의 자랑이기도 하다.

세계의 모든 국가는 장차 자미국의 연방국가로 자청하여 귀속될 것이며, 그들 스스로는 모두 천지대능력에 이끌려 천손민족을 상국으로 깍듯이 예우하고 받들게 되며 자미국에 조공(祖貢, 朝貢)과 천공(天貢)을 올리게 되리라.

하늘의 태상천존 자미천황님께서 이 땅 대한민국에 우뚝 서셨을 때 우리 인간의 모든 상상을 초월하여 현실로 일어날 일들이다. 단지 이 시기가 언제인가가 문제일 뿐이다.

진정한 하늘의 천인과 백성들이 모여 이 시기를 앞당기고자 이렇게 하늘의 뜻을 책으로 집필하여 전하고 있다. 진정한 하늘의 천인과 백성들이 힘을 합했을 때 이 뜻을 이룰 수 있다.

이와 같은 나의 미래 구상에 공감하여 뜻을 함께할 천손의 후예들은 일단 하늘의 자미국 백성으로 입문하는 조상 입천제의식부터 행하고 동참해야 한다.

조선의 황실을 복원하는 것이 장차 국익에 도움이 되는지, 아니면 하늘의 태상천존 자미천황님과 천상신명들이 모두 거쳐하실 자미국 지상 자미천궁의 건립이 옳은 것인지는 각자 국민들이 판단하여 실행하면 된다.

이제까지 미쳤다는 소리 듣는 사람들이 세상을 천지개벽시키며 이끌어왔다. 그 대표적 사람들이 갈릴레오, 노벨, 에디슨, 아인슈타인 등등이다.

이들은 당시 수많은 사람들로부터 미친 사람 취급을 받았으나 후세에 길이길이 이름을 사해만방에 떨쳤다.

그 사람들이 당시 행하고 주장한 이론들에 대해 각자 자신들의 일반적 상식 수준으로는 이해가 안 되었기에 모두 미쳤다거나 황당하다며 사이비로 몰아버려 미친 사람 취급을 했었다.

이들은 마음속에 공상과 가상의 세계를 현실로 이끌어내어 인류문명 발전에 지대한 공로를 세운 유명 인사들이다.

이분들과 마찬가지로 하늘의 황실을 세운다고 주장하는 나를 미쳤다거나 과대망상증 환자라고 몰아붙일 사람들도 부지기수로 많이 나올 것이라 본다.

한 가지 일에 몰두한 미친 사람들만이 성공의 열매를 거둘 수 있고, 세계 최고의 정상 자리에 오를 수 있다. 그래야만 타의 추종을 불허하며 그가 속한 전문 분야에서 세계적 권위를 자랑하는 최고 전문가로 우뚝 선다.

자미국의 황실이 이 땅에 세워짐은 대한민국의 국위가 선양되고 그 위상이 세계로 전파되어 국가의 품격이 그만큼 높아진다는 뜻이다.

즉 자미국의 황실 건립은 대한민국의 국위를 세계만방에 떨치고, 인류 역사에 지대한 영향을 미칠 중차대한 일이기에 국가적 차원에서 적극 추진되어야 마땅할 것이라 본다.

신비로운 천령정기 기운을 받으면

하늘의 존재를 자신의 몸으로 느껴보지 못한 사람들은 보이지 않고 들리지 않는 세계에 대하여 부정할 수밖에 없다.

지상 자미국 자미천궁에 방문하여 하늘 태상천존 자미천황님께서 내리시는 천령정기의 기운을 본인들 스스로 직접 체험해 보면 부정의 마음이 사라진다.

입천제의식, 천인합체의식을 행하면 하늘의 신비한 천령정기를 자신의 온몸으로 직접 느낄 수 있다.

어느 도교단체나 종교에서 몇십 년 수행해도 감히 느껴보지 못했던 천지대능력.

하늘의 천지대능력을 받게 되면 얼굴 혈색이 변한다.

마음의 편안함을 느낀다.

크고 작은 난제들이 신기하게 해결된다.

술을 먹어도 피로가 빨리 풀린다.

온몸이 전기에 감전된 듯 강한 진동이 몰려옴을 느낄 수 있게 되고, 또한 나와 만남의 시간을 갖고 나면, 천지대능력을 강하게 느끼며 막혔던 일들이 잘 풀어지고, 무거웠던 마음이 갑자기 상쾌해지고 가벼워진다.

이외에도 더 많은 신비한 조화들이 수없이 일어나고 있으니 많은 독자들이 참석하여 직접 체험해 보기 바란다.

이런 신비조화가 일어나고 있음을 볼 때 무극대천의 태상천존 자미천황님께서 나의 몸을 통하여 천령정기의 기운을 수많은 사람들에게 내려주시기에 가능한 일이다.

하늘의 태상천존 자미천황님께서는 각자에게 천령정기의 기운을 실제 체험할 수 있도록 기회를 주시어 보이지 않는 하늘의 존재를 바로 알게 하시는 것이다.

기도 중이나 일상생활에서 태상천존 자미천황님의 천지조화를 온몸으로 느끼는 사람들은 참으로 많다. 백성과 천인들에게서 일어났던 사례를 들을 때 나는 큰 보람과 긍지를 가슴 깊이 느끼며, 태상천존 자미천황님의 대능력에 감탄한다.

1999년 어느 날, 태상천존 자미천황님께서는 나에게 하늘의 말씀을 내려주셨다.

"앞으로는 너를 바라보기만 하여도 그들의 소원이 이루어지는 일들이 너의 현실로 일어날 것이니라"라는 말씀이셨다.

그 시절에는 그 말씀이 무슨 뜻인지를 몰라 대수롭지 않게 생각하며 살았고 그 후로 많은 세월이 흘러갔다.

지금 자미국 내에서 일어나는 모든 상황을 볼 때 그 당시에 내려주신 말씀이 현실로 이루어지고 있었다.

하나도 어긋남 없이 무극대천 태상천존 자미천황님께서는 이루어주고 계셨다.

그런 신비의 대단한 능력은 나 인간의 능력이 아닌, 하늘 태상천존 자미천황님께서 내 육신의 몸으로 친히 하강하시어 천상지상공무를 집행하시기에 신비한 일들이 현실로 이루어지고 있는 것이었다.

무극 대천주이신 하늘의 태상천존 자미천황님께서 이 나라의 동방 땅에 자미국 인황의 육신으로 내려오시었으니 이 또한 나 자신과 천손민족의 자랑이고 무한한 영광이리라.

이제 천손민족의 구심점이신 무극 대천주 태상천존 자미천황님께서 이 땅 자미국으로 하강하시었으니 우리 모두가 영접하여 받들어야 하리라.

지상 자미국에는 기독교의 도리천주 하나님이신 천상천감님, 그리고 도솔천주 용화세존 미륵존불님이신 천상도감님 모두가 함께 참여하여 이루어지는 하늘의 천상공무이므로 더 이상 종교 간의 그 어떤 갈등도 일어나지 않는다.

이미 하늘의 신명세계에서는 기독교와 천주교, 이슬람교, 힌두교, 불교, 유교, 도교, 무속 등 기타 모든 종교가 하나로 합쳐졌다.

석가, 예수, 성모, 상제, 공자, 노자, 마호메트 등 종교의 구심점 역할을 했던 천상신명들 모두가 태상천존 자미천황님의 지상국가 건설에 동참하기로 하였다.

이제 국민들의 각자 선택만 남았다.

내가 추구하고 있는 이상향 세계 무릉도원 건설에 공감하여 하늘의 백성과 천인이 되고자 하는 사람들은 책의 내용에 공감한 사람에 한하여 입문할 수 있다.

하늘의 태상천존 자미천황님께서 친히 다스리시는 위대한 천손민족의 국가를 세울 것인가? 아니면 지금처럼 늘 강대국들의 눈치나 보면서 피눈물을 흘리며 약소국가의 처절한 서러움을 가슴에 한으로 품고 살아갈 것인가는 이 나라 정부와 국민들 각자가 선택해야 할 것이다.

국가 재정이 튼튼하다고 약소국가의 서러움을 면할 수 있는 것은 아니다. 인간의 상상을 초월한 하늘의 무소불위한 절대적 천력(天力)과 천권(天權)의 천지대능력이 있어야 한다.

하늘의 백성으로 인생을 다시 시작한다

조상 입천제를 행하여 조상님들을 천상궁전으로 구원해 드리면 자미천황님 백성으로 새롭게 탄생할 수 있다. 조상님들은 하늘에서, 그 자손들은 지상 자미국 자미천궁에서 하늘로부터 천지 음양 기운을 받는 하늘의 백성이 된다.

이때부터 새로운 인생이 시작된다.

입천제를 행하여 조상님들을 구원한 백성들의 말이다.

만사가 그리 태평할 수가 없다.

그동안의 근심걱정들이 해결되었다.

사건사고의 위험에서 여러 번 구원받았다.

매일 술을 먹던 어머니가 술을 끊었다.

주사가 심하던 남편이 술을 한 잔도 입에 대지 않게 되었다.

불면증이 해소되었다.

수입이 예전보다 크게 늘었다.

온몸의 아픈 곳이 감쪽같이 없어졌다(두통, 어깨, 가슴, 허리).

방황하던 마음이 안정을 찾았다.

얼굴이 밝아졌고 얼굴에 윤기가 흐른다.

부인이 이혼해 달라 하여 말할 수 없는 고통을 겪었으나 다시 화합하는 조화가 일어났다.

아침에 일어나기 힘든 사람이 가볍게 일어났다.

직장을 옮겨 수입이 크게 늘어났다.

영안이 열려 태상천존 자미천황님의 모습을 보게 되었다.

생령이 천상궁전에 올라가 구경하는 이변이 일어났다.

정말 환희의 세상이 열리고 있다!

이상향의 새로운 천상국가 자미국 자미천궁!

인간이기에 고통과 번뇌 속에서 살아갈 수밖에 없는 세상을 탈피하여 신명나는 세상에서 살아갈 수는 없을까?

우리 모두가 살아서나 죽어서나 그리워하며 가고 싶은 꿈의 세계, 지상낙원, 천상지상의 자미국 자미천궁!

이는 천상의 절대자께서 지상에 세우시는 태상천존 자미천황님의 국가로서 우리의 소망을 이루어줄 공간이기도 하다.

기도에 응답 없는 지금까지의 종교적 관념을 벗어나 하늘의 말씀을 들을 수 있는 사상 초유의 지상궁전.

이곳은 종교적 공간이 아닌, 하늘 신명들의 세계로서 인생 살아가는 동안 물질적 정신적 고통에서 벗어나, 사후세계 천상궁전으로 오르고자 열망하는 이들의 국가이다.

천지대능력을 받은 사람들은 인생을 살아가면서 음과 양으로 보이지 않는 엄청난 신명정기를 몸에 축적하게 되어, 젊음의 활력이 넘쳐 새로운 삶으로 탈바꿈하게 된다.

하늘의 주인이신 태상천존 자미천황님께 선택받을 수 있음은 축복과 영광의 일로써 개인과 가문의 경사이다.

인간세계의 일들은 하늘의 명 대행자를 통하여 모든 것을 지시하시고 관리감독 통솔하신다. 독자 여러분 모두는 태상천존 자미천황님의 명을 받아 이 땅에 태어났다.

그 명(命)이 무엇인지 어서 찾아 하늘이 내린 사명을 수행해야 인생을 살아가면서 고통이 즐거움으로 바뀐다.

여러분 몸으로 천상신명들이 하강할 날을 기다리고 있다.

각자가 어떤 신명의 몸으로 인간 육신을 빌려 내려왔는지 빨리 찾아내어 이 뜻을 수행함이 하늘이 내리신 사명을 완수하는 지름길이다.

자미국 백성으로 입문 절차는 단계가 있다. 특단, 상단, 중단, 하단의 등급이 있으며 조상 입천제의식에 의하여 정해진다.

자미국과 인연 맺은 많은 사람들이 하늘의 태상천존 자미천황님께서 내려주시는 천령정기의 사랑과 천지대능력 덕분에 인생이 행복해진다.

정말 우주의 태상천존 자미천황님께서는 천변만화의 조화를 부리시는 무소불위하신 하늘의 절대자이시다.

경험보다 더 좋은 스승은 없다고 하였듯이 "조상님과 하늘(태상천존 자미천황님)께서 원하시는 것을 각자가 행하지 않고서는 조상님과 하늘로부터 받을 것은 아무것도 없다"라는 진실을 깨달아야 한다.

즉 각자가 인생의 어떤 뜻을 이루고자 한다면 먼저 의식 절차에 따라 하늘에 천고의식을 행하고 하늘에서 내려지는 명에 따라야 한다.

그러하지 않고 인간의 마음이나 각자의 생각으로 사업이나 일을 시작한다면 마음의 상처받을 일들이 생기게 된다.

잘못된 판단을 내리게 하는 알 수 없는 존재(신과 조상님의 기운) 때문에 인간은 힘든 고통의 삶을 살아간다. 하늘의 보살핌 없이 이루어진 부귀영화는 오래 지속되지 않는다.

우리 모든 이들의 영원한 마음의 고향인 하늘의 천상궁전!

인생의 행복!

본인 스스로가 원한다고 행복해질 수 없다.

물질과 정신의 행복,

태상천존 자미천황님께서 내려주셔야 가능한 일이다.

하늘에서 감추어둔 천계의 대신명들

종교의 허점을 읽는 사람들.

모든 종교를 비판하는 사람들.

관료로서 성공을 이룬 사람들.

정치적으로 크게 성공한 사람들.

돈 빌려주고 받지 못하는 사람들.

거대기업을 이끄는 CEO와 기업총수들.

신과 조상을 인정하지 않는 무신론자들.

마음 의지할 곳을 찾지 못해 허전해하는 사람들.

마땅한 영혼의 쉼터를 찾지 못해 이곳저곳 방황하는 사람들.

이러한 부류의 사람들.

하늘에서 내려주신 신명들로서 신명의 그릇이 아주 크고, 신명의 기운이 너무 강하여 한 곳에 머물거나 누군가에게 구속받기를 싫어한다. 각자의 몸 안에 하늘의 큰 신명들이 숨어 있기 때문이다.

자신을 이끌어줄 강력한 영적 존재의 그 누군가를 기다리고 있는 천상의 대신명들로서 하늘이 숨겨둔 사람(신명)들이다.

이들은 하늘의 신명(천인)들로서 하늘의 명을 받아 천지대업을 이루기 위해 태상천존 자미천황님의 인간세상 강림을 기다리고 있는 신명들이다.

종교가 아닌, 사이비가 아닌 그 어떤 새로운 천상의 구심점을 찾고 있는 초상류층의 신들이다.

하늘이 내린 명!

장차 세계를 지배통치하여 이끌어갈 하늘의 기둥 신명들이 분명하지만, 정작 본인 자신들은 몸속에 숨어 있는 대신명이 태상천존 자미천황님의 명을 받은 자손(천인)이라는 사실을 알아보지 못하고 있다.

인생의 성공이 자신의 노력으로 크게 성공하여 거부가 되어 잘 사는 줄 알고 있다.

대부분은 자기 조상 덕으로 크게 성공했다고 생각하고 있으나 그건 아니다. 조상 없는 자손 어디 있겠는가? 이제는 확실하게 어떤 분이 자신을 크게 성공시켜 주셨는지 그 존재를 바로 알아야 하고 그 은혜에 보답해야 한다.

자신을 성공의 삶으로 인도하여 현재의 최고 높은 경지까지 오르게 한 분이 자신의 조상님이신지, 아니면 태상천존 자미천황님께서 큰 복을 내려주신 것인지 이 세상을 떠나기 전에 알아내야 한다.

자신의 성공이 하늘께서 내려주신 천지대능력 덕분이었다면 대우주의 새로운 창조대열에 앞장서 황명을 받아 큰 뜻을 펼쳐야 하리라. 하늘이 내린 명을 행하지 않는다면 생전에 부귀영화는 일장춘몽이다.

이제 천계에서 황명을 받아 인간세계로 내려와 있는 대신명들을 태상천존 자미천황님께서 부르고 계시니 이 책의 내용에 공감을 하는 자, 온몸으로 신비한 천지기운을 스스로 느낀 자들은 이 뜻에 동참해야 한다.

태상천존 자미천황님의 황명을 받고 인간세계에 내려와 있는 천상의 대신명님들은 본인들이 책을 읽는 동안에 본인들의 몸으로 천지대능력을 내려주시어 태상천존 자미천황님의 명을 받고자 최선을 다할 것이다.

신들이 내리는 천지대능력의 현상은 각각 다르겠지만 주로 이런 증상들이 일어나게 된다.

온몸에 전율이 느껴지고, 머리가 갑자기 상쾌해지거나, 반대로 무거움을 느끼는 사람, 어느 신체 부위에 갑자기 진동의 반응이 나타나기도 하고, 깜짝 놀란 사람처럼 자신도 모르게 갑자기 몸이 움찔거리기도 한다.

이는 태상천존 자미천황님께서 부르시는 신호이다.

말로 들려줄 수 없기에 천령정기의 천지대능력으로 각자의 몸을 통해 메시지를 전달하시는 것이다.

이런 천령정기의 천지대능력을 받은 사람들은 하늘의 천인과 백성으로 선택받을 수 있는 신명들이라고 보면 된다. 즉 영광스런 천손민족으로 다시 태어나는 기회를 얻을 수 있다는 하늘의 메시지이다.

또한 천상신명님들은 사람 몸을 매개체로 하여 신명정기를 통하여 의사 전달을 하고 있다.

절대자이시고 무소불위하신 대우주 천지인 창조주 태상천존 자미천황님의 아들딸인 하늘의 천인과 백성으로 다시 태어나야 천손(天孫)이 되는 것이고 이때부터 참다운 새로운 인생이 다시 시작된다.

천계에서 내려온 대신명!

살아생전 하늘이 내린 명을 찾지 못한다면 사후세계로 돌아갔을 때 자신의 영혼을 보내주신 어버이 태상천존 자미천황님을 알현할 수 없게 된다.

늦기 전에 하늘의 소리를 마음으로 들어라!

하늘이 내리시는 명에는 소리가 없다.

냄새도 없고 형체도 없다.

단지 각자의 마음을 통하여 들을 수 있다.

인류에게 내린 가장 큰 축복!

그것은 하늘의 존재를 진정 마음으로 깨닫는 것이며 그 명을 받들어 봉행하는 일이다.

아무나 하늘의 천인과 백성으로 탄생할 수 없다.

선택받은 천상신명(천인)들만이 신명정기 따라 자미국 자미천궁과 인연을 맺어 영광스런 천손민족으로 다시 태어나게 되리라.

미륵님 천상도감님으로 출세

미륵님이 석가모니 부처님보다 아래라고 생각하고 있는 불자들이 예상외로 엄청나게 많아 이를 바로 잡고자 한다.

미륵님은 도솔천이라는 천상세계의 천주(天主)이시고 용화세존 미륵존불님이라고도 불리시는 분으로서 석가모니 부처님이 죽은 뒤 3천 년 후에 오신다고 불가에 전해져 내려오는 미래의 부처님이시다.

반면 석가모니 부처님은 도솔천주(도솔천황)이신 미륵님의 경호를 책임지는 보살(보좌)신명이시니 대통령 경호실 실장 정도로 보면 맞을 것이다. 사실이 이러한데도 불자들은 석가모니 부처님이 미륵님보다 더 높은 분으로 알고 있으니 불법이 얼마나 잘못 전해지고 있는 것인가?

미래불이라 하시는 미륵부처님께서 자미국 인황의 육신으로 하강 강림하시어서 신분과 진실을 밝히시었다.

불교에서는 조상구원 한다고 하지만 정작 우주의 주인이신 태상천존 자미천황님의 존재를 몰라보고 중생들이 석가모니 부처님만 찬양하고 있으니 부처님은 태상천존 자미천황님께 대역 죄인일 수밖에 없었다.

물론 중생들에게는 유아독존일 것이다.

하지만 지고 지존하신 태상천존 자미천황님의 존재를 몰라보고 자기가 최고라고 중생들을 설법한 것은 석가모니 부처님 자신의 영혼을 만들어 인간세상에 내려보내 주신 영혼의 어버이 대우주 천지인 창조주 태상천존 자미천황님을 능멸한 대역 죄인이 분명하다.

이런 연유로 인해서 석가모니 부처님 사후 3천 년 후에 오신다는 도솔천의 용화세존 미륵존불님께서 선천에 잘못 전해진 불법을 멸하고 바로잡고자 하늘 태상천존 자미천황님의 명을 받아 천인합체의식을 통해 천상도감님이란 천계관직을 하사받아 내려오시었다.

천상도감님은 불교를 멸하라는 태상천존 자미천황님의 황명을 받으시고 이 땅에 2006년 10월 30일 자미국 인황의 육신을 통해서 하생하시었다.

모든 이들은 미륵님이 하생하시면 불교가 부흥할 것이라 생각하고, 사찰의 스님이나 불자들의 몸을 선택하여 미륵님이 출세할 것이라 믿고 있었지만 예상은 빗나갔다.

미륵님은 태상천존 자미천황님의 命을 수행하는 천상도감(天上道監)의 신분으로 하생하시었기에 불교와는 전혀 연관이 없으시다.

미륵님이신 천상도감님께서는 태상천존 자미천황님의 명을 받아 불교와 도교 유교 무속 모두를 멸하시고, 도리천주 하나님께서도 자미천황님의 명을 받아 기독교와 천주교, 이슬람교, 힌두교를 멸하시기 위해 강림하시었다. 앞으로의 세상은 종교가 없는 무종교의 세상이다.

이것이 하늘의 태상천존 자미천황님과 도리천주 하나님이신 천상천감님과 도솔천주 미륵님이신 천상도감님께서 원하고 바라시는 세상으로 도리천주님과 도솔천주님께서 태상천존 자미천황님께 속죄양이 되기 위해서 스스로 모든 종교를 멸하고, 두 분 모두가 영혼의 부모님이신 태상천존 자미천황님의 뜻에 동참하기로 하시었다.

도리천주 하나님은 예수님의 아버지로서 선천시대에 예수인 아들이 세상에 잘못 전파해 놓은 하늘의 진실, 영혼세계의 진실을 바로 전하고자 태상천존 자미천황님의 황명을 받아 아들인 예수 대신 도리천주 하나님이신 천상천감님께서 직접 이 땅에 강림하시었다.

예수께서는 조상을 사탄, 마귀, 악마라 하면서 조상을 박대하였기에 그 죄가 크다 할 것이다. 태상천존 자미천황님께서는 천지인 삼라만상 모두를 창조하셨다.

예수께서는 태상천존 자미천황님의 천지인 창조의 일부분이었던 사람이 죽었다고 육신의 창조주이신 부모조상들을 사탄, 마귀, 악마라 몰아세웠고, 제사와 차례는 지내지도 말라 했고, 절도하지 말라고 하였다.

자신의 육신을 낳아준 부모가 죽었다고 어찌 사탄, 마귀, 악마이겠는가? 죽은 영혼 역시 태상천존 자미천황님의 命으로 창조되어 인간세상에 태어나신 분이거늘 어찌 내 부모조상님들이 죽었다고 야박하게 제사 지내지 말라 하고, 절하지 말라 누가 말했던가?

하늘의 태상천존 자미천황님께서는 모든 기독교와 천주교 성직자들에게 그런 命을 내리신 적이 없으시다 말씀하셨다. 죽으면 부모조상 모두가 사탄, 마귀, 악마가 된다 함은 예수님도 자동적으로 사탄, 마귀, 악마의 자식이 되는 이치 아닌가?

기독교, 천주교 다니는 사람들 역시 사탄의 새끼, 악마의 새끼, 마귀의 새끼가 되는 무서운 진실을 알아야 하고 자신의 조상들로부터 저주를 받아 인생이 몽땅 뒤집어지고 있는데도 알아보지 못하고 있으니 안타깝다.

자신들을 낳아준 육의 부모조상과 영의 부모이신 진짜 하늘을 몰라보고 찾지 않는 자들이 사탄, 마귀, 악마라고 하늘이 가르쳐주시었다. 육신과 영혼의 부모이신 조상과 하늘의 가슴에 대못을 박는 엄청난 대역죄를 지은 것이 되어서 각자의 인생이 힘들어지는 것이다.

천지만생만물 모두를 하늘에서 창조하신 것인데 그러면 태상천존 자미천황님께서 사탄, 마귀, 악마의 어버이란 말이었던가?

말도 안 되는 이야기이다.

하늘에 이런 대역죄를 짓고 있는 줄도 모르고 감히 하늘을 찬양한단 말인가?

기독교가 자신의 뿌리인 부모조상을 사탄, 마귀, 악마로 몰아 제사 지내지 말고, 절하지 말라며 신도들에게 설교한 대역죄를 씻고자 도리천주 하나님께서 자청하여 기존의 잘못 펼쳐진 기독교를 멸하시고자 세상에 강세하시게 되었다.

기독교와 천주교는 자신들의 조상님들을 사탄, 마귀, 악마로 몰아 박대한 대역죄를 지었고, 불교는 하늘의 태상천존 자미천황님 존재를 몰라보고 천상천하 유아독존이라며 하늘을 능멸한 대역죄를 지었다.

이렇게 잘못 펼쳐진 종교의 교리를 바로잡고자 도리천주님과 도솔천주님께서 스스로 나섰다.

도리천주 기독교 하나님의 아버지는 태상천존 자미천황님이시다. 도리천주 하나님 자신보다 더 높은 아버지 태상천존 자미천황님이 계시니라.

이를 몰라보는 성직자들과 교인들이 예수와 도리천주 하나님만 찬양하게 되자 도리천주 하나님께서는 아버지인 태상천존 자미천황님께 죄송해 고개를 들 수가 없다 하시면서, 아버지 앞에서 눈물을 흘리시는 그 모습이 참으로 애처롭기도 하고 아름답기도 한 모습이었다.

불교는

하늘인 태상천존 자미천황님을 무시하고 능멸한 죄.

기독교는

부모조상을 사탄, 마귀, 악마로 몰아 박대한 죄.

도교는

이루어지지도 않는 도통을 빙자하여 혹세무민하며 아무것도 모르는 선량한 사람들을 현혹시켜 거대한 금전을 착취하고 수많은 가정을 파탄시킨 죄.

유교는

조상을 받들며 조상이 최고다 하면서 우리 모두의 영혼을 창조해 주신 영혼의 어버이 태상천존 자미천황님의 존재를 찾지도 않고 무시한 죄.

무속은

조상신을 내려 받아 자신의 조상신만 최고로 여기면서 하늘의 태상천존 자미천황님의 존재를 무시하고 받들지 않은 죄.

이런 연유로 모든 종교를 멸하여 하나로 통합하여 종교가 아닌 태상천존 자미천황님의 자미국 자미천궁을 세우고자 천계의 대신명들이 드디어 칼을 뽑으시었다.

하늘의 허락 없이 모든 의식을 행하는 자들은 스스로 죄업을 태산처럼 높이높이 쌓아가고 있는 길임을 알리는 바이다.

"도교인들은 들으라.

어찌 하늘을 능멸하려 하는가? 일어나지도 않을 도통을 시켜준다고 수많은 사람들을 고통의 길로 끌어들이고 있는가?

100년을 수행하고도 하늘을 통할 수 없는 도 공부.

그것을 빌미로 많은 사람들 금전을 착취하였느니라."

10년 이상 다니면서 이것은 아니라고 생각이 들어 떠나고 싶어도 떠날 수 없는 도인들의 심정.

상급임원들의 감시와 회유가 아니더라도 종단을 떠나면 상제님께 벌 받을까 봐 걱정하는 마음의 족쇄 때문에 이러지도 저러지도 못하고 마지못해 아직도 다니고 있는 사람들이 헤아릴 수 없이 많이 있다.

나는 상제님을 믿고 따르는 그쪽 상황에 대해서 전혀 아는 바 없지만 그곳에 오랫동안 다니던 도인들이 찾아와 전해준 이야기들이다.

굿과 천도재를 통하여 자손들의 몸에서 떠나지 못한 조상님들이 천상궁전으로 오르고자 자손들의 손을 잡고 이곳 자미국 자미천궁으로 들어오고 있다.

세기적 예언자들은 말한다

1. 샨볼츠(미국인 예언 사역자)

"올 여름 천사의 방문을 받았습니다.

그 천사가 50년 동안 북한에서 일어난 일들을 얘기해 주며 북한에 많은 역사가 일어날 것이라고 했습니다. 이제 우리 세대에 휴전선이 사라질 것입니다."

"현재 남한 사람들은 통일 후 북한 사람들이 남으로 내려와 경제가 악화될 것을 두려워한다는 것을 얘기했고, 그래서 하나님이 경제의 영을 남한에 주실 계획이라 하셨습니다.

그래서 하나님께서 남한에 세 가지 영역에서 신기술을 주시고 많은 나라에서 이것으로 인해 한국을 경제 파트너로 삼기 원하는 일이 일어날 것이라고 했습니다."

"하지만 이 모든 것은 고비를 넘길 때 가능합니다."

2. 베니힌(유태계 미국인 목사, 예언 사역자)

"한반도 위에 하나님의 천사들이 금 대접에서 금빛 액체를 쏟아 붓는 환상을 보았습니다.

하나님이 한국을 쓰실 것입니다."

"곧 북한이 해방될 것이며 자유가 올 것입니다. 또한 통일 후 한국은 전 세계에서 가장 강력한 영적, 경제적 강국이 될 것입니다."

3. 하이디 베이커(영국인 신학박사, 여성 예언 사역자)

"북한이 해방되고, 한국은 영적 강국이 됩니다.

하지만 앞으로 다가올 고비를 넘겨야 합니다."

4. 체안(중국인 목사, 예언 사역자)

"하나님께서 장차 한국에 기름을 부으실 것입니다. 하나님께서는 내가 한국을 대추수 때 지도자로 세운다고 하셨습니다."

5. 신디 제이콥스(미국인 목사, 여성 예언 사역자)

"하나님께서 말씀하시기를 '내가 한국에 기름을 부어줄 것이다. 내가 한국 사람을 쓸 것이다'라고 하셨습니다."

"제가 기도할 때 하나님께서 비전을 보여주셨습니다. 하나님께서 한반도 위에 하나님의 숨결을 보이시고, 그 숨결이 강력한 바람이 되어서 중국까지 계속 날아가고, 곧 모든 아시아 대륙과 전 세계를 그 바람이 뒤덮는 것을 보았습니다."

"또 하나님께서 북한을 보여주셨습니다.

북한에 있는 악의 권세가 무너질 것이며 기적적인 회복의 역사를 북한에 허락하실 것입니다. 그래서 누구든지 북한에 가면 '어? 이게 어떻게 된 일이야? 믿을 수 없다. 정말 굉장한 일이다'라고 말할 것입니다."

"하나님께서 북한을 흔드실 것입니다.

북한의 문이 열릴 것입니다.

한국은 통일이 될 것이며. 엄청난 영적, 물질적 부강함을 하나님께서 한국에 쏟아부어 주실 것입니다. 한국을 열강 중에 뛰어난 나라로 세우실 것입니다."

"이 영적 고비를 어떻게 넘기느냐에 따라 앞서 말한 엄청난 축복을 누릴 수도 있으며, 반대로 엄청난 위기가 될 수도 있습니다."

참고로 신디 제이콥 목사님은 기독교 세계 3대 예언 사역자 중 한 분입니다.

독일 통일 1년 전에 정확히 "1년 뒤 베를린 장벽이 무너집니다. 독일은 하나가 됩니다"라는 예언 외에 여러 예언들을 했는데 그 정확도가 매우 높아 신망이 두터운 분이다.

미국의 역대 대통령들과 남미, 유럽의 대통령들이 정기적으로 신디 목사님을 만나 하나님의 뜻을 구할 정도로 예언 사역자로서 탁월한 분이다.

특히 이분은 극동의 작은 나라 한국에 대해서 하나님께서 왜 이런 특별한 예언들을 많이 주시나 싶어서 한국의 역사나 문화에 대해서도 공부하신다고 한다.

미국 기독교 계통 예언가들이 극동의 작은 나라 한국을 주목하는 예언을 하였다는 데에 대해 관심 있게 지켜볼 필요가 있다.

그들은 지상 자미국 자미천궁을 잘 모르고 있지만 역시 지상 자미국 자미천궁에 대한 예언도 들어 있다.

언젠가 미국 기독교 계통 예언가들은 그것이 바로 지상 자미국 자미천궁임을 만천하에 알려지게 될 그 때에 비로소 그들이 한 예언들의 진면목을 스스로 알게 될 것이다.

지상 자미국 자미천궁이 우뚝 서게 되어 동, 서양 모두가 받드는 인류의 정신적 구심점이자, 세계만민으로부터 존경과 칭송을 받는 그날이 앞당겨지게 되리라 본다.

나 혼자만의 상상이라면 지금까지 내가 말한 하늘세계가 거짓이겠지만 세계에서 영적인 능력이 뛰어난 예언가들도 내가 말한 내용과 흡사한 내용의 말들을 하고 있다.

자미국에는 도리천의 하나님이신 도리천주 천상천감님과 도솔천의 미륵님이신 도솔천주 천상도감님께서 우주의 주인이신 태상천존 자미천황님을 이 땅에 세우시고자 손에 손을 마주잡고 하강하시었다.

이제 서로는 대립의 관계가 아닌, 서로 협력자의 관계로 하늘 태상천존 자미천황님을 이 땅에 우뚝 세우실 것이다.

우리 모두는 만세를 불러야 한다.

이 위대하신 두 하나님(도솔천주님, 도리천주님)께서 더 높으신 하늘 태상천존 자미천황님을 모시고 동방 땅 대한민국에 하강을 하시었으니, 이 얼마나 큰 영광이랴.

두 하나님께서도 대한민국을 선택하시어 하강하심에 많은 고민과 갈등이 있었을 것이다.

하지만 그 모든 것을 뒤로하시고 많고 많은 나라 중에서도 우리 동방 땅 대한민국을 선택하여 주심에 감사를 드리고, 이분들의 깊은 뜻에 우리 모두도 동참하여 하늘 태상천존 자미천황님의 뜻에 동참하여야 한다.

하늘 태상천존 자미천황님께서 우리 대한민국 국민 모두에게 주시는 마지막 기회일지도 모른다.

이 하늘이 주신 기회에 모두 감사하며 하늘의 뜻에 따라야 우리 모두가 잘 살 수 있게 된다.

위대하신 하늘 태상천존 자미천황님께서 이 땅에 하강을 하시었는데도 모른 체한다면 이 얼마나 큰 실례이겠는가?

또한 우리나라의 국민들을 믿고 하강하신 도솔천주님과 도리천주님은 입장이 어떠하겠는가?

이 어려운 난국에 하늘 태상천존 자미천황님께서 우리나라를 살리시고자 하강하심은 우리 모두의 영광이다.

모두 한마음 한뜻으로 결집하여 하늘 태상천존 자미천황님의 뜻에 동참하여야 한다.

이 하늘이 주신 기회를 놓친 후, 후회한들 소용없다.

하늘은 우리를 기다려주시지 않는다.

태상천존 자미천황님께서 우리에게 기회를 주심에 감사할 줄 모르다 보면, 태상천존 자미천황님은 마음을 바꾸어 다른 나라를 선택하시어 다른 나라로 가실 수도 있다.

상황이 그렇게 된다면 그 다음에는 우리나라는 영원히 하늘로부터 구원받을 길이 없게 된다.

믿음이 부족한 대한민국 국민에게 실망을 하신 후, 다른 나라로 가시어 그 나라를 내가 말한 대로, 상대의 나라를 신의 종주국으로 만들어주신다면, 그때는 어떻게들 할 것인가?

발 동동 구르며 울고들 있을 것인가?

아니면 떠나간 태상천존 자미천황님을 다시 대한민국으로 돌아와 주시라고 빌 것인가? 우리 인간이 태상천존 자미천황님 전에 다시 돌아와 달라고 한다고 태상천존 자미천황님이 다시 돌아와 준다면 그 얼마나 좋을까? 그렇지만 그것은 가능하지 않은 얘기이다.

항상 기회는 한 번뿐이다.

하늘이 주신 귀하고도 값진 이 기회의 중요성을 우리 모두가 알아야 한다.

내가 말한 뜻을 믿고 따름으로써, 하늘 태상천존 자미천황님의 무한한 천령기운으로 예언가들이 말한 그 일들을 우리 모두가 현실로 이루어 세계만방으로 우뚝 솟아야 한다.

하늘 태상천존 자미천황님의 무한한 천지대능력으로 세계인 모두가 깜짝 놀랄 신의 종주국으로 우뚝 솟아 세계인의 부러움을 한 몸에 받아야 한다.

이 높은 뜻을 이루어주고자 도솔천주님, 도리천주님께서 하늘 태상천존 자미천황님을 모시고 동방 땅 대한민국에 하강을 하시었다.

우리 인간의 능력으로는 말도 안 되는 얘기이고, 가능하지도 않은 얘기이다. 우리 인간이 한다는 것이 아니라, 내가 한다는 것이 아니라, 하늘 태상천존 자미천황님께서 우리의 소원을 이루어주시고자 동방 땅에 하강하셨다는 얘기이다.

내가 무슨 힘으로 신의 국가를 세우겠는가?

또한 독자 여러분이 무슨 힘이 있어 신의 국가를 세우겠는가?

우리는 태상천존 자미천황님의 뜻에 동참하여 태상천존 자미천황님께서 말씀해 주시는 대로만 행하면 된다.

나 역시도 태상천존 자미천황님께서 가르쳐주시기에 이 글을 쓰는 것이다.

인간의 머리만으로는 하늘의 글을 쓸 수 없다. 인간이 하늘세계에 대하여 뭘 알아야 쓸 것이 아닌가? 이토록 하늘 태상천존 자미천황님의 뜻은 광활하고 태상천존 자미천황님의 능력은 인간의 상상을 초월한다.

대단하신 태상천존 자미천황님이시기에 독자 여러분에게 태상천존 자미천황님의 뜻에 따르라 하는 것이다. 전 인류가 대단하다고 생각하며 믿고 따르고 있는 하나님께 아버지가 되시는 태상천존 자미천황님!

이 얼마나 엄청난 일이던가?

하나님의 아버지가 있음이 세상에 알려짐과 동시에 우리 대한민국은 세계 속으로 우뚝 서게 것이다. 태상천존 자미천황님의 숨은 능력은 우리가 알고 있는 하나님의 능력을 초월한다.

그 대단한 하나님을 창조하신 분이 태상천존 자미천황님이신데, 태상천존 자미천황님의 숨은 능력은 진정 어디까지일지 궁금할 따름이다.

하늘이신 태상천존 자미천황님의 능력을 우리 인간이 논한다는 것은 어쩌면 또 하나의 죄일지도 모르나, 독자 여러분에게 설명을 하려니 어쩔 수 없었다.

하늘의 설명은 한도 끝도 없기에 이 단원은 이쯤에서 끝내고 다음 단원으로 넘어가야 할 것 같다. 하늘세계에 대하여 더 자세히 알고 싶은 분들은 신인합체, 신선합체, 천인합체의식을 행하면 스스로 알게 된다.

아이손 혜성과 지구충돌 종말론

근래에 지구가 멸망한다는 종말론이 전 세계에 갑자기 퍼지고 있다. 2013년 12월경 아이손 혜성이 지구와 충돌한다는 끔찍한 예언을 인터넷에 올려 세기적 관심을 끌고 있다.

하늘이 수십억 년의 원과 한을 풀고자 이제 강림하시었는데 그런 엄청난 천지 대재앙을 그냥 바라만 보고 계시지는 않을 것이며, 어떤 방법으로든 지구와 혜성이 충돌하여 인류가 멸망하는 일을 하늘의 태상천존 자미천황님께서는 천지대능력으로 막아주실 것이라 본다.

4경 2천조에 이르는 우주의 무수한 천체(행성)를 운행하는 것도 모두가 태상천존 자미천황님의 명을 받은 해당 천상신명들이 주관하시고 계시기에 그런 불행은 이 나라에서는 일어나지 않으리라 생각한다.

설혹 지구가 혜성과 충돌하는 천지 대재앙이 어느 날 갑자기 닥쳐올지라도 하늘의 백성과 천인들은 하늘로부터 구원받아 유일하게 생존하게 된다.

그 이유는 하늘의 천상신명들이 인간과 합체되어 있으면 미래에 일어날 대재앙을 미리 알기에 재난의 중심에 서 있지 않게 되므로 생존할 수 있다는 이야기이다.

천상의 신명들이 인간 육신을 대재앙으로부터 스스로 보호해 주어 살아남을 수 있다.

인간 육신이 죽어 없어지면 천상신명들 역시 인간세상에 자신들의 집(神宮)을 잃어버리는 것과 진배없기 때문에 인간 육신을 지키기 위하여 그런 엄청난 재앙을 두 눈 뜨고 지켜보고만 계시지는 않을 것이다.

딥 임팩트(Deep Impact)

1998년 제작된 영화를 보면 정말 그날이 다가올 것 같은 예감이 든다. 그 이유는 시나리오 작가들의 영적인 상상력이 매우 발달해 있다는 것이다.

그 대표적인 사례가 비운의 거대한 호화유람선 타이태닉호가 침몰하기 수년 전 작가에 의해 침몰을 주제로 하여 쓰인 소설이 실제 그대로 적중했다는 점이다.

지금 이 글을 쓰고 있는 나 역시 천계에서 전해주시는 계시를 바탕으로 이 책을 집필하고 있듯이 작가들 역시 어떤 영의 파장을 받아 미래에 일어날 일들을 소설로 쓰고 있는 것이다.

말이 씨가 되듯이 가상의 일들이 현실세계에서 실제로 일어나고 있다.

때로는 내가 마음만 먹으면 불가능에 가깝던 일들이 수없이 현실로 실제 일어나 내 자신 스스로가 신비스럽고 두려울 때가 참으로 많이 있다.

이는 내 안에 계신 하늘께서 나의 마음을 모두 읽으시고 좋은 쪽으로 천변만화의 천지조화를 내려주시고 계시듯이, 가상 시나리오 작가들 역시도 나름대로 그 어떤 보이지 않는 영적 존재가 그런 메시지를 보내주고 있기 때문에 가상소설을 쓰고 있는 것이고, 그 가상소설이 현실로 이루어짐에 있어서는 시간이 조금 걸릴 뿐이라는 것이다.

이 모두는 현실의 일로 이루어지고 있다.

100년 전만 해도 공상소설로 여겨졌던 현대 과학문명.

현실로 모두 이루어졌다.

아래 내용은 인터넷에 실린 내용들이다.

앞으로 2013년 12월과 2036(대진사大辰巳)년 태양계의 행성이 지구와 충돌해 인류가 멸망할지도 모른다는 과학다큐멘터리가 미국에서 방영돼 파장이 이는 가운데 고대 마야인들도 '2013년(중진사中辰巳) 행성충돌로 인류가 종말을 맞을 것'이라는 지구멸망 예언을 남겼다는 수수께끼가 번지며 세계가 경악을 금치 못하고 있다.

지구와 혜성의 충돌로 인한 재난은 공상과학 영화 '딥 임팩트', '노잉' 같은 영화이다.

그러나 이 같은 가상의 시나리오가 현실로 나타나고 있다고 뉴스를 통해 속속 보도되고 있다.

미 항공우주국(NASA)이 태양 주변을 도는 행성이 지구와 가장 근접하게 되며 지구와 혜성의 충돌 확률이 4만 5000분의 1이라고 밝혔다고 전했다. 이 확률은 길을 걷다가 자동차 사고를 당할 확률과 같다.

지름 1Km 이상의 행성은 현재 우주에 약 850개로 철과 암석으로 이뤄졌다. 히로시마 핵폭탄의 5천만 배나 되는 위력을 갖고 있다고 한다.

섭씨 1600도가 넘는 혜성은 모든 물체를 녹여버린다.

만일 이 물체가 지구와 충돌하면 지진과 해일을 일으켜 해안지대도 쓸어버려 인류의 4분의 1이 순식간에 죽음을 맞게 될지도 모른다고 한다.

또한 먼지가 햇빛을 가려 생태계는 거의 전멸하게 된다.

NASA는 지난 2005년 행성을 파괴하는 실험을 성공적으로 마쳤다고 했다. 그렇지만 만일 행성이 무더기로 쏟아질 경우엔 속수무책이라는 점에서 종말론이 미국 사회에서 다시 고개를 들고 있는 것이다.

한편 이에 맞춰 고대 마야인들이 '2013년 행성 충돌로 인류가 종말을 맞을 것'이라는 지구멸망 예언을 남겼다는 소문도 번지고 있다.

5천여 년 전인 기원전(BC) 3114년 8월 12일의 마야 달력에는 '2013년 12월 22일 지구는 종말을 맞이한다'는 글귀가 담겨 있다는 것이다. 1년의 계산 착오로 2012년 12월 21일에서 2013년 12월 22일로 변경되었다.

5128년 주기가 0에서 시작해야 하는데 1부터 계산하여 1년의 시차가 발생한 것을 감안하면 정확히 날짜가 맞는다.

현재 아이손 혜성이 지구를 향하여 다가오고 있음이 과학적으로 입증되었기 때문이다.

아이손 혜성이 2013년 11월 29일 태양에 최근접하여 킬샷(태양흑점폭풍)이 발생하여 지구로 향할 경우, 남반구 전체가 불바다로 변하고 지구와 최근접 하는 2013년 12월 22일경을 전후로 지구 멸망 대재앙이 실제로 발생할 가능성이 매우 높다고 예상하고 있다.

중력에 변화가 생겨서 지축이 바뀌어 남극점과 북극점이 이동하여 대재앙이 일어나 지진, 해일, 화산폭발로 지구가 종말을 맞이할 수 있다고 경고하고 있다.

마야문명은 현재까지도 풀리지 않는 수수께끼로 남아 있다.

마야인들은 5128년을 주기로 지구가 소멸 생성을 반복한다고 믿는다는 것이다.

따라서 2000년부터 2013년까지 멸망과 부활을 준비하는 기간으로 설정돼 있다는 것이다.

원효결서 비기(秘記)에 진사성인출(辰巳聖人出)이라 쓰여 있다. 즉 용띠와 뱀띠 해가 되는 2000년(경진년) 2001년(신사년) 사이에 대한민국에서 성인이 출현한다는 예언이었다.

이때를 비기에서는 시초라 하여 초진사(初辰巳)라 표기했고, 2012년(임진년) 2013년(계사년)을 중진사(中辰巳)로, 2024년(갑진년) 2025년(을사년)을 말진사(末辰巳)로 표기하고 있다.

2036년(병진년) 2037년(정사년)은 표시가 없으나 병정이 모두 불(火)이니 화진사(火辰巳)라 해야 할 것인데 즉, 불의 재앙이 올 수 있음을 천간인 병정(丙丁)이 표시해 주고 있다.

전해져 내려온 비기(원효결서)에 이르기를 초진사(2000~2001년)에 성인이 나타나고, 중진사(2012~2013년)에 대한민국의 국민들이 성인을 모두 알아보고, 말진사(2024~2025년)에는 세계인류가 모두 알게 된다는 내용이다.

또한 중진사에 자미국 자미천궁으로 들어오는 백성들까지는 하늘로부터 구원받으나 말진사에 들어오는 이는 하늘로부터 구원받지 못한다고 되어 있다.

우연인지 필연인지 나는 2000년(경진년)까지 준비과정을 거쳐서 2001년(신사년)에 천지인 세계(인간세계, 조상세계, 신명세계)를 하늘이 직접 주재하시는 기원인 천기원년(天紀元年)을 선포하였고, 지금은 천기 13년의 12월 초순이다.

천기 7년 7천기 입하(5월6일) 일에 하늘이신 대우주 천지인 창조주이시며 우리 모두에게 영혼의 어버이이신 태상천존 자미천황님께서 7년간의 등극 준비과정을 거쳐 내 몸으로 공식 강림하시어 장엄하게 즉위식을 거행하시었다.

일련의 종말론이 어쩌면 하늘께서 알곡을 가리기 위하여 행하시는 천상공무의 집행일 수도 있다고 생각한다.

말로 해서는 종교를 멸할 수도 없고, 하늘의 존재를 인정도 하지 않을 것이기 때문에 천지대재앙을 통해서 하늘의 자손들을 선별하시려는 것이 아닌가 생각한다.

인간의 힘으로 이겨내지 못하는 엄청난 고통이 따라야만 하늘과 신, 조상님들을 받들기 때문이다.

밀교나 예언, 각종 비기에 수록된 내용들이 모두 현실로 나타날 수 있다. 지금까지 자미국에서 24권의 책이 출간되었고 그 내용들이 모두 하늘에서 내려준 계시였고 현실로 나타나 이루어졌기 때문이다.

하늘이 인간 몸으로 강림하시어 성인이 출현한다는 예언 역시 정확히 맞았다. 나를 성인이라고 독자들이 인정하고 안 하고는 중요치 않다.

인간들로부터 인정받고자 하늘의 일에 목숨 거는 것은 아니다.

하늘이 내 몸으로 내리신 것을 무엇으로 확인검증해 주겠는가? 스스로가 자미국 자미천궁에 들어와 각자가 깨닫고 직접 체험해 육신의 오감과 삶을 통해 느껴보면 알 것이다.

지금 현재 자미국 자미천궁에서 천상신명들이 태상천존 자미천황님의 명을 받으시어 천인합체의식을 통하여 하강하고 있는 것을 보면 예삿일이 아니라고 본다.

이렇게 천상세계의 신명들이 하늘의 명을 받아 하강하시고 있는 것은 한 사람이라도 대재앙에서 구원하시고자 인간 몸으로 내려보내시는 것 같다.

비기에 따르면 천조일손(千祖一孫)이라 했다.

즉 천 명의 조상 중에서 한 자손이 살아남는다 했다.

대재앙이 일어나면 나의 귀한 자손일지라도 눈 뜨고도 구할 수 없다 하였다. 그만큼 절박하고도 비참한 최악의 상황이 발생한다는 내용이다.

이는 무엇을 말해 주는가?

하늘의 천인(천상신명)이 되지 않으면 대재앙으로부터 구원받지 못한다는 내용이다. 부모자식 형제라 할지라도 하늘의 백성이나 천인이 되지 않는 사람들은 하늘께서 그들을 구원하실 아무런 의무가 없다.

여기서 1만 2천 천인들의 출현이 1차로 이루어지고 단계별로 총 14만 4천 명의 천인(신인)들이 하늘의 도움으로 살아남은 천손의 자손들이 세계인류를 이끌어 영도해 가게 된다.

이때 지상에는 모든 종교가 멸망하고 하늘이 직접 통치하시고 다스리시니 후천의 무릉도원 세상이 열린다.

하늘의 존재를 인정하며 믿고 따르는 하늘의 백성과 천인만을 하늘께서는 구원하신다.

분명 현시점에서는 지구멸망이 가상이고 예언에 불과하다.

그러나 거대한 운석(천체)들이 수백 년, 수천 년, 수만 년 전 지구에 떨어진 그 증거들이 세계 도처에 아직도 널려 있다. 이때 공룡과 같은 거대한 육식동물들이 멸종하였다.

어느 한 사람의 예언이 아니고, 세기적 예언가들이 영상을 통하여 미래에 일어날 천재지변의 대재앙들을 영안으로 보고 말한 사례들은 너무도 많이 있다. 23.5도 기울어진 지구의 축이 바로 서면서 대재앙이 시작될 것이다.

이 역시 내가 1999년도에 강원도 울산바위 쪽에서 새벽 자시기도 중 2시간 만에 북두칠성의 위치(국자 모양)가 정반대의 방향으로 서 있는 실제 모습을 보고 하늘께 여쭈어보았더니 지축이 그렇게 바뀌는 모습을 보여주신 것이라 하셨다.

기도 시작할 때나 끝날 때마다 습관적으로 북두칠성의 위치를 확인하였기에 알 수 있었다.

이렇게 지구의 지축이 갑자기 바로 서면 예언처럼 일본이 바닷속으로 가라앉아 20만 명만 살아남을 수도 있고, 미국대륙이 3분의 1만 남을 수도 있다.

1만 년 전 바다 밑으로 사라진 아틀란스 대륙이 떠오를 수도 있다. 서해바다가 육지가 될 수도 있는 가상의 일들이 현실로 나타날 수 있다.

이런 이치는 바람 빠진 풍선이나 축구공과 같다.

한쪽을 손으로 누르면 반대편이 튀어나오는 이치와 같다.

둥근 지구가 어느 한쪽이 침몰되면 반드시 어느 한쪽은 반대로 튀어 오른다.

천체(운석)가 지구와 충돌한 후 해일이나 지진, 화산폭발, 현대의학으로 치료되지 않는 사스보다도 더 무서운 괴질이 전 세계에 창궐하면 사람들은 파리 목숨만도 못한 인류 최악의 상황이 일어날 수 있다.

장차 일어날 모든 천지 대재앙에서 구사일생으로 살아남을 사람들은 하늘에서 선별하신다.

하늘로부터 구원받을 사람들은 이 책을 보고 마음에 이끌리어 자미국 자미천궁을 찾을 것이고, 하늘이 구원하지 않을 사람들에게는 이 책 내용을 모두 허구라고 받아들이게 하늘에서 마음을 움직여 조화를 내려주신다.

즉 이 책을 통하여 하늘에서 구원할 사람과 구원하지 않을 사람을 선별하는 잣대 역할로 적용하신다는 말씀이시다.

그러니까 1차적으로 모든 사람들에게 공평하게 기회를 주시고 하늘에서 선별하시겠다는 뜻이다.

제7부

세계를 다스릴 통치 국가

천상신명들이 인간 몸으로 하강하였다

여러분의 몸에는 신과 귀신(조상과 유주무주 혼령)들이 살고 있다. 귀신은 대부분 자신들의 조상님들이시다. 책을 읽으면서 각자의 느낌이 모두 다르다.

책을 읽을 때 자신의 몸에 이미 들어와 있는 신과 조상님들이 본인들과 함께 책을 본다는 사실을 알고 있는 사람들은 거의 없을 것이다.

읽으면서 책 내용에 공감하는 신과 조상 그리고 사람들 중에서 어느 한쪽이라도 깨달음을 얻은 분이 계시다면 온몸으로 신명정기를 느낄 것이며 자미국과 인연을 맺을 수 있다.

신과 조상, 독자 모두 공부가 안 되어 깨닫지 못한 경우에는 책 내용을 황당하다고 비판하거나 사이비라고 매도하므로 이곳과는 인연이 없게 된다. 수많은 풍화환란의 고행을 겪고 난 뒤에 깨달음을 얻을 신과 조상, 인간들이다.

책 내용에 공감하여 감명받을 정도면 수준급 이상으로 천지공부가 많이 된 신과 조상님들이시고 지체 높은 분들이시다. 이분들은 하늘이 내리시는 명에 대하여 금방 알아듣게 되어 조건 없이 이유 없이 하늘과 신, 조상님들의 명을 받들게 된다.

이곳은 종교(도교)가 아니다.

하늘이 세워주시는 자미국(紫微國) 자미천궁이다.

천상세계 신명정부로서 장차 세계를 호령하며 다스릴 천상신명들의 정부이다.

이곳의 주인은 세상에 한 번도 알려지지 않았던 우주의 주인님이신 태상천존 자미천황님과 자미황후님이시다. 대신명님들은 천상감찰신명님(명 수행자)을 비롯하여 천상천감님(기독교 하나님), 천상도감님(미륵님)이 계신다.

천계의 신명님들은 인간 몸(육신)이 있어야 신명의 역할을 행할 수 있기 때문에 사람 육신의 몸으로 찾아오는 것이다.

이렇게 하강하신 신들은 천상정부의 중책을 맡아 인간사로 하강했다. 신과 합체를 한 천인들은 본래 자신들의 일에 그대로 종사하면 된다.

사업가는 사업을, 직장인은 직장에서, 군인은 군 복무에, 약사는 약국에서, 학생은 학교에서 각자가 평소 해왔던 일상 업무를 그대로 수행하면 된다.

천인들은 일상의 본인 생활에 충실하며 하늘의 천인으로 만족하고 있으며 이들은 모든 생활이 180도 바뀌어져 마음이 너무너무 편하다고 한다.

천상의 신들과 천인합체(天人合體)가 되었다고 하여 무속인들처럼 점을 보며 운명상담을 하거나 굿을 하는 그런 천인들이 아니다.

신의 환란으로 고통받는 사람들은 자신의 몸 안에 어떤 신명이 자리하고 있는지 조상영가 입천제를 행한 뒤에 천인합체의식을 해서 하늘의 검증을 받아보면 알 수 있다.

이제까지의 선천법도는 무속의 길을 가야 할 신명들은 법사나 보살 찾아가서 신 내림 받아 무당되어야 하고, 도 닦을 사람들은 도교단체나 산에 들어가야 하고, 절에 갈 사람은 절로 가고, 교회 갈 사람은 교회로, 성당 갈 사람은 성당으로 각자 가야 했지만 이제는 모든 종교의 기운을 하늘께서 각 천상신명들에게 명을 내리시어 자미국으로 거두어들이고 있다.

종교가 아닌 하늘의 대우주 천지인 창조주 태상천존 자미천황님께서 친히 세우시는 자미천황님의 나라에 천인과 백성이 될 천계의 신명님들은 이곳 신의 종주국 자미국 자미천궁으로 찾아와 하늘이 내리시는 명을 받으면 된다.

하늘의 명을 받은 천계의 신명님들!

이분들의 몸주(자미천황님의 천인)들은 하나같이 도교, 기독교, 불교, 천주교, 무속 등을 모두 두루두루 다녔었고, 그곳에서 더 높은 경지를 찾아 책을 통하여 감명받은 후 자미국 자미천궁으로 찾아와 신인합체, 천인합체, 신선합체의식을 통하여 하늘의 천인으로 탄생하는 영광을 얻게 되었다.

하늘의 천인은 살아서도 죽어서도 태상천존 자미천황님의 천인이므로 천령정기를 마음껏 받고 살아간다.

죽어서 사후세계로 들어가서도 자손들의 몸이나 허공중천에 머물지 않으며 지옥세계 명부전을 거치지 않고 천상궁전 자미천궁으로 즉시 승천하게 된다.

한마디로 산전수전 다 겪어보았고, 조상구원에 열성적이었기에 굿과 천도재를 모두 여러 차례 지내본 경험이 있는 천인들이다. 그리고는 수십 년 다니던 종교의 노예에서 과감히 벗어나고자 용감하게 결단을 내린 사람들이었다.

종교의 굴레에서 벗어나는 길이 가장 행복한 지름길이라는 것을 자미국의 백성들은 깨달았기에 하늘이 내리신 명을 결행하여 마침내 하늘의 천인으로 탄생하였다.

하늘의 명을 받아 각자가 살아서 천상의 신, 천인(天人)으로 다시 태어난 것이다.

죽어서 천상의 신이 되려면 억만년의 세월이 소요되지만 신이 된다는 보장도 없다. 하지만 하늘의 명을 받아 신인합체, 천인합체, 신선합체의식을 행하면 그날부터 천상의 신명으로 탄생하게 되어 천력(天力)을 지닌 신인, 천인, 신선이 된다.

자신들의 몸에 신과 귀신들이 함께 살아가고 있다는 것 인정할 사람 몇 안 될 것이라 본다.

각자의 몸에 들어와 계신 자신들의 조상님들을 천상궁전으로 벼슬을 하사받게 해드리는 벼슬 입천제를 행해 드리고, 태상천존 자미천황님의 명을 받아 신명과 합체를 하면 인간세상의 불확실한 미래에 대한 불안과 공포로부터 벗어날 수 있다.

자신 몸에 합체된 천계의 신명님들이 인간 육신을 자나 깨나 24시간 지켜주시기 때문에 잠자다가 악령과 악신의 침범으로 발생하는 심장마비 같은 돌연사가 예방된다.

악신과 악령, 원귀, 요괴, 마귀, 사탄 등이 자신들의 몸에 들어옴으로 인해서 인생사의 불행한 일들이 어느 날 갑자기 발생하지만 이들은 사람들 눈에 보이지 않고, 들리지 않기에 미리 막을 방법이 없다.

하지만 천상신명과 합체된 하늘의 천인들 육신에는 악귀잡귀들이 감히 침범하지 못한다. 하늘 태상천존 자미천황님의 천인 몸이기에 근접을 할 수 없고, 몸에 합체되어 있는 천상신명들이 모두 방어해 주기 때문에 불행을 미리 차단시켜 준다.

이뿐만이 아니라 신과 귀신들의 온갖 조화로 일어나는 자동차 사고, 사업실패, 가정불화, 질병 등이 모두 막아지니 이것이야말로 하늘이 인류에게 내리신 가장 큰 축복이고 영광 아니겠는가?

어디 가서 복을 빌고 있는가?

내 몸에 들어와 있는 조상님들을 구원해서 천상궁전으로 보내드리고, 천상신명님들과 신명합체하여 구원해 주면 천만사가 모두 평안할 터인데 왜 종교의 노예가 되어 허송세월하고 정신을 빼앗기고 살아가는가?

하지만 예외가 있는데 천인들이 하늘의 명을 어기고 제멋대로 행하면 하늘의 보호막이 해제되어 악귀잡귀 귀신들이 들어와 인생이 불행해질 수 있기에 말씀을 철저히 지켜야 한다.

목사님들과 스님들도 자주 찾아온다.

하늘이 원하고 바라는 참뜻을 깨달았기에 새로운 진리의 길을 가고자 친견을 요청하고 있다. 이곳은 모든 종교에서 벗어난 사람들의 요람이요 무릉도원이다. 믿어지지 않겠지만 더 이상 하늘에서는 종교의 세계를 원하지 않는다.

자미국에 들어와 명을 받든 천인들은 인간 육신이 편안하고 가정사가 잘 풀리며 사업이 원활하게 돌아가고, 질병의 고통이 소멸되며 온갖 신과 귀신들의 불행에서 벗어났다.

말 그대로 하늘의 천인들에게는 무릉도원의 세상이 펼쳐지고 있다.

천인과 백성들 모두가 이구동성으로 이곳 자미국 자미천궁은 세상에 단 하나밖에 없는 하늘이 내리신 천상궁전임을 인정하며 이곳에 들어오기를 참 잘했다고 하면서 스스로 보람을 느끼며 살아가고 있다.

하늘의 소원이 세계 통일과 종교 통합

우리 모두, 아니 인류 모두가 기다리던 희망찬 새로운 나라 자미국(紫微國)이 탄생되었고, 드디어 2007년 2월 4일 입춘 날 15:00 많은 천인과 백성들이 참석한 가운데 천상세계 정부 천상궁전 자미국 정부가 출범하였음을 신명세계, 영혼세계, 인간세계에 동시 선포하였다.

내(하늘의 명 대행자 자미인황)가 하늘의 주인이신 태상천존 자미천황님의 명을 받들어 지구 탄생 이래 세계 최초로 세우는 천상국가 세계정부이다.

자미국 정부의 천인이 되기 위한 자격 조건으로는 효도 사상을 으뜸으로 한다.

1. 조상 벼슬 입천제의식을 행하여 조상님께 효도를 행한 사람.

1. 하늘의 명을 받들어 천인합체의식을 행한 하늘 백성.

하늘에서 지구상에 오랜 세월 동안 펼쳐지기를 간절히 원하고 바라시던 종교가 아닌 천상세계 정부가 최초로 출범하였다.

세계를 하나로 통일하는 천지대업은 시작되었다.

지금까지 수천 년 동안 세계를 지배해 온 종교의 뿌리를 송두리째 멸하고, 자미천황님의 나라를 세워 지구촌 모든 국가를 하나의 국가 자미국(紫微國)으로 흡수 통일하는 천상국가 세계정부를 세우고자 하늘의 대역사는 시작되었다.

자미국 천상세계 정부는 대한민국의 정부가 아니고 세계 모든 나라를 통치하기 위한 국가이므로 그 규모가 대한민국 정부조직을 초월한다.

하늘의 자미천황님으로부터 명을 받아 움직이는 하늘의 충성스런 천인들은 천령정기와 함께 하늘이 내리시는 유무형의 특권을 모두 누리게 된다.

자미국 국가는 모든 종교를 멸하고 세계를 통일하여 천지인의 도리를 근본으로 하여 세계인류를 평화의 공간 무릉도원으로 인도하는 곳이다.

하늘의 도리 천도리(天道理)

땅의 도리 지도리(地道理)

사람의 도리 인도리(人道理)

영혼의 도리 영도리(靈道理)

우리 인류 아니 각자 개인의 소망이 무엇이던가?

첫째는 건강이고, 둘째는 금전이고, 셋째는 명예와 권력이고, 넷째는 마음의 평화이다.

각자 인생을 살면서 네 가지 모두를 이루고자 나름대로 수많은 노력을 하였을 것이다. 하지만 인간의 노력만으로는 잘 이루어지지 않는다. 인간의 힘만으로는 안 된다는 깊은 진리를 빨리 깨달아야 한다.

마음먹은 대로 이루어지지 않는 인생.

하늘의 백성 하늘의 천인으로 탄생함이 인생 성공의 비결이다.

각자 인생의 모든 고난은 하늘과 조상님들의 메시지이다.

말 못하는 신과 조상으로부터 세상 그 어느 누구도 자유로울 수 없다.

실패한 인생, 다시 시작하고자 한다면 자미국 백성으로 탄생해야 한다. 모든 종교의 굴레에서 벗어나 종교에서 해방되는 길이 행복의 지름길이다.

왜 하늘의 백성이 되어야 하나?

근심걱정 없이 마음 편안히 잘 살기 위해서이다.

질병과 금전고통은 자신의 조상님들이 내리신 벌이다.

불행과 고통이 왜 일어나는지 이 책을 통하여 깨닫게 된다. 고통의 늪에 빠진 모든 사람들에게 희망의 등불이다.

천하세계와 종교를 자미국 하나로 통일!

이는 나 개인의 야망이 아니라 하늘(태상천존 자미천황님)에서 인류에게 내리신 지엄한 명이다. 감히 내가 인간의 힘으로 어찌 세계를 통일하고, 수천 년 동안 이어져 내려온 거대 종교를 멸망시킬 수 있단 말인가?

인간의 힘으로는 수만 년이 지나가도 도저히 이룰 수 없는 불가능한 일이다.

나는 하늘이 인류 모두에게 내리신 명을 세상에 직접 전달하고 있을 뿐이고 하늘의 뜻대로 집행하고 있을 뿐이다.

나의 뜻이 아닌 하늘께서 우리 인류에게 오랜 세월 진정으로 원하고 바라신 중차대한 하늘의 뜻을 전 세계 인류에게 전달하고 있을 뿐이다.

나는 다만 하늘의 뜻을 전할 뿐 세계를 자미국 단일국가로 통일하고 종교를 멸망시켜 자미국으로 통합할 만큼의 그 어떤 천지능력도 갖고 있지 않지만 하늘께서 나로 하여금 그 천상업무를 직접 행하라 명하시니 하늘의 뜻에 따를 뿐이다.

천상업무를 집행하라 명하신 이후로 하늘과 땅의 무소불위하신 천지대능력이 하늘의 대행자 인황 육신을 통해서 전 세계로 내려진다고 하셨다.

즉 나의 육신으로 함께해 주시면서 천상지상 공무를 집행하신다는 말씀이다. 나의 몸으로 하늘의 명을 내리시어 그대로 행하라 하시니 그저 명을 행할 뿐이다.

인간세상에 하늘의 지엄한 뜻을 전하며 명을 내릴 뿐 세계 통일 국가와 종교를 갖고 있는 사람들의 마음을 바꾸는 일은 하늘 태상천존 자미천황님의 몫이다.

참으로 상상하기조차 어려운 어마어마한 일이다.

누가 감히 세계를 통일시키고, 수천 년 내려온 종교의 맥을 끊겠다고 자처하며 나서겠는가?

이는 하늘의 태상천존 자미천황님만이 할 수 있는 일이고, 인간으로서는 도저히 불가능한 일이다.

한마디로 세계 초강대국들이나 기존의 종교세계에서 교조로 추앙되고 있는 부처님, 예수님, 성모님, 상제님에게 날벼락 맞을 일 아니던가?

내가 한 말들이 진실이 아닌, 거짓이었다면 이 높은 신명이신 성인, 성자들께서 나를 가만히 놔두었겠는가? 인간의 하나뿐인 목숨을 걸고, 하늘 태상천존 자미천황님께서 가르쳐주시는 대로 엄청난 하늘의 일들을 집행하고 있다.

그러나 성인, 성자들께서는 나에게 날벼락을 내리시는 것이 아니라, 태상천존 자미천황님의 뜻에 동참하시어 지상 자미국에 엄청난 하늘의 기운을 아낌없이 내려주고 계신다. 나 역시도 가끔은 두려울 때가 있었다.

모든 강대국들과 종교인들로부터 비난의 화살이 쏟아질까 봐 나 역시도 이 엄청난 하늘의 일이 두려워 포기 아닌 포기도 여러 번 했었지만, 내가 이 하늘의 일을 하기 싫어한다고 해서 내 마음대로 안 할 수도 없다.

내가 하기 싫어한다고 하여 하늘께서 나를 포기하여 준다면 얼마나 좋을까? 하늘께서는 포기하면 이런 나를 그냥 내버려두시지 않는다.

하늘의 명을 행하면 강대국들과 종교인들로부터 비난받을 것이고, 하늘의 명을 행하지 않으면 하늘로부터 비난을 받을 것이고 정말 진퇴양란의 시간들이었다.

이 많은 하늘의 사실들을 글로 쓰는 순간 나는 하늘의 명을 인간세계에 행하기로 결심을 하였다. 모든 강대국들과 종교인들의 비난이 빗발치듯 쏟아지더라도 하늘에서 원하고 바라시는 일이니 명에 따를 뿐이다.

이 책을 읽은 후 내가 전한 하늘의 진실 부분에 대하여 공감하신 분들은 어느 누구를 막론하고 종교에 회의가 느껴지면서 더 이상 종교에 나가고 싶은 마음이 사라지게 될 것이다.

그것은 나의 능력이 아닌 하늘 태상천존 자미천황님의 뜻이며 종교를 멸하고자 하시는 부처님, 예수님, 하나님, 상제님, 미륵님의 뜻으로 이분들께서 내리시는 천지조화의 기운이다.

불교, 기독교, 천주교, 이슬람교, 힌두교, 도교, 무속에 열심히 다니고 있는 사람들이 이 책을 통하여 그동안의 잘못된 종교의 교리에 대하여 진실을 깨닫게 된다.

더 이상 종교의 노예가 되지 말고, 보이지 않는 종교적 신앙의 속박에서 벗어나 자유의 몸이 되면 행복의 길이 보인다.

종교인들은 나에게 수많은 비난의 말을 할 수도 있다.

나에게 비난의 말을 하기 이전에 진실을 찾고자 이제는 귀를 기울여야 한다.

나는 하늘의 뜻을 받은 그대로를 전하는 것이니 나에게 비난의 말을 할 자들은 뜻도 없는 비난의 말이 아닌, 하늘의 진실을 통하여 어느 부분이 잘못되었다고 나처럼 논리정연하게 정리하여 주어 하늘의 뜻을 펼침에 도움이 되는 조언들을 해주었으면 좋겠다.

자신 하나의 종교를 살리기 위한 이기적인 조언이나 비난의 말이 아닌, 우리 모두가 진정으로 하늘로부터 구원받을 수 있는 진리의 길을 조언해 달라는 말이다. 이젠 하늘께서는 말도 안 되는 인간들의 변명과 개인의 욕심을 채우기 위한 인간의 변명 앞에 이맛살이 편할 날이 없다 하신다.

성인, 성자들께서는 수천 년 맥을 이어온 종교를 왜 멸하려 하는지 그 이유를 독자 여러분은 알고 계시나요?

예수님, 하나님, 부처님, 상제님께서도 미처 깨닫지 못했던 부분을 이제야 깨달았기 때문이다. 예전에는 자신들이 최고인 줄 알았는데 그것이 아니었음을 이제야 깨닫고 그 죄들을 태상천존 자미천황님 전에 용서 빌고자 하신다.

하늘 태상천존 자미천황님의 존귀하신 존재를 이 모든 분들은 순간적으로 망각하였었다.

자신들이 가장 높은 줄 알고 인간세상에 자신들의 존재를 전파하여 인간들로 하여금 종교를 세우게 하여 자신들이 최고로 추앙받아옴이 하늘에 대죄가 되었음을 이제야 진정으로 깨달은 것이다.

예수님, 성모님, 하나님, 부처님, 미륵님, 상제님, 천존님들 모두는 태상천존 자미천황님 전에 자신들의 죄를 용서 빌며 태상천존 자미천황님을 우주의 주인으로 받들어 모시기로 합의가 이루어진 상태이다.

태상천존 자미천황님의 진정한 존재를 망각하고 자신들을 따르는 종교가 최고라고 수천 년간 종교전쟁까지 치르고 있으니, 하늘 태상천존 자미천황님께서 노할 일이었도다.

자신들을 내세움은 자연적으로 하늘의 태상천존 자미천황님께 대죄인이 되는 것이었다.

자신의 아버지를 외면한 채 자신들이 최고라고 인간들을 현혹시켰으니 그 죄가 막중하다 할 것이다.

부처님, 예수님, 성모님, 상제님, 노자님, 공자님 모두가 죄인이 되어 있도다.

석가모니 부처님께서는 하늘을 무시하고 자신이 천상천하 유아독존이라 하여 하늘 위에서나 아래에서 제일 높다고 중생들에게 설법하여 자신의 영혼을 이 세상에 보내주신 영혼의 어버이까지도 능멸하는 대죄를 지었으니 하늘에 대죄인이로다.

지장보살님께서도 하늘의 명을 받아 자미천장의 새로운 하늘의 관직을 하사받으시면서 하신 말씀이 있다.

사찰에서 조상영혼을 구원하는 천도재를 올릴 때 지장보살이란 명호를 외우는 중생들에게는 지장보살님께서 저주를 퍼붓겠다고 다짐의 말씀을 하시었다.

사연인즉 대우주 천지인 창조주이신 자미천황님의 존재를 몰라보고 인간들이 함부로 지장보살 명호를 부른다며 크게 역정을 내시었다.

지장보살 명호를 중생들이 외울 때마다 지장보살님께서는 쥐구멍에라도 들어가고 싶은 심정이고, 바늘방석에 올라앉은 기분이라고 하시었다.

말인즉슨 태상천존 자미천황님께 대죄를 짓게 된다는 얘기였다. 지장보살님이나 도리천주 하나님, 석가모니 부처님, 미륵존불님, 옥황상제님 모두도 감히 태상천존 자미천황님의 존호를 함부로 부르지 못할 정도로 위대하신 분이시다.

그런데도 태상천존 자미천황님 앞에서 자꾸만 나의 이름을 부르니 그때마다 나는 태상천존 자미천황님 전에 죄인이 될 수밖에 없다고 하시면서 태상천존 자미천황님 전에 사죄의 눈물을 흘리고 또 흘리시었다.

이렇게 교인들이 하나님이라고 부르시는 분들조차도 태상천존 자미천황님이란 존호를 함부로 부르지 못할 정도로 지고 지존하신 존재임에도 불구하고 이 세상사람들은 하늘의 존재를 몰라보고 있다.

이 책을 읽는 사람들 중에 조상입천제를 행하지 않았거나 하늘의 명을 받아 신인합체, 천인합체, 신선합체 의식을 행하지 않은 백성들은 함부로 태상천존 자미천황님 명호를 함부로 부르지 않기를 당부 드린다.

지장보살님께서 중생들이 명호 한 번 부를 때마다 고통의 번뇌 속에 계신다고 하시었다.

조상영혼을 구원하여 주실 분은 우주에 태상천존 자미천황님 단 한 분밖에 안 계신다고 전해주시면서, 태상천존 자미천황님께서 행하시는 고유 권한을 지장보살님께 해달라고 중생들이 빌고 있으니 지장보살님 입장이 보통 난처한 것이 아니라 하시며 제발 지장보살 명호 외우지 말라고 신신당부를 하시었다.

세계를 자미국 하나로 통일시키고, 수천 년 내려온 종교를 자미국 하나로 통합시키는 것이 나의 마음인 줄 알았는데 이것이 바로 하늘의 소원이셨다.

줄기차게 내가 외쳤던 것이 결국 나의 꿈이 아니라 위대하신 하늘의 꿈이자 소원이셨다. 그래서 무소불위의 대능력자들이신 천상선감님, 천상천감님, 천상도감님, 자미인황님, 천지신명님, 나라조상님께서 모두 총출동하여 자미국의 인황과 사감의 육신을 통해서 하늘의 소원을 이루어드리고자 하강 강림하신 높은 뜻이 있었던 것이었다.

천상에서 사감을 통하여 이런 진실을 밝혀주지 않았으면 내가 하늘의 소원을 도둑질하는 큰 죄를 지을 뻔하였다.

자미천황님의 나라

자미천황님은 우리 인간 모두에게 영혼을 보내주신 지고 지존하신 영혼의 어버이이시다.

많은 사람들이 하늘 신명의 존호를 몰라 하느님, 하늘님, 하나님, 한울님, 상제님, 천존님 등등으로 불러왔고 종교의 구심점으로 이 분들을 세웠었다.

또한 성인, 성자들인 석가(불교), 예수(기독교), 공자(유교), 노자(도교), 마호메트(이슬람교)는 인간으로 세상에 왔다가 각각 종교의 씨를 뿌린 채 사후세계로 돌아갔고, 세상사람들 83%는 그들이 뿌려놓은 종교사상을 믿고 따르고 있다.

그러나 이제는 그 모든 종교의 울타리를 과감히 벗어날 수 있는 길이 있다. 1차는 하늘 백성으로의 탄생이고, 2차는 각자가 하늘에서 내리는 명을 받아 하늘의 천인으로 새롭게 다시 탄생하는 길이다.

신으로 태어난다 하니 먼저 무속이나 미신이란 선입견이 들어갈 수도 있지만 남의 인생을 점치며 운명상담을 하는 그런 무속세계와는 차원 자체가 다르다.

천상의 신으로 태어나는 길은 하늘이 선택하여야 가능하고 천인합체의식을 행해서만이 태어날 수 있다. 살아서나 죽어서나 신의 역할을 하고, 각자 현 직업에 그대로 종사하면서 살아가지만 엄연히 하늘의 천인(장관, 차관) 신분이다.

즉 태상천존 자미천황님의 나라(자미국 자미천궁)에 소속된 각 부서의 신명으로 살아간다.

천상의 신명으로 태어남은 천상신명은 인간으로, 인간은 천상신명으로 승화됨을 의미한다.

신명은 인간 육신을 얻게 되고, 인간은 신명을 얻게 되어 서로 상부상조하고 상생하니 인간사의 어려운 난제들이 천상신명들로 하여금 해결되어 근심걱정 없는 무릉도원의 이상향 세상에서 부귀영화 누리며 살게 된다.

신들은 인간 육신의 몸을 빌리지 않고서는 아무것도 행할 수 없기 때문에 반드시 사람의 몸이 필요하고, 사람 역시 인력으로 안 되는 일들이 너무나 많기에 신의 절대적 능력이 필요하다.

신의 능력을 빌리면 매사에 불가능이란 없다.

우리들이 알고 있는 상식 수준 이상의 엄청난 천지조화를 내리시기 때문이다.

하늘의 신명으로 탄생하면 인생이 천지개벽한다. 마음이 태평성대처럼 평온해지고 막혔던 일들이 어느 순간에 모두 해결되는 신비한 일들이 일상생활 속에서 일어난다.

신들은 인간들로부터 칭찬받기를 좋아한다.

하늘의 태상천존 자미천황님과 각 천상신명님들은 알아주는 자의 편이다.

각자가 그분들의 입과 손발이 되어드리면 자신들이 원하던 것 이상으로 상상을 초월하는 신비스러운 일들이 일상생활 속에서 수없이 일어난다.

신의 세계도 천차만별의 신분과 서열이 존재한다.

특단신명, 상단신명, 중단신명, 하단신명이 있고, 각 단의 신명들 중에서도 다시 특, 상, 중, 하로 계급이 세분하여 나뉘어져 있다.

신은 애기 동자 신부터 도령, 선녀, 장군, 신장, 대감, 도사, 천존, 옥황상제님에 이르기까지 그 종류가 천차만별이다. 신을 믿고 따르는 사람들을 보면 무당, 도사, 법사, 도인, 스님, 목사, 신부가 신분과 계급이 다르다.

인간세계에서 공무원도 대통령에서 동사무소 일반직원까지, 군인들도 이등병부터 대장에 이르기까지, 평민들도 초상류층, 상류층, 중류층, 하류층까지, 학벌도 무학, 초등학교, 중등학교, 고등학교, 대학교, 대학원 출신에 이르기까지 천차만별로 신분과 계급이 다양하다.

천지만생만물을 창조하신 위대한 하늘 태상천존 자미천황님께서 지상 자미국의 나의 몸을 빌려 공식 강림하시었다.

천지만생만물의 주인이신 태상천존 자미천황님을 세우시고자 자미황후님, 명 수행자 천상감찰신명님, 도솔천의 용화세존 미륵존불님이신 천상도감님과 도리천의 기독교 하나님이신 천상천감님 외에 천상궁전 자미천궁의 수많은 천계의 신명님들께서 함께 대거 하강 강림하셨다.

태상천존 자미천황님의 나라 자미국 자미천궁을 한반도에 건립하시기 위해 강림하시었다. 아무도 생각하지 못했던 인류 역사에 한 획을 긋는 일이며, 세계만국을 하늘께서 친히 영도하시는 중차대한 일이시다.

천지대업을 직접 행하시기 위하여 수많은 좌우보좌 신명들을 대동하시고 한반도를 선택하시어 강림하셨다. 태상천존 자미천황님께서 강림하시어 이 세상에서 펼치시고자 하시는 일들 모두를 필설로 전할 수는 없지만 큰 뜻만 전한다.

인간 몸에 숨어 들어와 있는 신과 조상원혼들을 찾아내 천상의 고급 신명에게는 하늘의 황명을 내려 인간의 몸과 합체를 시키어 서로 공존공생하게 만들고, 조상원혼들은 천상궁전으로 구원해 하늘의 백성으로 태어나게 함으로써 하늘의 천인과 백성, 자격여부를 엄격히 선별하신다.

구천을 떠나지 못하고 사람 몸에 들어와 살고 있는 조상영가들 때문에 인간은 많은 풍파를 겪는다.

신과 조상, 인간 즉, 천지인을 먼저 구원하신다.

사람들의 마음에 평온을 되찾아줌으로써 즐거운 삶을 누리며 살게 해준다.

인생을 살아가는 동안 고통과 불행 속에 방황하는 사람들은 분명 그 원인이 있다. 그렇지만 세상사람들은 그 뜻을 찾으려고 노력하지 않고 허송세월을 보내고 있다.

근본 원인을 찾아내어 해결하지 않고는 사람들 스스로 행복하고 즐거운 삶을 살 수 없다.

보이지도 않고 들리지도 않는 영계와 신계의 기운이 결국은 자신 주변 사람들 몸을 통하여 자신의 생활에 불행과 흉사가 일어나게 만든다.

즉 태상천존 자미천황님께서 강림하시면 신과 조상의 풍파가 모두 소멸되어 행복하고 즐거운 인생을 누릴 수 있다. 하늘의 천인과 백성들 중에서 하늘의 명에 따르는 사람들에게 내려주시는 특혜이다.

태상천존 자미천황님의 천인과 백성이 아닌 사람들은 하늘의 도움을 받을 수 없음은 만고의 진리이다. 천인과 백성들은 모두가 태상천존 자미천황님께서 내려주시는 신명정기를 본인들이 직접 체험하며 살아가게 된다.

1단계로 하늘의 백성이 되려면 책을 읽고 내용에 공감하거나 감동받은 사람들에 한하여 자미국에서 친견을 통해 백성입문 여부가 정해지고, 하늘의 명이 내려지면 절차에 따라 정식백성으로의 입문이 이루어진다.

우리 모두는 인생을 살아가면서 크고 작은 수많은 고민들이 있다. 고민의 일이 질병, 금전, 자식, 부부, 취업, 직장, 승진, 관재, 이성, 결혼, 이혼, 학업, 성격, 사업으로 인한 나름대로 걱정스런 일들이 많이 있다.

큰 고통을 겪지 않으면 절대로 신과 조상을 섬기지 않기에 연속적으로 불행을 자신들이 겪어야 그때서야 억지로 하늘, 신, 조상님을 찾게 되는 자손들이 많다.

이 책을 집필하면서 새로운 사실을 알게 되었다.

나라의 대통령들이 부산과 대구, 경상남북도에서 집중 배출되고 있는 그 원인을 알게 되었다. 내가 책을 출간하여 구독자들의 반응을 살펴보았다.

부산과 대구 경상도 사람들은 너무 강한 단점도 있지만 반대로 일편단심인 장점이 있다. 하늘과 신과 조상에 대한 믿음도 전국 어느 지역보다도 높았고, 하늘과 신과 조상에 대한 마음도 다른 지역보다 진실하다는 것을 알게 되었다.

사찰도 다른 지역에 비해 집중되어 있다. 나 역시 원관이 경북 상주이다. 즉 하늘과 신명, 조상에서 적극적으로 도와주고 있다는 진실이 밝혀졌다.

부산, 울산, 김해, 마산, 창원, 진주, 함양, 대구는 거리가 멀어도 자미국에 찾아오는 사람들이 가장 많다. 강원도 지역의 사람들은 신의 세계, 조상의 세계에 관심이 별로 없고, 제주도는 아예 관심들이 없다.

전라도, 충청도, 경기, 서울은 보통이다. 경상도 지역의 사람들은 하늘과 신과 조상을 생각하는 마음이 지극하다. 그래서인지 정치인과 기업인이 경상도 출신들이 많다.

경상도 지역의 사람들은 하늘, 신, 조상을 생각하는 마음이 유달리 특별해서인지 성공한 정치인과 성공한 기업인들이 경상도 출신이 많은데 행하고 뿌린 대로 거두는 것이다.

경상도 사람들은 대부분 지상 자미국 자미천궁이 거리상 멀어도 멀다고 하지 않고 자기 조상님과 자기 영혼을 구원하기 위해서는 아무리 바쁜 일도 뒤로 미루고 아낌없이 하루를 오고가는데 아낌없이 투자한다.

자미국과 가장 먼 부산 사람들이 제일 많이 방문하는데 그래서인지 그들은 사회적으로도 성공과 출세를 많이 하고 있다.

먼 길을 오고가는 것도 정성이니 하늘, 신, 조상님들이 도와주고 살펴주시어서 성공과 출세도 빠르다.

일이 아무리 바쁘고 거리가 멀어도 모든 일 뒤로 미루고 달려오는 사람들이 부산, 대구, 울산, 경상남북도 사람들이다.

자미천황님께서 지상에 내려오시는 연유

천기 7(2007년)년 곡우 초하룻날, 하늘 자미천황님의 자미황후님께서 많은 백성과 천인들이 참석한 가운데 사감(하늘의 명 수행자)의 몸으로 잠시 잠깐 강림하시었다.

자미천황님의 강림을 앞두고 미리 오시어 하늘 자미천황님께서 왜 인간세상으로 내려오시는지 그 뜻을 설명해 주시었다.

태초에 최초의 하늘 강림이리라.

천상선감님, 천상천감님, 천상도감님, 72위의 나라개국 시조조상님들, 나의 선대조상님들 모든 분들이 천지창조주이신 태상천존 자미천황님의 인간세계 강림을 원하고 바라셨기 때문이라고 가르쳐주시었다.

우리 인간의 눈에는 아니 보이고, 귀에는 아니 들렸지만, 이 모든 분들은 일심의 마음으로 오랜 세월 자미천황님의 인간세계 강림을 원하고 바랐었다 하신다.

자미천황님께서는 하늘의 명 대행자에게 많은 하늘의 공부를 시켜주셨고, 하늘의 시험을 하셨는데 하늘이 내려주신 1단계 공부가 끝나고, 하늘의 시험에 통과하였기에 하강 강림하신다는 말씀이셨다.

이 땅의 전 세계 각 나라에 종교의 뿌리를 남기고 죽은 석가, 예수, 성모, 공자, 노자, 마호메트, 증산상제들이 했던 것처럼 또다시 하늘을 배신하지 못하도록 혹독한 하늘의 공부를 시키셨는데, 어느 누구도 통과하지 못한 힘든 하늘의 시험을 무난히 통과하였기에 강림하신다 하셨다.

지금까지 인간세상에 이름을 남겼던 성인들 역시도 하늘의 참뜻을 전하라고 하늘께서 이 땅에 내려보냈더니, 하늘의 참뜻은 펼치지 않고 자신들 스스로가 잘났다 하면서, 자신들 스스로가 모두 교조(숭배자)로 수천 년간 추앙받고 있었다.

그래서 이제는 이 같은 배신을 두 번 다시 당하지 않고자 나에게는 인간으로서는 감히 인내해 내기 힘든 시험과 공부를 주시면서 나의 마음을 살피셨다 하신다.

나도 오늘 사감 몸으로 오신 자미황후님을 통하여 하늘의 진실을 알기 전 너무너무 힘든 과정이 많아 중간에 포기하고 싶었던 마음 정말 한두 번이 아니었다.

인간인 내가 힘들어 포기하려 하면 하늘 자미천황님이 생각나 이내 눈시울이 뜨거워지고, 마음 또한 아파오니 이러지도 못하겠고 저러지도 못하겠고, 정말 어떠한 결정도 내릴 수 없음에 가슴은 답답하기만 했었다.

자미천황님께서는 나에게 명하시었다.

전지전능하되 인간 육신의 몸이 없다 보니, 인간들이 하늘의 주인(자미천황님)인 나의 존재를 몰라보고, 나도 말은 하되 인간과 말하는 법이 다르고, 나의 말을 아무도 못 알아듣다 보니 나의 광대한 뜻을 인간세상에 전할 수 없음이 가슴 아프다 하시면서 내 육신의 몸이 필요하다 하시었다.

그래서 나는 자미천황님의 뜻을 따르겠노라고 약속을 드렸었고, 약속을 하면서 자미천황님의 속상한 마음에 나의 마음도 아파 함께 울었다.

그리고 굳게 다짐에 다짐을 하였다.

내가 희생함으로써 하늘 자미천황님의 원과 한이 풀어질 수만 있다면, 이 육신 다하는 날까지 자미천황님의 손과 발, 입이 되어 드리겠노라고 말씀드렸다.

하지만 하늘 자미천황님의 뜻을 이 땅에 펼침은 참으로 힘들고도 아픈 고통의 길이었다. 해도 해도 끝이 없는 하늘의 공부와 한도 끝도 없는 하늘의 시험은 시작을 알리는 신호도 없이, 끝남을 알리는 신호도 없이 하늘의 공부, 하늘의 시험은 나의 현실로 수시로 내려졌다.

그 과정의 시간들이 정신적, 금전적으로 너무너무 힘들어 나 역시도 하늘의 길이 아닌 도사, 법사, 스님, 목사의 길을 갈까? 하고 생각해 본 적도 있었다.

이미 이 땅에 세워져 있는 하나의 종교를 선택해 그 종교의 교리를 펼치면 나 역시도 이토록 힘들지는 않았을 것이다.

하지만 보이지도 않고, 들리지도 않고 이 땅의 사람들이 알지도 못하는 새로운 하늘의 진실을 전하려 하니 그 고통의 세월을 어찌 말로 다 표현할 수 있을까?

기존 종교의 뜻을 펼치면 모르는 부분이 있더라도 여러 사람에게 조언도 받을 수 있으련만, 새로운 하늘의 뜻을 펼치려니 하늘의 존재에 대하여 아는 이가 없어 조언을 받을 수도 없고, 정말 난감한 적 한두 번이 아니었다.

가끔은 아무도 없는 밤 시간에 혼자 생각에 잠겨도 본다.

도대체! 나는 지금 무엇을 하고 있는가?

이렇게 한다고 누가 알아주는 것도 아닌데?

하늘을 세워 무슨 부귀영화를 보겠다고?

끝없는 갈등과 고민, 번민의 시간 속에 새벽은 찾아왔다.

어떤 이들은 이런 나에게 미쳤다고 말하는 이들도 있었고, 사이비라고 말하는 이들도 있었다.

또 어떤 이는 현실에서는 불가능한 일이니 그 어려운 하늘 세우는 일 말고, 다른 편한 일 하자고 조언해 주는 이들도 많았다. 하지만 나의 머릿속과 마음에는 오로지 자미천황님밖에 생각이 나지 않았다.

내가 이 과정의 시간이 힘들어 포기한다면?

하늘 자미천황님께 한 약속들은 어떻게 되는 것이고?

하늘 자미천황님은 어떻게 되는 것인가?

자미천황님 생각을 하면 할수록 나의 마음은 아팠다.

나의 인생이 힘들고, 나의 삶이 아파도 자미천황님 전에 이 육신 희생하리라 굳게 마음을 먹었다.

넘어지면 다시 일어나 마음을 추려 처음부터 다시 시작하고, 또 넘어지면 다시 일어나 또 시작하고, 말 그대로 눈물의 오뚝이 인생길이었다.

이런 아픔의 세월을 지나, 오늘 자미천황님의 윤허로 천상 자미천궁의 자미황후님께서 하강하시어 그동안의 일들을 모두 설명해 주면서, 하늘 자미천황님의 깊은 뜻도 알려주셨다.

그동안 힘들었던 하늘의 공부, 하늘의 시험과정은 인간이 하늘의 명 대행자가 되는 과정이었다고 말씀해 주셨다.

"자미천황님께서는 기존의 불교, 기독교, 천주교, 도교, 무속, 민족종교를 세우려 이 땅에 하강 강림하시는 것이 아니라 새로운 하늘! 진실한 하늘의 세계를 이 땅에 세우려 강림하시는 것인데, 어찌 그 세월이 힘들지 않으리오.

그동안 하늘 자미천황님께서는 수많은 사람들을 이 땅으로 보내시어 하늘의 진실을 전하라 하시었건만, 그들 모두는 자미천황님의 진실을 외면한 채, 본인들 스스로가 만 사람들의 추앙을 받아왔습니다.

본인들 스스로가 우주의 주인인 양, 만 사람들과 만 조상님들, 만 영혼들, 만 신들을 속여가며 그들을 고통의 굴레에 가두었고, 또한 하늘의 진정한 뜻이 아닌, 종교를 이 땅에 세움으로써 만 사람들과 만 조상님들, 만 영혼들, 만 신들을 종교의 굴레에 가둔 채 세상 모두를 어지럽게 만들었습니다.

하늘 자미천황님께서는 이 뜻이 잘못되었음을 세상의 많은 사람들을 통하여 알려주셨지만, 그 위대하신 하늘 자미천황님의 들리지 않는 음성을 알아듣는 진정한 하늘의 인물이 지구촌에 존재하지 않았습니다.

모두가 자칭 미륵이고, 구세주이고, 재림예수이고, 정도령이다 하고들 있습니다. 많은 하늘의 진실을 오늘 하루에 다 알려드릴 수는 없지만, 많은 세월 신과 인간들에게 배신에 배신을 당하신 하늘 자미천황님이시었습니다.

하늘의 진실이 이러하다 보니 위대하신 태상천존 자미천황님께서 강림하실 하늘의 대행자 육신에게는 그들 종교 교조들에게는 안 시켰던 혹독한 하늘의 공부를 시키셨고, 하늘의 시험을 통하여 인간을 신의 경지에 오르게 하셨습니다.

세상사람들 모두는 자미천황님께서 내리시는 하늘의 혹독한 공부의 과정에서 탈락을 하였거나 그들 스스로 포기의 깃발을 들고 중도하차를 하였습니다.

그들 모두는 하늘의 혹독한 공부를 포기한 채, 불교를 세우고, 교회를 세우고, 성당을 세우고, 도교단체를 세우고, 무속으로 가는 등 많은 세월 동안 이들 모두의 모습을 지켜보면서 무지한 인간들로 인하여 자미천황님의 마음과 나, 황후의 마음은 많이 아팠습니다.

그러나 지상 자미국 자미천궁의 자미인황님께서는 해내셨습니다.

정말 장하십니다.

세상 어느 누구도 극복하지 못했던 하늘의 혹독한 공부를 완수하시었습니다. 그동안 인간의 삶을 포기한 채 하늘 자미천황님을 이 땅에 세우고자 일심으로 애쓰신 마음을 자미천황님께서는 모두 알고 계십니다.

고통 없이 하늘 공부시킬 수도 있었습니다.

하지만 고통과 아픔을 안 주면 모두 나 잘났다 하면서, 하늘을 능멸하고 인간 스스로가 만인들의 추앙을 받고, 각자의 생각이 맞다 하면서 종교를 세우기에 자미천황님의 진실한 뜻을 세상에 전하기 위해서는 어쩔 수 없었습니다.

자미인황님께서도 이런 혹독한 공부의 과정이 없었다면, 그들처럼 나 잘났다 하면서 자미천황님을 능멸했을 것이고, 또 하나의 종교를 세웠겠지요.

하늘의 명 대행자 자미인황님!

그동안 정말로 고생 많으셨습니다.

오늘의 이 영광은 하늘 자미천황님의 승리이시고, 명 대행자님께 승리의 날입니다.

감히 그 높은 하늘 자미천황님의 마음을 움직이시다니, 정말 장하십니다! 또한 인간으로 태어나 인황님이 되신 것을 진심으로 축하드립니다.

지금부터는 황후 역시도 자미천황님께서 계신 지상 자미국 자미천궁에서 자미천황님을 잘 보필하며 새로운 뜻을 이 땅에 전하고

자 최선을 다하겠습니다" 하시는 긴 말씀을 통하여 그동안 하늘의 숨은 진실들을 모두 가르쳐주시었다.

황후님의 말씀을 듣고 있는 나의 눈에는 눈물이 맺히었다.

그동안 내가 애쓴 마음을 그 위대하신 하늘께서 모두 알고 있다 하시고, 수고했다 하신다니, 또한 대단하신 태상천존 자미천황님께서 소원을 이루셨다 하시니 그동안 나의 모든 고통의 시간들이 일순간에 사라졌다.

또한 황후님의 말씀을 통하여 하늘의 진실도 많이 알게 되었고, 앞으로 내가 해야 할 일들이 무엇인지도 더 정확히 알게 되었다. 나는 앞으로 태상천존 자미천황님의 화신이자 분신인 하늘의 명 대행자 인황으로 그들이 이 땅에 남기고 간 종교를 통합하여야 한다.

강제로 종교를 멸하겠다는 것이 아니라, 인간, 산 사람 영혼, 죽은 영혼, 신들을 종교의 굴레에서 구원하는 것이다.

많은 사람들과 영혼들, 조상님들, 신들이 종교의 굴레에서 배신의 고통과 불행의 아픔으로 너무 아파하고 있기에 그들을 행복의 길로 인도하고 싶은 것이 자미천황님의 뜻이고 나 인황의 뜻이다.

하늘께서 나의 몸으로 강림하심으로써 하늘께서는 인황이라는 새로운 하늘의 직함을 황명으로 내려주시었다. 하늘 자미천황님께서 나를 부르실 때는 대행자라 하시고, 인간들이 나를 부를 때는 인황님으로 부르게 윤허해 주시었다. 독자들이 나를 인황님으로 인정하고 안 하고는 중요하지 않다.

이제 하늘께서 지상 자미천궁으로 강림하신 것을 천상의 모든 신들과 각 성씨 조상님들은 모두 알고 계신다.

각자 나름대로 지상 자미국 자미천궁으로 강림하신 하늘을 검증해 보고자 할지도 모르지만 인간 스스로는 방법을 찾을 수 없을 것이다. 하늘보다 더 높은 능력이 있지 않는 한은 검증이 불가능하다. 아랫사람이 윗사람을 평가할 수 없음이 만고의 진리 아니던가?

인간의 눈에 보이지 않고, 인간의 귀에 들리지 않는 진정한 하늘을 알아볼 수 있는 자들은 하늘보다 능력이 높거나 하늘 자미천황님의 아들딸들 이외에는 알아보는 것이 불가능하지만 자미국에 들어오면 온몸으로 느낀다.

인간 스스로의 능력으로는 그 어느 누구도 하늘의 강림을 검증할 수 없다.

조상 입천제의식을 행하여 자미국 지상 자미천궁의 백성이 되고, 천인합체의식을 행하여 하늘의 천인으로 탄생되면 스스로 하늘 자미천황님의 존재를 알게 될 것이다.

작은 동방의 땅 자미국 지상 자미천궁으로 위대하신 하늘 자미천황님께서 강림하시었다.

인류 모두가 기다리던 하늘!

기독교의 예수와 하나님이 아닌, 불교의 미륵님도 아닌, 도교의 상제도 아닌, 거룩하고도 위대하신 하늘! 자미천황님께서 지상 자미천궁으로 강림하시었다.

우리 모두를 창조해 주신 육신과 영혼의 어버이.

천지만생만물을 창조하신 천지부모님.

대우주를 창조하신 태초의 천지창조주.

신의 종주국임을 선포하신 천지주인님.

세계인류를 영도하실 통치권자.

백성과 천인(天人)을 탄생시켜 주시는 창조주.

불로수명 장생을 현실로 이루어주실 분.

우리 모두의 삶을 천지개벽시켜 주실 분.

천지인 신명세계를 다스리는 총사령관님.

무소불위하신 대우주의 절대권자.

전지전능하신 대우주의 통치권자.

자미국 지상 자미천궁의 주인이신 자미천황님.

모든 영혼들을 천상 자미천궁으로 구원해 주실 수 있는 분.

우리 산 인간을 대재앙에서 구원하여 주실 분.

가난과 질병과 불행에서 우리 모두를 구원해 주실 분이신 자미천황님께서 강림하시었다.

태상천존 자미천황님께서는 기독교 하나님(도리천주), 미륵존불(도솔천주), 석가(불교), 예수(기독교), 공자(유교), 노자(도교), 이슬람교(마호메트), 성모 마리아(천주교), 옥황상제(무속교), 증산상제(대순진리, 증산도, 태극도), 하느님, 하늘님, 한울님, 한얼님, 하날님(민족종교), 환인, 환웅, 단군(개국시조), 천존(신흥도교) 등을 모두 다스리고 거느리시며 그들 모두에게 생사여탈권의 명을 내리시는 지고 지존의 대단하신 태초의 하늘이시다.

기존의 모든 종교를 멸하시고 흡수 통합하여 새로운 무종교 자미국 지상 자미천궁을 세우시는 하늘 자미천황님께서 지상 자미천궁으로 강림하시어 기존의 종교를 다시 펼치신다는 것은 이치에 맞지 않는다.

그러면 얼마나 우스운 일이며 하늘의 주인이신 당사자께서 직접 이 땅 자미국으로 오시었는데 무엇이 답답하시어 신흥종교를 세우시겠는가?

하늘 자미천황님의 궁전 지상 자미천궁을 이 땅에 세우시고, 자미천황님께 선택받은 인간, 조상, 영혼들을 구원해 백성과 천인으로 탄생한 자손들을 기쁨과 행복 누리며 잘살게 해주면 되는 것이지 종교가 왜 필요하시겠는가?

이 책을 통하여 하늘 자미천황님께서 강림하였음을 공식 선포하며 새로운 자미국 지상 자미천궁 개천(개국)을 만 세상에 널리 알리는 바이다.

살아생전이든 사후세상이든 하늘의 백성(천손)이 되면 하늘의 보호와 사랑받을 수 있음은 만고의 진리이리라. 또한 죽어서도 천상 자미천궁에 오를 수 있으니 사후세계에 대한 모든 두려움과 근심 걱정이 없어진다.

자미천황님의 공식 하강 및 즉위식

천기 7년(2007년) 양력 5월 6일 입하.

태초에 최초로 하늘께서 자미국 지상 자미천궁으로 내려오시는 날이다. 많은 하늘의 백성과 천인들이 참석하여 강림의식의 자리를 빛내주었고 자미천황님께 감동의 눈물을 흘렸다.

감격의 순간이었다.

수십억 년의 오랜 세월 동안 기다려온 하늘의 공식 강림!

보이지도 들리지도 않았던 하늘께서 자미국 지상 자미천궁으로 내려오시었다. 태산보다도 더 높이 쌓인 하늘의 원과 한이 무엇인지 사람들은 잘 모른다.

전지전능하시고 우주를 천지창조하신 무소불위의 절대권자 하늘이신 태상천존 자미천황님께서 무슨 원과 한이 있느냐고 반문할 독자들이 상당히 많이 있을 것이라 본다.

하늘! 하면 독자들 나름대로는 머릿속에 떠오르는 것이 있을 것이다. 대부분의 사람들은 하늘! 하면, 평안함, 고요함, 근심걱정 없이 모두가 행복한 나라.

이런 세계가 하늘세계라고 생각들을 했을 것이고, 하늘세계는 눈물과 배신이 없는 세계라고들 생각하고 있었을 것이다.

그러나 진정한 하늘은 우리 모두의 상상을 초월했다.

배신으로 얼룩진 인간의 마음이 바로 보이지 않는 하늘 자미천황님의 마음이었다 하신다.

자미천황님께서 강림하시자 뜻밖의 일이 일어났다.

생각지도 않았던 이변의 상황 앞에서 나는 순간 깜짝 놀랐고, 그 위대하신 하늘 자미천황님께서 강림하시면 기쁘며 좋다고 웃으시며 강림하실 것이라 생각했었다.

그런데 태초로 강림하신 자미천황님께서는 슬프다, 그동안의 내 설움이 너무 깊고도 깊도다, 하시면서 아픔의 마음을 말씀하셨다. 뜻밖의 일에 그 자리에 참석했던 백성과 천인들 모두는 놀랐다.

어느 누가 감히 상상했으리요?

하늘께서 원이 있으실 것이라고.

어느 누가 알고 있었으리요?

하늘의 마음이 아플 것이라고.

강림하신 하늘께서는 그동안 무지한 인간사의 자손들로 인하여 많은 세월 동안 마음이 아팠다 하셨고, 깨닫지 못한 신들의 자만과 배신으로 인하여 지금은 속이 새까맣게 다 타버리신 상태라고 말씀하셨다.

보이지 않고 들리지 않는 하늘의 깊은 뜻을 인간들이 감히 어찌 알 수 있었으리요? 지금까지 우리 인간은 부처님, 상제님 잘 섬기고, 예수님, 하나님 잘 찬양하면 인간의 도리를 다하는 줄 알고 있었고 그렇게 행하고 있었다.

그 위대하신 하늘께서 눈물을 흘리고 계실 것이라고는 우리 모두는 상상도 못했다. 하늘의 이 깊은 뜻을 누가 알 수 있었으리요? 세상 어느 누구도 예상하지 못했던 상황이었다.

자미천황님은 만생만물의 어버이시다. 산 우리들뿐만이 아니라, 죽은 영혼들까지도 창조하여 이 땅에 살게 해주신 우리 육신과 영혼의 주인이시다.

하지만 이 땅의 자손들과 죽은 영혼들 모두는 육신과 영혼의 어버이를 몰라보았다.

그 긴 시간의 세월 동안 하늘 자미천황님께서는 자손(인간, 조상, 영혼, 신)들에게 버림받으셨던 것이다.

자미천황님께서는 우리 인간 하나하나를 창조하심에 애지중지 귀하게 창조하여 이 땅에 살게 해주셨다.

하지만 우리 모두는 이 땅에 태어남과 동시에 자미천황님 어버이의 존귀함을 몰라보고, 어떤 이는 부처나 상제 앞에, 어떤 이는 예수나 하나님 앞에 앉아 그들이 우리들의 어버이인 줄 알고 빌고 있었다.

그 세월 동안 우리의 진정한 어버이이신 자미천황님의 마음은 그 얼마나 아팠을까?

하늘! 바로 눈물 자체였다.

참석한 백성과 천인들 모두는 하늘의 말씀에 마음이 아파 함께 울었다. 또한 자미천황님 전에 죄송스러워 고개를 들 수가 없었다. 원과 한이 너무나 깊고도 깊으셨던 하늘. 하늘의 눈물로 인하여 산 사람들의 삶도 아팠다.

감히 위대하신 하늘께서 눈물을 흘리시는데, 어찌 산 사람들의 인생이 평탄할 수 있었으리요. 위대하신 하늘, 우리 모두의 어버이이신 자미천황님께서 슬퍼하시는데, 그 자손들(산 우리들)이 어찌 웃을 수 있었으리요.

어버이(자미천황님)는 속상해하시는데, 자손(산 우리)들은 그 마음도 모르고 깔깔대고 웃고 있다면 그 얼마나 불효 불충이란 말이던가?

이제는 정답을 찾았다.

우리 인간이 겪는 고통과 아픔, 배신, 눈물, 이것은 바로 보이지 않고 들리지 않는 하늘 자미천황님의 마음이었다.

자미천황님께서는 우리 인간 감정의 마음을 통하여, 하늘 자미천황님의 마음을 지상의 자손들에게 끝도 없이 전달하고 있었던 것이다.

그러다 보니 지상에 있는 우리 산 사람들은 우리들의 의지와 상관없이 슬프기도 하고, 기쁘기도 하고, 죽고 싶기도 하고, 한도 끝도 없이 외로웠다.

이유 없이 몸이 아프기도 했던 그 모든 것들이 하늘 자미천황님의 마음이었고, 하늘 자미천황님께서 지상에 있는 하늘의 자손들을 부르시는 음성들이었다.

하지만 우리 모두는 하늘 자미천황님의 음성을 들을 수 없었다. 하늘 자미천황님께서는 애타는 마음으로 지상의 자손들을 부르고 또 부르셨다 하신다.

그럴 때마다 지상의 자손들은 그 뜻이 무엇인지를 모르다 보니, 종교의 세계로 빠져들어서 참으로 하늘도 답답하고 지상의 자손들도 답답한 세월이었다고 하셨다.

높은 하늘의 세계에서 지상의 자손(영혼의 자식들)들을 크게 불러보지만 어느 누구도 못 알아듣자, 이제는 자미천황님께서 인간사로 직접 강림하시었다.

인간 육신의 몸을 빌리시고, 인간 육신의 입을 빌려, 인간의 두뇌와 손을 빌리시어 하늘의 뜻을 조상 입천제의식, 천인합체의식, 감사죄의식, 천은보사의식을 책으로 집필하시어 만 세상에 전하시고, 하늘의 자손들을 구원하시고자 내 육신의 몸으로 하강 강림하시었다.

천상 자미천궁 세계에만 있다 보니 하늘의 귀한 자손들이 종교에 빠져 고통받고, 무속의 길로 접어들어 무당 도사 법사들이 되어 빈천한 인생들을 살아감에 가슴 아파하시며 그들 모두를 구원하시고자 인간세계로 하강 강림하신 것이다.

이 책을 통하여 하늘의 백성과 천인들을 구원하실 것이라 하시었다.

이 책은 단순한 책이 아닌, 하늘의 백성과 천인을 하늘 자미천황님께서 부르시는 하늘의 호출 통지서라고 보면 된다.

세계인류를 지배 통치하실 하늘!

그동안 참 하늘의 존재를 인류 모두가 모르다 보니 그 위대한 하늘을 종교적 존재로만 숭배하여 왔다. 각자의 부모조상이 종교가 아니듯, 하늘 또한 종교가 아니고, 부모조상과 하늘, 우리 산 사람 모두는 종교가 될 수 없다.

만인간, 만 조상, 만 영혼, 만 신들의 어버이이신 자미천황님께서 우리 모두를 구원하시고자 이 땅에 자미국 지상 자미천궁으로 오시었다.

자미천황님께서는 모든 종교의 굴레에서 벗어나 세계인류의 구심점으로 우뚝 서게 되신다.

하늘은 원래부터 종교가 아니었기에 지상에 종교가 아닌 자미천황님의 궁전인 자미국 지상 자미천궁을 인황과 사감, 천인, 백성들의 육신을 통해서 세우시는 것이다.

하늘의 궁전인 자미국 지상 자미천궁을 한반도에 세워 세계인류를 어루만지시고 보살피시어 선택받은 자들 모두를 고난으로부터 구원하시고자 하신다.

하늘 자미천황님이 머무실 자미국 지상 자미천궁을 인류 모두가 힘을 합해 웅장한 궁전을 건립해 드림이 영혼의 어버이에 대한 자손 된 근본도리이자 의무이다.

세계인류 모두가 하늘께서 강림하셨음을 알고 나면 자미국 지상 자미천궁은 인산인해를 이루게 될 것이며, 세계인류로 인하여 인산인해를 이루게 되면 자미국만 발전하는 것이 아니라 대한민국 국민들도 잘살게 되는 길이다.

지금까지 설명했던 조상구원 입천제의식과 신과 인간이 하나 되는 천인합체(신인합체, 신선합체)가 여러 사람을 통하여 세상에 널리 알려지면 전 세계인은 자미국 지상 자미천궁을 우러러보게 될 것이며, 세계 어느 누구도 이루지 못한 신의 종주국으로 세계 속으로 우뚝 서게 된다.

세계인류를 맞이할 하늘의 궁전을 속히 건립해야 한다. 자미국 지상 자미천궁 궁전이 건립되면 한반도에 더 이상 전쟁이 일어나지 않게 된다.

자미국 지상 자미천궁이 대한민국에 있는 한 강대국들도 더 이상 얕보거나 업신여기지 못하게 된다. 오히려 그들이 머리 조아리며 조공과 천공을 올리는 입장으로 바뀌게 된다.

이것이 하늘 자미천황님께서 이 땅에 세우시고자 하시는 하늘의 완성 설계도이니 의심의 마음을 버리고, 우리 모두의 어버이이신 자미천황님의 뜻을 받들어 많이 선택받아 살아서도 죽어서도 하늘의 구원을 받는 자미국 지상 자미천궁의 백성과 천인으로 다시 태어나서 기쁘고 행복한 인생을 살자.

72억 인류의 구심점을 한반도에 세우자

하늘께서 주관하시는 지상궁전 자미국 자미천궁 건립은 국가의 발전을 위하여 기업인들 모두와 정부 차원에서 적극적으로 건립해야 한다.

세계인류 모두가 기다리시던 하늘께서 강림하시었다.

하늘의 뜻은 받았으나 나 개인의 힘으로는 거대한 재정의 돈이 필요한 하늘의 궁전을 이 땅에 건립할 수 없다.

자미국 자미천궁은 세계를 거느리고 다스리는 인류의 세계궁전이다.

강대국들의 틈에서 늘 왜소하기만 한 약소국가 대한민국!

이제는 잠에서 깨어나 세계를 지배하리라.

만생만물과 우리 인류 모두를 창조하신 영혼의 어버이이신 하늘께서 우리의 소원을 이루어주시고, 우리를 구원하시고자 이 땅에 하강하시었다.

우리 모두는 하늘의 뜻에 동참하여 대한민국을 신의 종주국으로 세워 약소민족의 슬픔과 비애에서 벗어나야 한다.

사명자로 선택받은 이 나라 국민 모두가 하나 되어 하늘의 궁전을 지상에 속히 건립해 놓아야 장차 세계인류를 손님으로 맞이할 수 있게 된다.

국가적 차원에서 재정을 투입해서라도 하늘이 거쳐하실 지상궁전 자미국 자미천궁을 건립해야 한다.

자미국 자미천궁은 나 개인의 이상만을 펴는 곳이 아니라 하늘께서 내 몸으로 강림하시어 천상세계의 뜻을 지상에 펼치시는 인류 역사에 한 획을 그을 중대한 일이다.

진정 한민족이 천손민족이라면 하늘이 하강하시어 내리시는 命에 이유 없이, 조건 없이 국민들 모두가 동참하여 하늘의 궁전인 지상 자미국 자미천궁 건립에 동참함이 마땅하고 이것이 근본도리이자 의무이리라 본다.

세계 최고의, 세계 최대의 웅장하고 장엄하며 화려한 하늘궁전을 한반도에 세워야 한다.

그것이 천손민족의 도리이자 의무이다.

이제 하늘의 진실을 알게 되었다면 대한민국 국가 차원에서 인정하고 인류의 구심점인 지상궁전 자미국 자미천궁을 건립하는 것이 국가적 대사이다.

하늘이 머무실 자미국 자미천궁은 72억 인류의 구심점을 한반도 청와대 터에 세우는 일이며 이는 바로 대한민국의 국위를 전 세계에 선양할 뿐 아니라 세계인류를 정복하고 영도하며 다스리는 지름길이다.

대한민국의 국력으로 세계를 통일하여 지배 통치한다는 것은 상상이나 꿈속에서도 불가능한 일이지만 무소불위하신 천지대능력을 집행하시는 하늘은 가능하시다.

나는 천지대능력의 무소불위함을 지금도 매일같이 수없이 체험하고 있는 당사자이고 자미국의 천인과 백성들이 천지대능력을 직접 느낀 산 증인들이다.

말로는 다 표현하기가 불가할 정도이고 말해 주어도 어떻게 그걸 액면 그대로 믿느냐고 황당해할 정도의 대단한 천지조화가 매일같이 일어난다. 내가 말하는 대로 현실로 천지조화가 실제로 일어나기 때문이다.

대한민국이 전 세계 최고의 국가로 발전할 수 있고, 통치 국가로 부상하는 유일한 길이며, 이는 자미국의 인황과 사감의 육신이 살아 있을 때만 가능한 일이다. 이 나라에 하늘이 주신 처음이자 마지막 기회이다.

하늘이 강림하셨음을 전 세계인들이 알게 되면 감히 하늘(태상천존 자미천황님)의 나라를 간섭하거나 얕잡아 보는 일은 결코 없을 것이며, 오히려 허리를 굽혀 하늘이 계신 대한민국에 정중히 무릎을 꿇고 하늘 자미천황님께 조공과 천공을 바칠 것이리라.

천손민족의 후예들이여!

이제 수십 억 년을 기다려온 하늘이 강림하시었으니, 모두가 환영으로 하늘을 맞이하여야 하지 않는가?

신의 종주국을 세우시고자 천지주인께서 강림하셨다.

하늘이 강림하셨음을 부정하고 외면한다면 진정한 천손민족이 아니리라. 하늘을 부정하는 사람들은 천손의 후예가 될 자격이 없도다.

한 개인, 한 가문의 영광을 위해서가 아닌 천손민족 모두의 행복을 위해서이다. 이 나라에 자미국 자미천궁을 건립하는 일은 내 개인적인 야망 차원의 문제가 아니라 한민족 모두의 국가적인 대사이다.

정말 믿어지지 않는 하늘께서 자미국 자미천궁의 내 몸으로 강림하시어서 자미천황님이라는 존호로 불리시면서 인간세상의 옷을 입으시게 되었다.

비결서의 예언대로 한민족 모두는 자랑스러운 하늘의 백성으로 다시 태어나 천손의 후예(자미천황님의 아들딸들인 하늘의 천인과 백성)가 되어야 한다.

하늘이 강림하실 것을 옛 선인과 성현들은 미리 아셨기에 비결에 신의 종주국이란 이름을 오래전부터 써놓았던 것이다.

예언과 비결서의 그 모든 일들이 순서대로 동방의 작은 나라 대한민국 땅에 자미국에서 현실로 이루어지고 있다.

신과 조상들은 하늘이 강림하셨음을 알고 사람의 몸을 빌려 자미국으로 몰려오고 있다.

사람들은 몰랐었지만 신과 조상들은 한반도에 하늘이 강림하실 것을 오래전부터 알고 계셨다.

세계에서 가장 의심 많은 민족이 한민족이다. 예전과 달리 거짓과 사기가 너무 많다 보니, 진실 앞에서도 이제는 의심부터 해야 하는 세상이 되었다. 진실이 외면을 당하다 보니, 거짓이 진실을 이기는 세상이 되었다.

사람에게, 세상에, 종교에 속고 너무 많은 배신을 당하다 보니, 두 번 다시 속지 않으려고 애쓰는 본인들의 마음 전혀 모르는 바 아니다.

이제는 말에 현혹될 필요 없다. 본인들 스스로가 자미국에서 행하는 의식들을 직접 행하다 보면 나의 말이 진짜인지? 가짜인지? 스스로 알게 된다.

자신의 몸을 통하여 세상 어디에서도 느껴보지 못한 신비의 조화가 본인 스스로의 몸으로 느껴지고 생활의 변화, 몸과 마음의 변화를 스스로 느끼게 되기에 현혹, 강요가 필요 없다.

그동안 세상의 많은 사람들이 자칭 자신이 구세주라고 하면서 수많은 사람들에게 상처를 준 가짜 성직자들 때문에 진짜 하늘이 내려오셨음에도 우선은 의심부터 하게 되는 사람들도 있겠지만, 진실은 언젠가는 밝혀지게 되어 있다.

선천의 시대에는 거짓이 진실인 양 포장되어 진실을 이기는 세상이었는지 모르지만 후천의 무릉도원 시대에는 거짓은 존재할 수 없다.

태상천존 자미천황님께서 이 땅에 하강 강림하시었는데, 하강하시기 전과 하강하신 후, 세상이 똑같이 흘러간다면 말이 안 되지 않는가?

태상천존 자미천황님께서 이 땅에 하강하심이 여러분 눈에는 안 보이겠지만, 세상에는 희한한 일들이 시도 때도 없이 많이 일어나게 될 것이다.

놀라지 마시라.

그 모든 것은 태상천존 자미천황님께서 이 땅에 하강하셨음을 여러분에게 알려주시는 하나의 신호일 뿐이다.

여러분의 살아계신 부모 공경 잘하고, 죽은 조상영혼 구원 잘하고, 영혼의 어버이를 알아보는 착한 자는 하늘의 구원을 받을 것이고, 하늘의 뜻을 거역한 악한 자는 하늘의 벌을 받게 될 것이다.

선은 선대로 구원하시고, 악은 악대로 처벌하심으로써, 보이지 않고 들리지 않는 하늘께서 이 땅에 하강하시었음을 스스로에게 보여주실 것이다.

하늘 태상천존 자미천황님께서는 악한 자들을 구원하러 이 땅에 하강하신 것이 아니다. 맑고 깨끗한 하늘의 진정한 자손(천인과 백성)들을 구원하러 이 땅에 하강하신 것이다.

진정한 하늘의 자손들을 구원하시고자, 대한민국 국민을 구원하시고자 무소불위의 하늘께서 하강하시었다.

믿고 따르는 자 하늘이 내리시는 천복을 받을 것이고, 부정하는 자, 또한 종교의 굴레에 속박된 자, 현실 그대로의 고통을 겪으면 된다.

아니 어쩌면 지금보다 더한 풍화환란과 고통이 각자의 인생에 찾아올지 모르니 초긴장하라.

세계를 통치하실 위대한 하늘!

대우주의 절대권자이시며 통치자이신 태상천존 자미천황님!

이 땅의 천손민족부터 구원하시고자 강림하시었다.

하늘을 팔고, 조상을 사고파는 종교는 이 땅에서 소멸되어야 한다고 강력한 어조로 말씀하시었다. 조상들을 구원해 준다는 이유로 굿과 천도재, 기도들을 올리고 있지만 다 필요 없는 의식행위라 하신다.

하늘의 법도를 모르는 자들이 어찌 조상들을 구원할 수 있느냐고 역정을 내신다.

하늘의 법도를 무시한 채, 인간의 법도를 만들어 행하는 인간의 행위는 더 이상 용납할 수 없다 하신다. 많은 사람들이 현재까지는 기독교의 하나님이 천지만물을 창조하신 분으로 알고 있었지만 사실은 그게 아니었다.

그분은 도리천의 천주로서 현재는 어버이이신 자미천황님을 이 땅에 세우시고자 천상천감님이란 신명 직책으로 태상천존 자미천황님 곁에서 보필하고 계신다.

하나님께서 아버지라 부르는 분이 바로 대우주를 창조하신 천상의 절대자 태상천존 자미천황님이시다.

천상천감님은 아버지를 이 땅에 세우시고자 자미국 자미천궁으로 강림하시었다.

하나님(천상천감님)께서는 그 위대하신 아버지(태상천존 자미천황님)를 종교의 숭배 대상으로 이 땅에 강림시키실 수 없어 도솔천의 미륵님이신 천상도감님과 협력자의 관계로 뜻을 함께하신 후, 태상천존 자미천황님을 설득하시어 인간세상으로 하강하시도록 공을 세우신 위대한 신명이시다.

하나님(천상천감님)과 미륵님(천상도감님)께서는 태상천존 자미천황님의 존귀함을 미리 알고 계셨기에 스스로는 이 땅의 많은 사람들에게 추앙받고 대우받는 그 모든 욕심을 뒤로 하시고, 오로지 하늘의 태상천존 자미천황님을 이 땅에 세우시고자 뜻을 함께 하시었다.

미륵님과 하나님께서는 태상천존 자미천황님의 양 옆에서 보필하시며 명에 따라 움직이시며 편히 해 드리고자 애쓰시는 그 마음이 실로 감동적이다.

미륵님과 하나님은 말로만 대단하신 분이 아니었다.

태상천존 자미천황님을 만 세상에 세우시고자 내 스스로를 버리고 나를 희생하시었다. 이 분들의 뜻이 어찌 위대하지 않고 어찌 존경스럽지 않을까?

하나님께서는 아버지인 태상천존 자미천황님을 이 땅에 우뚝 세우시고자 여념이 없으시다.

아들이 아버지를 이 땅에 세워 드림은 당연한 일 아니냐고 하시면서 눈물을 흘리시는 하나님의 모습에 나 역시도 마음이 많이 아프다.

하나님(천상천감님)은 하강하실 적마다 눈물을 흘리신다.

아버지인 태상천존 자미천황님을 생각하면 너무 마음이 아파 그냥 눈물이 흐른다고 말씀하신다.

기독교인들아!

그대들이 기도하면서 흘리는 눈물은 하나님이 흘리는 눈물이었음을 알고 있었는가?

하나님이 어버이 태상천존 자미천황님을 생각하며 흘리는 눈물이었음을 어느 누가 알 수 있을까? 하늘의 진실이 밝혀지면서 가슴 아픈 진실이 참으로 많았다.

또한 미륵님께서는 태상천존 자미천황님의 인도자로서 일을 완벽하게 완수하고자 최선을 다하시는 그 모습 또한 실로 감동적이었다.

태상천존 자미천황님의 인도자로서 설법으로 인간과 신명, 영혼들을 깨닫게 하시어 태상천존 자미천황님의 존귀하심을 이 땅에 전하고 계시니, 이분들의 노고에 저절로 고개가 숙여진다. 하늘 자미천황님 강림!

온 인류의 소원이 이루어진 것이리라.

하늘의 존재를 인정한다면 그보다도 값진 것이 없으리라.

하늘의 강림을 실로 믿는다면 이대로 앉아서 지켜보고만 있지 않을 것이리라.

그 기쁨과 영광이 무한하리라.

하늘이 강림하시어 머무실 자미천황님의 나라를 신명님, 하나님, 미륵님, 자미인황님께서 세우시고 있다.

천령!

이는 자미천황님의 영(靈)을 말한다.

하늘께서 인간 몸으로 강림하시어 자미천황님이란 존호를 얻으시었다. 천지인 세계에 하늘의 강림을 선포하시고 태상천존 자미천황님으로 공식 즉위식을 거행하시었다.

천지만생만물의 천부(天父)이시고, 대우주의 절대권자 신분으로서 인간세계, 영혼세계, 신명세계를 모두 다스리고 통치하시는 분이 영광스럽게도 대한민국의 작은 땅에 자미국으로 강림하시었으니 수많은 사람들이 공감하며 하늘의 강림을 진정으로 인정하고 환호할 것이다.

태상천존 자미천황님은 천지만생만물과 우리 인류 모두의 정신적 구심점이시다.

나의 소망 하나만으로 하늘을 하강시킬 수는 없었다.

태상천존 자미천황님과 천상의 모든 천상신명님들께서 수고를 아끼지 않으셨기에 가능한 일이다.

자미천황님 즉위식!

생각만 해도 가슴 뿌듯한 일이다.

위대하고 지극지존(至極至尊)하신 하늘의 절대자께서 자미천황님이란 신명 존호로 인간세상에 내려오시었으니 그 얼마나 영광이랴!

종교인이든 무신론자이든 한민족 모두의 영광 아니겠는가?

더욱이 종교를 펼치러 오신 것이 아니라, 지구상에 존재하는 그 모든 잘못된 종교를 멸하시고, 새로운 하늘과 신명국가 자미국 자미천궁을 세우시고자 오시었으니 큰 영광이리라.

한민족 모두의 기쁨이고 자랑이자, 인류의 정신적 지주이시고 영원한 구심점이시다.

이제 한반도에는 신명님, 하나님, 미륵님, 천지신명님, 자미인황님께서 모두 함께하시며 자미국을 세워 하늘의 천인과 백성들을 거느리시고 다스리시는 자미천황님의 나라를 세우고 있으니 사명자들은 속히 동참해야 한다.

그 나라 이름이 자미국이고 자미천황님께서 집무하실 궁전이 지상 자미천궁이다.

자미국의 천지대업에 동참하는 자체가 인간으로 태어나서 가장 잘한 일이고 현생과 사후세계까지 최고의 승리자이자 성공자이다.

천강지림(天降之臨)은 하늘이 내리시어 임하시다란 뜻이다.

전 세계 인류가 종교 안에서 오랜 세월 동안 기다렸던 천강지림(天降之臨)이 자미국 인황의 육신으로 이루어졌다.

마침내 자미국에서 공식적인 현실로 이루어졌으니 지금까지 오랜 세월 다니던 종교세계를 과감히 뿌리치고 모두가 떠나서 자미국으로 속히 들어와야 남은 인생을 죄인의 굴레와 고통의 지옥에서 벗어나 마음 편히 살아갈 수 있다.

세계 최초의, 세계 최고의 조상영가 입천제!

구천세계를 떠나지 못하고 자손들의 몸에 들어와 울부짖고 계신 조상님들의 목소리와 조상님들이 자손에게 보내는 영계의 긴급 메시지!

우리 모두는 끊임없이 찾아오는 원한 많은 조상영가들로 인해 불확실한 미래에 대한 공포와 불안으로 떨고 있다!

교통사고사, 자살, 살해, 질병사, 사고사, 돌연사 등 갑작스런 비명횡사로 자기 수명을 다 살지 못하고 세상을 떠나면 천상세계에 오르지 못하고 구천을 떠도는 원귀가 된다.

자손이나 다른 사람 몸에 들어가 풍화환란을 일으킴으로써 사업실패, 사고, 질병, 이혼, 금전고통, 우환, 신병, 빙의, 우울증 등으로 삶을 고통스럽게 만든다.

보이지 않는 조상영가들이 자신의 몸에 들어와 피눈물을 흘리며 울부짖고 계심을 아는 사람 몇이던가? 춥고 배고프니 천상세계로 보내달라는 조상님들의 한 맺힌 절규가 들리는가? 세상에 알려지지 않았던 영계의 처절한 메시지.

조상님의 기운으로 인해서 일상생활 속에 일어나는 모든 사업실패와 질병, 사건사고, 금전고통, 이혼, 교통사고 등 불상사가 일어나지만 사람들은 원인도 모른 채 가슴 아파하며 하늘을, 조상을, 세상을 원망하며 살아가고 있다.

그 어느 누구도 조상님으로부터 자유로울 수 없다.

자미국 자미천궁에서 일평생 단 한 번의 조상영가 입천제를 봉행하면 49재, 천도재, 100일제, 소상, 대상, 기제사를 지내지 않아도 된다.

그 이유는 조상영가 입천제를 행하면 망자가 자손들의 몸이나 허공중천 구천세계에 머물지 않고 하늘의 명을 받아 천상궁전으로 곧바로 입천(승천)하기 때문이다.

천도재(遷度齋)와 입천제(入天祭)의 차이는 하늘과 땅이며 비교 자체도 할 수가 없다. 천도재는 망자의 명복을 부처님께 빌어주는 불교의식이다.

입천제는 인류 역사상 최초로 하늘(태상천존 자미천황님)께서 직접 주관하시므로 지옥세계 명부전을 거치지 않고, 천상 자미천궁으로 영가를 곧 바로 올려(입천) 보내는 세계 최초의, 세계 최고의 조상영가 입천제(入天祭)의식이다.

불교나 도교, 무속의식이 아닌 천상궁전 자미천궁의 법도에 의하여 행해지는 세계 유일한 천상의식이다. 종교적 의식을 초월한 대 우주의 천상세계 의식으로 영가들이 천상궁전에 올라가는데 가장 빠르고 가장 훌륭한 의식이다.

조상영가 입천제를 행해드리면 매년 지내는 기제사를 지내지 않아도 되고, 명절 차례만 연 2회 지내도 되지만 이 또한 생략하여도 아무 탈이 없다.

그 이유는 하늘께서 친히 명을 내려 천상궁전 자미천궁으로 조상영가들을 입천시켜 드렸기에 영가들이 자손들의 몸이나 허공중천을 떠돌며 인간세상에 머물지 않으며 이미 천상 자미천궁에 올라가 계시므로 집에서 제사나 명절차례를 지내는 것이 아무런 의미가 없다.

조상영가 입천제를 올리는 데 드는 금전을 이곳에서는 조공(祖貢)

이라 부르고, 천인합체의식 때 올리는 금전을 천공이라고 부른다.

쥣값, 예물, 공덕금, 감사함의 뜻이 함께 포함되어 있다.

하늘께서 머무시는 천상궁전이 자미천궁이고, 조상영가들이 이 궁전으로 입천되어 올라가서 생활할 곳이므로 당연히 하늘께 천공을 예물로 바치는 것이다.

자미국 자미천궁 고유의 조상영가 입천제는 자신의 조상님들을 천상궁전 자미천궁으로 보내드려 하늘의 태상천존 자미천황님 백성으로 다시 태어나게 해드리는 매우 뜻깊은 세계 최고의 의식이다.

하늘께서 친히 인간 육신을 빌려 불쌍한 영가들을 구원하시는 경천동지할 일이니 세계 최초요, 세계 최고의 조상영가 입천제의식이라고 자부한다.

종교가 있든 없든 자신을 낳아주신 육신의 어버이이신 조상님에 대한 효도와 자기 영혼을 주신 창조의 하늘께 감사함을 표하는 것은 만물의 영장으로서 갖추어야 할 인간의 근본도리이고 조상님에 대한 효행이다.

조상영가 입천제의식 때 올리는 조공은 처음이자 마지막이기 때문에 최선을 다하여 크게 올려야 나중에 후회하지 않는다. 종교의식처럼 두 번, 세 번 수시로 행하는 의식이 아니라 일평생 단 한 번만 올리기 때문이다.

큰돈을 번 사람들은 자신의 노력만으로 벌어들인 줄 알고 있기에 하늘과 조상님께 감사할 줄 모르고 살아왔다. 이 기회를 통하여 진정으로 하늘과 조상님들께 조공과 천공을 최선을 다해서 정성으로 올려야 한다.

조공과 천공은 아무나 올릴 수 있는 것이 아니라 하늘로부터 사명자로 선택받은 자미국의 천인과 백성들에게만 허락된 것이기에 일반인들은 올릴 수 없다.

1만 년의 역사를 자랑하는 위대한 하늘의 자손인 천손민족이지만 민족정신의 구심점이 없다는 것은 후손들로서 참으로 부끄럽고 진정한 도리가 아닐 것이다.

자미국의 인황과 사감은 인류의 구심점과 민족의 구심점을 세우라는 하늘과 조상님들의 강력한 계시를 받았기에 그 뜻을 수많은 사명자들에게 전하고 있으니 공감하고 감동하는 하늘의 사명자들만 자미국의 뜻에 참여하면 된다.

조상영가 입천제가 반드시 필요한 대상자.

- 기존의 모든 종교에 실망하신 분.
- 조상님의 기운을 스스로 체험하고 싶은 분.
- 굿이나 천도재를 아무리 하여도 소용없는 분
- 신의 기운이 있는지 스스로 확인하고 싶은 분.
- 신인(神人), 천인(天人), 신선(神仙) 경지에 오르고 싶은 분.
- 자신의 몸에 누가 들어와 있는지 확인해 보고 싶은 분.
- 매사 하는 일마다 되는 일이 없고 질병으로 고생하는 분.
- 머리가 늘 무겁고, 신경질이 잦고 눈물을 자주 흘리는 분.
- 불면증, 우울증, 승진, 이혼, 자녀, 부부간 문제로 고민하시는 분.

〈행사 의식 종류〉

조상 구원의식 : 입천제

신명 구원의식 : 천인합체

〈입천제 등급〉〈천인합체 등급〉

특단 입천제　특단 천인합체

상단 입천제　상단 천인합체

중단 입천제　중단 천인합체

하단 입천제　하단 천인합체

※의식비용은 방문자에게만 알려주고 전화로는 공개 불가.

3~7일 전에 전화로 예약하고 방문해야 하며 불시 방문은 친견 상담 불가. 방문할 때 구독한 사명자 본인 혼자만 방문해야 하고 부모, 배우자, 자녀, 형제, 친구 동행은 절대 금지하고 사명자가 아닌 나머지 가족은 자미국을 알게 하면 천기누설이 됨.

천기 13(2013)년 12월 1일

지은이(남) 하늘의 명 대행자 인황

지은이(여) 하늘의 명 수행자 사감

[친견상담예약]

자미국 자미천궁 02) 3401-7400

- 위　치 : 서울 강동구 성내 3동 382-6 삼정빌딩 2층
- 지 하 철 : 5호선 강동역 3번 출구 직진 120m, SC제일은행(강동예식장)에서 우회전 150m 지점 길 건너 한방돼지 음식점 2층
- 고속버스 : 동서울 터미널에서 택시로 10분 거리